RETRATOS EM MOVIMENTO

LINDERVAL AUGUSTO MONTEIRO

RETRATOS EM MOVIMENTO

Vida política, dinamismo popular e cidadania
na Baixada Fluminense

Copyright © 2016, Linderval Augusto Monteiro

Direitos desta edição reservados à
Editora FGV
Rua Jornalista Orlando Dantas, 37
22231-010 | Rio de Janeiro, RJ | Brasil
Tels.: 0800-021-7777 | 21-3799-4427
Fax: 21-3799-4430
editora@fgv.br | pedidoseditora@fgv.br
www.fgv.br/editora

Impresso no Brasil | *Printed in Brazil*

Todos os direitos reservados. A reprodução não autorizada desta publicação, no todo ou em parte, constitui violação do copyright (Lei nº 9.610/98).

Os conceitos emitidos neste livro são de inteira responsabilidade do(s) autor(es).

1ª edição — 2016

Copidesque: Sandra Frank
Revisão: Aleidis de Beltran
Projeto gráfico de miolo e diagramação: Ilustrarte Design
Capa: Letra e Imagem

Ficha catalográfica elaborada pela Biblioteca Mario Henrique Simonsen/FGV

Monteiro, Linderval Augusto
   Retratos em movimento: vida política, dinamismo popular e cidadania na Baixada Fluminense / Linderval Augusto Monteiro. - Rio de Janeiro : FGV Editora, 2016.
   240 p.

   Originalmente apresentada como tese do autor (doutorado – Universidade Federal do Rio de Janeiro, 2007).
   Inclui bibliografia.
   ISBN: 978-85-225-1666-7

   1. Baixada Fluminense (RJ) – História. 2. Baixada Fluminense (RJ) – Política e governo. 3. Movimentos sociais – Baixada Fluminense (RJ). 5. Cidadania - Baixada Fluminense (RJ). I. Fundação Getulio Vargas. II. Título.

CDD — 981.53

*Para Deise e para nossos três discípulos:
João Gabriel, Pedro Afonso e Mateus Augusto.*

Sumário

Introdução — As cores e as formas dos retratos　　9

Capítulo 1 — A Baixada Fluminense em perspectiva:
ocupação proletária e exclusão social　　21
Baixada Fluminense　　21
A empresa loteadora na Baixada Fluminense　　23
Gênese das lideranças comunitárias da Baixada Fluminense　　27
Colonizadores populares *versus* "políticos"　　48
A rede de resolução de problemas práticos　　54
Colonização e solidariedade proletárias　　57

Capítulo 2 — O caso Ilda do Prado　　63
Capivari　　64
Ilda do Prado　　70
As Justiceiras do Capivari　　76
Uma morte inevitável?　　85
"Isso não pode continuar terra de ninguém, sem lei"　　88

Capítulo 3 — O caso Antônio Souza Leite　　93
"Poder popular" *versus* poder público　　104
A criação do município de Mesquita　　114
Morar na Chatuba　　131

Capítulo 4 – O caso Marcelo Souza ... 143
   "Roça Limpa" ... 159
   O "vereador da área" ... 168
   "Matar bandido não é serviço social?" ... 177

Capítulo 5 – O caso Adriano Vianna ... 187
   Um efeito? ... 187
   Nova Jerusalém ... 195
   Bairro *versus* favela ... 206

Conclusão ... 215
   Uma visão de fora ... 221

Referências bibliográficas ... 229
   Livros, dissertações, teses e artigos ... 229
   Fontes ... 235
     Entrevistas de história oral ... 235
     Periódicos ... 239
     Documentos oficiais ... 240

INTRODUÇÃO

As cores e as formas dos retratos

> *"[...] há coisas que me encerram ou que eu não ouso tocar porque estão demasiado perto."*
> E. E. Cummings, traduzido por Augusto de Campos.

MESMO APÓS MUITOS trabalhos sobre a Baixada Fluminense, ainda é possível afirmar que poucos historiadores preocuparam-se com a vida política e social daquela região. Decorre isso, talvez, da dificuldade que a maior parte de nós experimenta quando é colocada face a face com situações que forçam uma aventura por terrenos não muito sólidos.

Ora, a Baixada Fluminense é um desses muitos lugares pantanosos em que, às vezes, somos obrigados a metermo-nos. Por isso mesmo quando a visualizamos mostra-se tentador ceder ao desejo de driblar as dificuldades e pôr em um mesmo saco os homens pertencentes à população proletária dessa região, categorizando-os da forma como habitualmente se classificam as pessoas socialmente sujeitas em qualquer época ou local. Ainda mais que ali, na Baixada Fluminense, o trabalho de massificar-se a população proletária é facilitado porque todos nós sabemos de onde aquela gente veio, conhecemos os motivos dessas vindas em um mesmo contexto histórico e para exercer, quase todos, funções economicamente subalternas na cidade do Rio de Janeiro. Se agregarmos a isso o fato de tal população ser, em sua maioria, muito pobre, a massificação advinda de encarar uma população periférica se acentua em muito na região da Baixada.

Há também a facilidade de encararmos a Baixada como uma periferia urbana exatamente igual a qualquer outra periferia brasileira, e a opção pelo igualitarismo nivelador volta a aparecer nesse caso como mais simples. Uma explicação sobre uma periferia paulistana ou nordestina, por exemplo, deve ser adequada à Baixada e seus moradores após um trabalho de adaptação. Um cálculo que pode ser feito pelo estudioso dos fenômenos sociais vividos pelos grupos subalternos existentes ali é quase matemático: relações desenvolvidas por gente pobre vinda recentemente do campo (mais especificamente da região Nordeste brasileira) e habitantes de locais de moradia formados a partir de loteamentos, invasões ou favelas devem ser, no mínimo, semelhantes. Não significa isso que os pobres da Baixada Fluminense não mereçam investigação; entretanto um esforço muito grande no sentido de estabelecer as especificidades do caso baixadense constitui-se em uma verdadeira perda de tempo. A exposição dos fatos únicos ocorridos ali é o máximo de diferença entre o que existe na Baixada e aquilo que ocorre em qualquer zona recuada de grandes cidades. Atribuir aos moradores dali características próprias não é algo essencial, ainda mais após tanta discussão sobre como as massas populares se comportam quando abandonadas à sua própria sorte ou manipuladas por um ser invisível geralmente identificado com o Estado, com a elite ou com um governo qualquer.

Ações individuais, quando pertencem aos elementos que foram devidamente despersonalizados pelas abordagens sociais preocupadas em esclarecer as maneiras através das quais esses mesmos seres "fazem a história", não são muito bem-vindas. É muito mais adequado continuar pensando no conjunto e não destacar dele uma pessoa ou qualquer fato isolado. Ao contrário disso, este trabalho originou-se da busca de um nome e do descobrimento de um caso "isolado".

A ideia de investigar a gênese da liderança popular baixadense e relacioná-la com as formas políticas de resolução de problemas práticos na região da Baixada Fluminense através de estudos de casos envolvendo pessoas anônimas remonta ainda à época em que eu escrevia minha dissertação de mestrado (Monteiro, 2001) e deparava-me frequentemente, nos periódicos locais que verificava ou nos bairros populares pelos quais transitava à caça de entrevistados, com casos ao mesmo tempo cativantes e conduzidos por pessoas que poderiam ser categorizadas como comuns e anônimas. Foi assim que, ao final do ano de 1999, tomei conhecimento da ocorrência, em junho daquele mesmo ano, de uma revolta popular em uma favela do município de Duque de Caxias e logo depois descobri que a revolta iniciara-se após a ação de uma única pessoa: Adriano Vianna, um jovem de 20 anos, catador de lixo (ou reciclador, caso se prefira), semianalfabeto, negro, sem passagens pela polícia e assassino — segundo uma decisão jurídica, por legítima defesa — de dois bandidos que compunham a quadrilha responsável pelo tormento dos moradores da favela de Nova Jerusalém.

A aparente gratuidade do ato de Adriano, a ação dos moradores de Nova Jerusalém, revoltando-se e expulsando todos os bandidos da favela, e o total espanto dos agentes estatais responsáveis pelo problema de ter em suas mãos uma população favelada que por alguns meses manteve grupos precariamente armados e dispostos a não permitir a volta dos bandidos confirmava diversas de minhas hipóteses acerca da qualidade das ações políticas da população proletária da região da Baixada.

Pareceu-me, desde o encontro de um jornal popular que relatava o caso, valer a pena investigar a vida de Adriano Vianna e de seus vizinhos, até porque tudo aquilo que eu li acerca da história me mostrava uma Baixada Fluminense para mim diversa daquela onde cresci, parecendo-me que essa diversidade poderia ser mais bem elucidada através do estudo de alguns casos-chave que elegi a partir de novas visitas às centenas de exemplares de periódicos utilizados para escrever a dissertação e que possuíam como elo o fato de retratarem a movimentação de mulheres e homens pobres, não produtores voluntários de documentos escritos, porém personagens de ações políticas quase todas relacionadas a alguma tentativa de resolver problemas práticos e imediatos decorrentes da inexistente, pequena ou incômoda presença estatal.

Sendo assim, meu projeto original de pesquisa, que era biografar Adriano Vianna, foi substituído por um mais amplo e não diretamente relacionado com um esforço biográfico, no entanto ainda pretendendo narrar trajetórias pessoais, e por isso cada um dos casos investigados possui o nome da pessoa que o conduziu ou chamou a minha atenção. Necessário é dizer, porém, que felizmente não consegui (provavelmente porque jamais tentei) dissociar as ações de meus personagens principais das ações e reações de seus vizinhos. Nesse sentido o termo "trajetória" seja talvez mais adequado que biografia.

Agora, após a conclusão da pesquisa e relativamente distante da época em que iniciei minhas aventuras pelas periferias das cidades da Baixada Fluminense, tenho a sensação de ter traçado um caminho ilógico. Afirmo isso porque o caminho "natural", a partir de minha dissertação de mestrado, cujo ápice foi a análise da trajetória política do primeiro prefeito do ex-distrito iguaçuano de Belford Roxo, o ex-líder comunitário, ex-justiceiro (segundo alguns) e ex-vereador iguaçuano Joca (Jorge Júlio Costa dos Santos) talvez fosse a dissecação do estilo de liderança política iniciado por ele e seguido por vários outros políticos da região, destacando-se, entre esses, o ex-prefeito de Duque de Caxias, José Camilo dos Santos (Zito), também ex-líder comunitário, justiceiro (segundo os mesmos analistas que atribuem essa marca a Joca) e ex-vereador caxiense.

Se o objetivo fosse encarar um problema menos denso, a observação da elevação desses "discípulos de Joca" ao poder era, sem dúvida, mais operacional, porque ao ocupar as prefeituras e os legislativos dos municípios da Baixada e Fluminense tais agentes públicos produziram tantos documentos sobre suas ações que se transformaram em alvos da imprensa, dos inimigos, da Justiça e dos próprios eleitores comuns, alguns ávidos por expressarem opiniões sobre tal novo tipo de político.

De certa forma, a exposição pública surgiu para mim como uma espécie de contaminação da amostra. À luz do sol, os antigos "líderes marginais" pareciam exóticos porque a cultura política original à qual estavam presos não era reconhecida pelos expectadores, e eles mesmos tentavam adaptar-se ao novo ambiente, ou seja, comportar-se de acordo com o padrão. Se minha intenção era investigar a gênese de uma forma peculiar de se "fazer política", o prefeito Zito não era mais um bom modelo. Suas esperanças de ser o governador do Rio de Janeiro, seus planos de expansão do carisma exemplificado pela eleição da filha deputada estadual, da esposa prefeita de Magé e do irmão caçula prefeito de Belford Roxo inviabilizavam meus planos porque tornavam minha pesquisa de doutoramento em uma simples sucessora dos meus trabalhos anteriores e, talvez, na repetição das reflexões sobre a Baixada Fluminense e a sua vida política, o que eu já fizera pelo menos parcialmente.

Um recuo era necessário, e a investigação de vidas comuns de pessoas transformadas em algum momento em extraordinárias enquanto lideravam ações partilhadas por qualquer morador de um bairro periférico da Baixada surgiu para mim como a solução para o problema de definir como a liderança de Joca e seus semelhantes — como Zito — surgiu e desenvolveu-se apoiada na aceitação popular maciça, caracterizando-os não como líderes políticos formais e sim assemelhando-os ao que João Trajano Sento-Sé (2008:182-201) chama de "líder eminentemente popular", na medida em que, embora alguns desses da Baixada Fluminense tenham se transformado em agentes políticos formais, sua base legitimadora continuou sendo o "povo da Baixada", fazendo parte de seu ideário político práticas semelhantes àquelas dos próprios populares migrantes que colonizaram a Baixada Fluminense ao longo do século XX, indo além, portanto, do ancoramento político que é algo visualizado por Sento-Sé nos "líderes populares *strictu-sensu*" que extraem do apelo popular "a autoridade e o prestígio que detém".

Pensando assim, dividi o livro em cinco capítulos, sendo o primeiro destinado a expor a forma como a Baixada Fluminense foi ocupada desde o século XVI, mas onde, sobretudo, procuro mostrar a maneira como se deu a transformação desse antigo local agrícola pantanoso em um território de maciça ocupação popular. Esse passeio panorâmico pela Baixada Fluminense serviu-me também como uma oportunidade de apresentar, de forma sucinta, as características elementares da liderança comunitária baixadense. Exemplifiquei essa liderança através da breve exposição da passagem explosiva do ex-líder comunitário Jorge Júlio Costa dos Santos (Joca), pela Câmara de Vereadores de Nova Iguaçu e pela prefeitura do município de Belford Roxo, fatos localizados no final da década de 1980 e nos anos iniciais da década seguinte.

O acompanhamento das ações de Joca — primeiro prefeito do antigo distrito iguaçuano de Belford Roxo, assassinado em 1994 — serviu-me, além de ponto de partida para a apresentação e tipificação das lideranças comunitárias da Baixada Fluminense, para a distinção entre esse tipo contemporâneo de liderança comunitária baixadense e a presença de alguém que, no início da ocupação proletária, construiu uma instável carreira política através da aproximação com a população baixadense — a saber, Tenório Cavalcanti.

Rede de resolução de problemas práticos é uma noção pensada por mim ainda no momento em que escrevia a monografia de final de graduação[1] (Monteiro, 1996). Destinou-se a criação de tal noção a explicar a forma como a população dos bairros populares da Baixada Fluminense "organizava-se" a fim de realizar a grande quantidade de serviços de natureza pública não efetivados pelos órgãos estatais nos bairros originários dos loteamentos dali. Ao

---

[1] MONTEIRO, Linderval Augusto. *Baixada Fluminense*: ausência e informalidade. Soluções práticas da população baixadense a partir da ineficiência do poder público. O caso Joca, 1996. Monografia (graduação em história) — Universidade Federal do Rio de Janeiro, Rio de Janeiro, 1996.

longo do tempo, tal rede tornou-se capital em minha forma particular de explicar a realidade política da Baixada Fluminense, sendo impossível não retomar explicações sobre a mesma na análise das maneiras como a população baixadense construiu sua vida invisível à sombra da ausência do poder público. O final desse primeiro capítulo, por isso, é um aprofundamento de explicações sobre as maneiras populares de resolver problemas básicos nessa região e a explicitação das vinculações que percebo entre lideranças comunitárias da Baixada Fluminense e rede de resolução de problemas práticos.

Um terceiro personagem surge também nesse capítulo introdutório, e é ele o tipo de político existente na Baixada Fluminense exatamente nos anos em que os populares colonizavam a região. Tal elite política regional nunca se constituiu em uma preocupação minha, porém percebi que é necessário qualificá-la a fim de entender as circunstâncias em que a ocupação proletária ocorreu e personalizar o que chamo ao longo de todo o texto de ausência do poder público.

O segundo capítulo destina-se a algo mais específico. Nele apresento o caso da líder comunitária Ildacilde do Prado Lameu, nascida em Minas Gerais e residente no bairro de Capivari, município de Duque de Caxias, até ser assassinada em 9 de março de 2005, na porta da casa onde morava havia pelo menos 25 anos.

Dona Ilda, como era mais conhecida, passou a frequentar as páginas dos periódicos regionais a partir do ano de 1998, quando essa dona de casa criou um grupo de mulheres que eram conhecidas como as "Justiceiras do Capivari". O grupo era composto por um número variável de mulheres que se organizavam em diversas patrulhas responsáveis pela vigilância das ruas do distante bairro, no intuito de proteger dos bandidos as crianças e mulheres que na época da criação do grupo eram as vítimas principais dos casos de estupro e assassinatos rotineirizados ali.

A trajetória de dona Ilda é singular sob muitos aspectos. Em primeiro lugar, tratava-se de uma liderança feminina em um universo ainda preferencialmente masculino. Secundariamente, Ilda destacou-se não somente por suas ações emergenciais, visando todas elas minorarem as agruras da sobrevivência em um bairro pobre da Baixada Fluminense, mas também pela ênfase que dava à defesa de seus vizinhos absolutamente ignorantes de seus mínimos direitos. Dessa forma, o grupo criado por dona Ilda a fim de patrulhar as ruas não iluminadas de seu bairro, limpar lotes vazios, chácaras abandonadas e criar novos núcleos de povoamento no bairro de Capivari através da invasão de terrenos nunca antes ocupados diferenciava-se sobremodo da maneira como os líderes comunitários da Baixada Fluminense geralmente agiam. Então chamaram mais a atenção na longa trajetória comunitária dessa mulher exatamente as ações menos imediatistas, referentes a uma espécie de gerenciamento do bairro e à inclusão dos moradores nas preocupações das autoridades públicas municipais, principalmente.

Adicionalmente ofereceu-me o caso dona Ilda a oportunidade de verificar como se desenvolveu a ocupação da Baixada Fluminense através dos loteamentos, como se deu a colonização dessa área pelos migrantes ao longo dos últimos 40 anos e como nasceram e se desenvolveram as formas populares de driblar as dificuldades inerentes à existência em um lugar inóspito e pouco atraente até das ações assistencialistas dos políticos locais.

Ímpar também foi a possibilidade de investigar a questão das noções de direitos de um grupo de populares da Baixada Fluminense pertencentes a um cenário de violência extremada e bárbara em que, ao mesmo tempo, mulheres tanto precisam cuidar da proteção de seus filhos e da sua própria proteção contra criminosos sexuais mais presentes em épocas passadas da história de colonização proletária da região quanto devem aprender a lidar com uma realidade nova, mas não menos selvagem, representada pelo avanço frenético do tráfico de drogas.

O terceiro capítulo destinou-se à descrição do caso Antônio Souza Leite. É este senhor um antigo morador do bairro da Chatuba, atualmente localizado no município de Mesquita. Nele, trato de um exemplo de liderança comunitária formal, uma vez que à época dos acontecimentos o senhor Antônio era um dos líderes da associação de moradores do seu bairro. Entretanto esse líder formal e antigo sindicalista ligado ao Partido Comunista Brasileiro (PCB) em um determinado momento (1995) colocou-se em posição de choque com os poderes públicos de seu município (na época dos fatos, Nova Iguaçu) e mesmo com o governo estadual quando "cansou-se de ouvir as reclamações de seus vizinhos e por conta própria"[2] e ajudado por membros de sua "comunidade" iniciou a construção de um reservatório de água e de uma adutora que recolheria água da serra de Madureira, que limita o bairro, e a dividiria entre seus vizinhos.

---

[2] LEITE, Antônio Souza. Entrevista concedida em 21 ago. 1995.

Esse caso revelou-se importante inicialmente pelo fato de conter aspectos diversos da forma baixadense de relacionar-se com as ausências públicas através de ações extraordinárias conduzidas exatamente por lideranças comunitárias locais, forçadas por seus vizinhos a pensarem soluções quase sempre esdrúxulas. Foi possível perceber de que modo ocorreu o desenvolvimento das formas locais de reivindicação, sendo esse caso exemplar das maneiras como colidem autoridades públicas oficiais e lideranças comunitárias cientes da pouca atenção recebida pela população periférica que "não possui influência política" e conselheira de reações extremadas, como a montagem de uma rede alternativa de abastecimento de água ou o apoio às ideias de construção de um novo município através da emancipação distrital de Mesquita.

Aliás, esse caso da mobilização popular para a construção de uma adutora capaz de atender às necessidades de água de todo um grande bairro terminou por incentivar as discussões em torno da ideia de que soluções melhores para os problemas do bairro e, sobretudo, do distrito de Mesquita, viriam somente com a "independência política" daquele distrito. O ideal emancipacionista, tão presente na Baixada Fluminense ao longo da década de 1990 e responsável pelo aparecimento de quatro novos municípios ali, foi observado ainda não como uma estratégia política conduzida pela elite distrital, mas sim como parte das propostas comunitárias para a harmonização das relações entre instâncias oficiais de governo e o conjunto de habitantes populares. Transformou-se o caso em propiciador da verificação tanto de formas populares de reivindicar e agir através da intermediação dos líderes comunitários quanto da oportunidade de investigar o processo de emancipação do distrito de Mesquita, último município a surgir na Baixada Fluminense.

O capítulo intitulado "O caso Marcelo Souza" continua a exposição das maneiras populares de resolver problemas práticos na Baixada, porém o objetivo fundamental dessa parte do texto foi a visualização das formas como ocorrem, nessa região, as relações entre população, líderes comunitários regionais e políticos municipais. Fundamentalmente, aqui se tratou de assistir como um líder local transformou-se em vereador "protetor" de uma "área" que denomina sua propriedade, tendo o caso chamado a atenção primeiramente pela sua ponta de *iceberg* que foi a disputa ocorrida entre o vereador chamado aqui de Marcelo Souza e um militar — Eduardo Silva — quando este criou dentro da "área" do vereador um movimento comunitário chamado "Roça Limpa".

A função desse movimento era possibilitar aos moradores dali manterem as ruas, rios, riachos e terrenos baldios livres do lixo que se acumulava por todo o bairro. Acontece que imediatamente o militar passou a ser acusado pelo vereador de forçar os moradores a pagarem uma taxa para a manutenção da limpeza do bairro e de fazer parte de um grupo de extermínio. Revidando, o militar acusava Marcelo Souza de ser o responsável pelo "esquecimento público" sofrido pelos bairros, sendo o vereador — como "responsável pela área" — alguém omisso, preocupado somente com suas casas comerciais e, finalmente, alguém que participava de grupos de extermínio.

Conforme se verá, não se constitui exatamente em uma novidade o fato de líderes comunitários ou políticos da Baixada Fluminense serem acusados de pertencerem a grupos de extermínio ou vereadores serem visualizados como responsáveis pela desgraça ou pela felicidade de um ou mais bairros sob seu controle eleitoral. A habitualidade revestida pelos personagens desse caso é reveladora da conexão entre justiçamentos e política na região da Baixada Fluminense, surgindo, a partir dele, a oportunidades de entrarmos em terrenos ainda por explorar, a saber, aqueles sobre os quais florescem as relações mais viscerais entre comunidades e agentes políticos oficiais e sobre os quais surgiram e continuam a vicejar os justiceiros da Baixada Fluminense, em grande medida responsáveis pela alimentação dos altos índices de assassinatos ali verificados.

Finalizando a exposição dos meus casos, o quinto capítulo destina-se à narração do episódio que deu origem ao presente trabalho: O caso Adriano Vianna. Nesse capítulo, como eu já havia antecipado, meu objeto é uma revolta popular contra bandidos sucedida na favela Nova Jerusalém, Duque de Caxias, em junho de 1999, em pleno governo do "rei da Baixada": Zito. As ações populares tornaram-se efetivas a partir do assassinato de dois bandidos pelo jovem Adriano Vianna. Por isso todas as suas ações são também apresentadas aqui, visto que o objeto principal é a análise da forma como os moradores da favela organizaram, muito rápida e precariamente, milícias responsáveis pela manutenção do lugar livre de bandidos durante pelo menos seis meses.

O caráter bárbaro das ações dos bandidos, a espontaneidade dos assassinatos levados adiante por Adriano Vianna e a precariedade das ações populares contrárias ao bando servem de motivo para a exposição crua das condições de ocupação de regiões até muito pouco tempo vazias e nas quais não se imaginaria encontrar populares na Baixada Fluminense, porque eles somente ocupavam os bairros originários do loteamento da antiga terra agrícola.

Um novo e perturbador modelo de ocupação espacial surgiu na Baixada Fluminense? Se isso é uma verdade, quais as causas de modificação do modelo inaugurado na primeira metade do século passado, quando os primeiros populares chegaram ao solo ainda agrícola em busca de uma casa própria e de um trabalho subalterno no município do Rio de Janeiro?

Não há uma maneira descompromissada de apresentar os agradecimentos em um livro originário de uma tese. Passeiam tantas pessoas e instituições importantes por minha mente, mas, no entanto, é preciso selecionar, e me parece nesse momento que quanto mais o fizer, menos riscos correrei, embora, certamente, mais injusto serei.

Durante quase a totalidade do tempo em que a tese foi construída, contei com o apoio, através de financiamento da Capes. O presente texto transformou-se em livro devido ao apoio da Faperj e enquanto realizava um estágio de pós-doutoramento no PPGHIS/UFRJ, ao qual cheguei primeiro porque seus professores me aceitaram e secundariamente porque minha instituição de origem — a Universidade Federal da Grande Dourados (UFGD) — aceitou meu afastamento. Agradeço imensamente a essas quatro instituições.

Não existiria outra possibilidade de iniciar meus agradecimentos pessoais senão por alguém que acompanhou bastante de perto todo o processo de pesquisa e escrita, tanto da tese quanto das alterações a ela que resultaram neste livro: Deise Teixeira G. Monteiro, minha companheira muito presente e mãe dos meus três maiores motivos de agradecimento a Deus — nossos três lindos filhos. Vivemos momentos muito tempestuosos, principalmente nos meses imediatamente anteriores e posteriores à defesa da tese. Obrigado por acreditar em mim, mesmo naqueles momentos em que eu mesmo não acreditava.

Sou muito grato ao meu pai, Sebastião Ferreira Monteiro, meu primeiro e mais pragmático exemplo de que a educação é capaz de salvar vidas. Agradeço também a minha mãe, Adair Augusta Monteiro, e a minha irmã, Luciana Augusta Monteiro, pois, cada uma ao seu modo, possibilitou que eu me tornasse quem hoje sou.

Marieta de Moraes Ferreira foi sempre mais que uma orientadora. Professora aplicada e rigorosa, acompanha meus passos desde o final da graduação. Suas observações, sempre perspicazes, ajudaram-me sobremaneira a direcionar meus textos para objetivos bastante específicos. Sua amizade — expressa em ações reais — e palavras de ânimo contribuíram para a entrada de minha vida em um caminho que eu jamais imaginara que ela tomasse. É difícil usar palavras para expressar o tamanho de minha gratidão. Obrigado, sobretudo, pela sua paciência e amor.

Foram muito importantes para mim, também com suas observações e sugestões, os professores que participaram tanto da banca de mestrado quanto da de doutorado: Alexandre Fortes, Elina Gonçalves da Fonte Pessanha, João Trajano Sento-Sé e Maria Paula Nascimento Araújo. As diferenças positivas existentes entre a tese e este livro se devem muito às dicas de vocês. Desnecessário é dizer que os defeitos — muitos — são de minha responsabilidade.

Não seria possível agradecer individualmente meus entrevistados. Eles foram muitos e a maior parte deles gastou seu pouco tempo livre — em finais de semana, até — para compartilhar suas vidas comigo. Cada um deles me influenciou muito, e alguns até abrandaram o teor de meus preconceitos a respeito do lugar onde eu nasci e do povo do qual eu mesmo faço parte: "o povo da Baixada". Destaco-os nesse agradecimento porque reconheço que sem cada um deles e suas histórias este livro nunca seria possível. Não aceitava a ideia de falar sobre nossas vidas sem que a voz de meus personagens, de fato, estivesse aqui.

Quero dedicar este livro a Ildacilde do Prado Lameu. Dona Ilda foi minha mais marcante entrevistada. Quando recebeu cinco tiros em um ato covarde, eu a havia entrevistado há menos de um mês e escrevia exatamente o capítulo sobre sua trajetória. Sua voz ecoava ainda em minha memória sonora. Preciso confessar aqui que sua morte abalou-me profundamente, porque talvez isso não apareça tão nitidamente nos textos deste livro. Nunca pretendi resgatar nada, porém gosto imenso de saber que parte mínima da história dessa pequena, valente, sensível e notável mulher poderá ser conhecida de mais pessoas e que o agente desse conhecimento sou eu.

Acredito que teria sido muito mais difícil para mim iniciar uma carreira acadêmica sem o incentivo de uma pessoa excepcionalmente especial e que deu ouvido às minhas necessidades de investigar a Baixada Fluminense e a sua população. Falo do meu melhor amigo dos tempos de graduação e do companheiro de parte da pós-graduação, Carlos Eduardo Barbosa Sarmento. Sua partida prematura consternou todos os que o amavam e me fez recordar meus primeiros escritos acerca da Baixada Fluminense e de seus personagens. Foi o Carlos quem primeiro leu o que eu escrevia e me convenceu a continuar pesquisando e escrevendo sobre algo que ele dizia merecer a atenção também dos historiadores quando eu ainda pensava que somente jornalistas especializados na montagem das seções policiais dos jornais populares eram autorizados a escrever sobre a Baixada. Apaixonado pela história do estado do Rio de Janeiro, Carlos Eduardo conseguiu enxergar fatos políticos onde eu de início somente via barbarismos e me indicou obras e fontes que foram essenciais na construção da minha particular ideia do que é Baixada Fluminense. A ele também dedico este livro.

CAPÍTULO 1

A Baixada Fluminense em perspectiva:
ocupação proletária e exclusão social

Baixada Fluminense

A BAIXADA FLUMINENSE[3] faz parte do que usualmente se designa no Brasil como área de fragilidade social. Sua população inclui-se entre as mais pobres do país e, apesar de a renda *per capita* nessa região ser superior à de regiões aparentemente menos "frágeis" que ela, existe ali uma tão grande disparidade social que boa parte da população vive com menos de meio salário mínimo.[4]

Ocupada inicialmente ao longo do século XVI, a Baixada foi, em poucos momentos, um local onde a agricultura se destacou de forma efetiva. No início da colonização, destinaram-se essas terras ao plantio de culturas de subsistência e plantações de cana-de-açúcar voltadas principalmente à produção de aguardente. Após a descoberta de ouro em Minas Gerais, passaram a ser a terra

---

[3] Geograficamente Baixada Fluminense é uma região mais ou menos ao nível do mar que se estende paralelamente à costa em corredor entre a serra do Mar e o oceano. Tem como limites o município de Itaguaí do lado oeste e a divisa com o estado do Espírito Santo do lado leste. Esse grande território é subdividido em áreas menores de acordo com suas peculiaridades fisiográficas. E uma dessas divisões é a Baixada da Guanabara, que corresponde à parte da Baixada Fluminense localizada no entorno da baía da Guanabara (Geiger e Mesquita, 1956:5).

[4] A partir do censo 2010 do IBGE, a pesquisadora Valéria Pero, professora do Instituto de Economia da UFRJ, apresentou no jornal *O Dia* a informação de que um terço dos moradores da Baixada sobreviviam com menos de um salário mínimo e 42,2% desse um terço sobrevivia com menos de 1/4 do salário mínimo (Telles, 2014).

e os rios dali caminhos para se chegar ao interior das regiões auríferas. Algumas vilas até se formaram nas vizinhanças dos principais rios, mas todo o movimento entrou em decadência com o final da mineração (Peixoto, [196-]). Novas modificações vieram com o ganho de importância da cultura do café, que no Sudeste brasileiro começou a ser plantado de forma comercial na Baixada Fluminense. Mas o fato marcante derivado do café não foram as fazendas, que ali não ganharam mais importância devido ao novo produto, e sim a estrada de ferro que rasgou a região em seu caminho para o sul fluminense, produtor efetivo dos grãos.

Mas se os trens carregaram café para o porto do Rio de Janeiro, deixaram na Baixada Fluminense gente que se ajuntou primeiramente ao redor das estações e que depois, já no final do século XIX e início do XX, contribuiu para que a única lavoura promissora da região se iniciasse: a cultura citrícola.

Em quase todas as cidades da região, antigas e fracassadas propriedades rurais foram retalhadas para formar as chácaras que continham os pomares de laranjas. Ao longo dos anos iniciais do século passado, pequenos centros comerciais, como Nova Iguaçu, experimentaram mudanças profundas, sendo as periferias das estações ferroviárias transformadas em áreas preparadas para receber os frutos que sobejavam nas velhas fazendas divididas pelas chácaras ocupantes daquelas partes não pantanosas do território. Mas pouca técnica foi utilizada na plantação da laranja, que era completamente destinada ao mercado externo e que dependia inteiramente do precário transporte ferroviário fluminense para chegar até ao porto do Rio de Janeiro. Crises internacionais, pragas locais e as inundações que imobilizavam os trens deixaram nas cidades da Baixada apenas a lembrança da época em que Nova Iguaçu, devido às flores de laranjeiras, era chamada de "cidade-perfume" (Pereira, 1977), restando dos pomares somente árvores secas que passaram a ser queimadas ou derrubadas pelas mesmas máquinas que desde a década de 1930 vinham transformando a terra agrícola em urbana através da criação dos loteamentos e da venda dos lotes para os milhares de homens e mulheres que chegavam do Nordeste brasileiro almejando melhores condições de vida na Região Metropolitana do Rio de Janeiro, que crescia economicamente em um ritmo frenético naquelas décadas e que se transformava em um oásis de oportunidades para aqueles populares realizadores de atividades nada ou pouco complexas.

Por fim, as sobras humanas das migrações destinadas originariamente ao município do Rio de Janeiro encheram gradativamente a Baixada Fluminense, avançando os loteamentos populares de forma rápida, inicialmente sobre aquelas áreas muito próximas do Distrito Federal e, de forma mais lenta, mas mesmo assim voraz, sobre as periferias mais recuadas. Essa sistemática da ocupação proletária marca até hoje o desenho demográfico da região, sendo os municípios contíguos à antiga capital federal muito mais densamente povoados que aqueles localizados no que se pode chamar de interior da Baixada.[5]

Voltando a pensar no tempo e nos problemas presentes, os municípios componentes da Baixada Fluminense não são unicamente depósitos de populares restantes do avanço urbano da segunda mais importante e mais desequilibrada metrópole brasileira.[6] A partir da última década do século XX, passou a ser possível dizer que diversos desses municípios passaram a possuir uma vida mais autônoma e que, em alguma medida, são independentes do Rio de Janeiro. Isto se deveu ao fato de as maiores cidades dessa região terem se constituído em polos regionais, enquanto outras passaram a gravitar em torno de tais polos. Uma dinâmica interna na Baixada estabeleceu-se assim.

Acima falei dos loteamentos e da concomitância que existiu entre a chegada dos migrantes e o fracasso da agricultura nesta região. Uma volta ao passado servirá para verificar como se constituiu o loteamento e quais as consequências de seu surgimento para a vida dos populares migrantes.

A empresa loteadora na Baixada Fluminense

Desde o início de sua constituição os loteamentos da Baixada Fluminense caracterizaram-se por serem locais onde o que menos importava era o futuro habitante. Um acordo tácito entre poderes públicos municipais e proprietários

---

[5] Os municípios da Baixada Fluminense mais próximos do Rio de Janeiro são Duque de Caxias, Nilópolis, São João de Meriti e Belford Roxo. Todos eles possuem densidade demográfica acima de mil moradores por quilômetro quadrado, enquanto os mais distantes possuem aproximadamente 500 habitantes/km².
[6] "O município do Rio de Janeiro não é apenas a capital do estado, mas o centro de gravidade da metrópole fluminense, o que lhe confere particularidades econômicas, sociais, políticas e culturais. Nele se concentram 54,5% da população da metrópole, 41,4% da população do estado (IBGE, 1996), 75,9% do PIB da Região Metropolitana (FCIDE, 1998) e 42,6% do eleitorado do estado (TRE/RJ, 2000). Tal concentração é muito maior do que é verificado na metrópole paulista, por exemplo, na qual a cidade de São Paulo concentra 69% do PIB" (Ribeiro, 2001).

locais de terras transformadas em terrenos citrícolas inspirou a transformação das chácaras em lotes agrupados.

Lotear as propriedades foi uma solução barata e vantajosa para os proprietários rurais que, naquele momento, atravessavam sérios problemas econômicos devido à desvalorização gradativa da terra e que poderiam diminuir consideravelmente seus prejuízos vendendo-a em parcelas a serem urbanizadas. Para as autoridades municipais, sobremaneira interessadas em aumentar suas verbas através da criação de impostos do tipo urbano, a queima dos laranjais era uma oportunidade ótima.

Completando a felicidade de proprietários rurais e de autoridades regionais, existia a pouca exigência que os novos moradores da Baixada loteada faziam aos responsáveis pelo seu assentamento na nova terra. Era fatal que fosse assim. Afinal, todos eles chegavam do interior das regiões Nordeste e Sudeste, principalmente originados de áreas rurais decadentes e, migrando para o Rio de Janeiro, ansiavam por construir uma nova e promissora vida. Possuir um local onde erguer uma casa era algo que valia a pena considerando-se o alto custo representado pelo pagamento de aluguéis em periferias mais próximas dos locais de trabalho. Na visão desses migrantes, a posse de um terreno no qual seria assentada uma modesta casa constituía-se em uma realidade mais sólida dentro de vidas dúbias ao extremo:

> [...] simplesmente não era possível pagar aluguel no Rio. Era muito mais fácil viver lá porque só tinha trabalho lá, só que não dava. Você sabe quanto é hoje um aluguel na favela da Rocinha? Bota uns 500 reais aí. Na época não era diferente. Um aluguel era muito mais caro que um salário de peão de obra. Como é que a gente ia pagar? Aqui podia não ter nada, mas era fácil comprar o terreno e construir ficava pra gente mesmo, era por minha conta mesmo. Devagar eu ia construindo, e isso fazia sobrar algum dinheiro pra sobreviver com a minha família. Depois eu ia poder melhorar a casa e ficar mais tranquilo. Se não fosse esta casa acho que não ia dar pra ficar no Rio não.[7]

---

[7] SILVA, Fábio Carvalho. Entrevista concedida em 10 out. 2003. Tal como no restante deste trabalho, foi minha opção não corrigir a fala de meus entrevistados e também não indicar tais incorreções presentes frequentemente no discurso de quem mora nos bairros periféricos da Baixada.

Na fala do morador antigo da Baixada é flagrante o grande medo da incerteza do aluguel e o alívio que significaram a obtenção do lote urbano e a construção da casa através da autoconstrução:[8]

> Não lembro de casa aqui no bairro que não fosse feita pelo morador mesmo. Todo mundo é pobre e faz do jeito que dá, mas fica direitinha e se por fora é feia assim, por dentro tem até algum conforto. Todo mundo constrói porque a maior parte é pedreiro ou servente e vai fazendo a própria casa as vez até com resto de obra que a gente faz lá embaixo [para o morador da Baixada Fluminense o município do Rio de Janeiro é chamado de "lá embaixo" e "cidade"] que traz aqui pra cima e vai montando a casa. É de pobre, mas é muito melhor que barraco de favela ou que aluguel lá de baixo.[9]

Pode-se afirmar que a vítima do acordo entre proprietários agrários à beira da falência e poder público municipal foi o morador proletário do lote baixadense. Segregado nos bairros pobres surgidos da junção dos diversos loteamentos, esse morador foi, em grande medida, seduzido pelo pequeno valor das prestações do lote e pela esperança de conseguir chegar ao seu local de trabalho facilmente através da linha férrea ou do transporte rodoviário:

> Acho que morar aqui não é o pior de tudo. Só reclamo às vezes porque isso não se desenvolveu como outros lugares. Só que quando a gente chegou era muito pior. Não tinha nada e os únicos lugar pra gente trabalhar era lá no Rio. Agora, as vez trabalho aqui mesmo e pelo menos Caxias é bem melhor porque tem tudo que a gente quer. Há 30 anos quando a gente chegou, tanto aqui como em Caxias era tudo muito atrasado e sem nada. Aqui a gente foi fazendo as coisa mais importante como as vala, iluminação na rua, limpando rua porque antes nem passava carro para matar o capim; se ninguém capinasse ficava tudo sujo. Aí a gente fez para não ficar pior do que já era. Quando começou o bairro tudo dependia da gente e a única vantagem daqui era o trem pro Rio e a casa que era nossa mesmo. Hoje tudo é melhor só que não cresceu igual outro lugar.[10]

---
[8] Estudo específico sobre o processo de autoconstrução na região da Baixada Fluminense é o de Maria Helena de Beozzo Lima (Lima, 1980).
[9] SILVA, Marcos Vinícius da. Entrevista concedida em 2 set. 1998.
[10] SILVA, Fábio Carvalho. Entrevista concedida em 10 out. 2003.

É eufêmico considerar que os loteamentos eram pouco assistidos pelo poder público ou que apresentavam baixa infraestrutura. Para além da retirada das laranjeiras, da delimitação e da abertura das ruas dentro dos antigos pomares, nenhuma outra intervenção foi realizada. Serviços essenciais foram, desde o início da ocupação proletária, considerados obrigações do próprio morador dos loteamentos:

> Não passava lixeiro? Não tinha era nada. Era um monte de terreno sem casa e com um monte de mato no meio daquelas terra tinha ainda uns pezinho de laranja tudo arrasado. As rua toda esburacada e com mato. Sem iluminação nenhuma. Só pra encurtar a conversa: eu que tava chegando do interior do Espírito Santo quase voltei pra trás na mesma hora. Eu esperava um lugar organizado e era um arraso. Olha só hoje: frente da casa capinada, luz na rua, ponto de ônibus coberto, tudo saneado. Me pergunta se a prefeitura ajudou? Ajudou nem um pouquinho. Também não dava pra ficar só reclamando e esperando pelos outros. Brasileiro tem mania de achar que tudo é responsabilidade de governo. Eu capino na frente da casa, levo o lixo pra estrada onde passa o caminhão todo dia, mantenho a luz do meu poste funcionando e ainda ajudo o pessoal da comunidade a construir um posto de saúde comunitário no bairro. Depois a gente vai pagar o médico prá vim aqui uma vez na semana. Não dá pra depender de quem não se importa com a gente. Político aqui não tem vez. A gente resolve quase tudo e ainda se sente gente porque tá ajudando o outro quando faz alguma coisa em comunhão com o irmão da gente que vive aqui do seu lado.[11]

A sedução oferecida pelo pequeno valor das prestações parece ter ocultado os grandes problemas presentes nos loteamentos. Não é muito difícil concluir que a autoconstrução, citada em uma das falas anteriores, ultrapassou os limites do lote proletário e passou a se localizar na própria montagem e manutenção dos equipamentos urbanos mínimos. Também não há necessidade de uma demorada observação para se concluir que a presença do Estado nas periferias das cidades da Baixada Fluminense foi algo excepcional desde o início da ocupação proletária. Se for impróprio considerar o Estado como ausente por completo do processo de ocupação proletária da região, pode-se

---

[11] ALVES, José da Costa. Entrevista concedida em 9 jun.1998.

dizer que a quase total ausência perceptível naquele momento transformou-se em endêmica, o que tornou habitual a substituição do Estado levada adiante pelos moradores de qualquer bairro periférico.

Diversas das funções públicas desempenhadas pelos moradores dos loteamentos não foram substituídas pelo Estado mesmo após uma inserção maior deste na Baixada. Essas funções continuaram sendo atribuídas e desempenhadas efetivamente por elementos anônimos e componentes do que agora se chama ali "comunidade".

Fazendo um breve balanço do exposto até aqui, é possível afirmar que uma observação mais intensiva da população da Baixada revela-nos uma gente que, estando ali havia pouco tempo e vindo de regiões diversas do interior agrícola brasileiro, desenvolveu naquela periferia da antiga capital federal um modo *sui generis* de vida, modo do qual se destacam mais, como características, uma recusa — às vezes radical — da participação política baseada na reivindicação e a aceitação da responsabilidade pela realização dos serviços públicos:

> A gente reclamar? Pra quem e pra quê? Não ia adiantar nada reclamar. Tem quase 40 anos que eu moro aqui e sempre foi assim: a gente vê um problema na rua e vai resolver a gente mesmo. Quem da prefeitura ou dos vereadores ia saber da sujeira da rua? Se eles nunca se preocupa em asfaltar e botar manilha e água tratada eles nem sabe que a gente existe direito. [...] a gente mesmo é que tem que arruma tudo [...] isso é a nossa casa; quem arruma os rolo é a gente mesmo.[12]

Fatos que transformaram aquela população em ampla substituta dos órgãos governamentais responsáveis pela gestão do espaço público.

Gênese das lideranças comunitárias da Baixada Fluminense

Juntamente com a configuração de uma maneira original de a população periférica da Baixada Fluminense, afastada de qualquer presença dos poderes públicos, resolver seus problemas práticos imediatos, a colonização popular da região

---

[12] SANTOS, Clelson de Lima. Entrevista concedida em 1 nov. 1995.

resultou também na transformação de alguns moradores do conjunto dos bairros populares em líderes comunitários. Tais líderes quase sempre se destacaram na realização de serviços informais, sendo mais comum serem líderes os moradores mais antigos das localidades,[13] transformando-se eles em referências visualizadas pela população mais frequentemente quando da ocorrência de emergências capazes de afligir um grande número de pessoas da "comunidade".

Ao contrário dos "políticos estrangeiros", benfeitores de ocasião,[14] o líder comunitário baixadense encontra-se radicalmente ligado à população à qual passa a servir. Evidenciando-se por fazer funcionar de forma mais dinâmica os próprios meios populares de resolver os problemas básicos, ele consegue ganhar a confiança da maior parte de seus vizinhos, para os quais aparece ou como o solucionador informal de problemas frequentes, cuja resolução escapa às soluções imediatas oferecidas pelos próprios moradores, ou um elemento capaz de aproximar o poder público do conjunto da população desses bairros, seja através das negociações que entabula com gestores públicos municipais ou com a própria elevação desse líder a um cargo político eletivo.

Exemplos de discursos formulados por habitantes da Baixada Fluminense podem ajudar no desenho de um quadro mais preciso do líder comunitário próprio da região:

> Sempre aparece alguém que acaba liderando a gente na organização de algum trabalho. Tem gente que tem o dom de ajudar e juntando com isso um dom de juntar todo mundo e tomar decisão acaba aparecendo aquele sujeito que junta todo mundo e que tira da cama no domingo quem gosta de dormir pra poder ir ajudar em algum tipo de trabalho aí no bairro.[15]

> Se não tem o seu Joaquim aqui, isso tava bem pior. Ele é meio grosso mais chega e resolve logo. Não gosta da ajuda de político e quer sempre que todo mundo ajuda.[16]

---

[13] A antiguidade é vista sempre como um pressuposto de vinculação maior ao território da Baixada Fluminense. Tal condição concede importância às pessoas, sendo bastante frequentes depoimentos em que alguns moradores lamentam ataques de bandidos aos membros de famílias antigas na região. Perpassa nesses depoimentos a ideia de que ser antigo em um bairro é uma proteção adicional às ações da marginalidade, por exemplo.

[14] Quase sempre políticos que criam serviços sociais em épocas de campanhas eleitorais e que não são da região.

[15] CORDEIRO, Lílian Expedito. Entrevista concedida em 22 jul. 1998.

[16] MOREIRA, João da Silva. Entrevista concedida em 30 jun. 1998.

A dona Maria sempre foi aqui uma liderança forte. Ela até já tentou organizar uma associação de moradores, mas acaba sempre não dando certo porque o povo daqui é desunido e desconfiado demais. Eles acha que ela quer dinheiro dos outro. Mesmo sem associação ela consegue ajudar muito a gente. Faz pouco tempo que a chuva derrubou a ponte e ela reunia gente pra ir na prefeitura reclamar [...] tá certo que eles nem ligaram e ela não desistiu, juntou o pessoal, conseguiu cimento nas lojas de material e acabou, com a ajuda do Tuninho,[17] refazendo a ponte que agora não cai mais porque não é de madeira mais.[18]

Antes da dona Ilda este bairro era muito pior. Tá certo que aqui ainda é muito ruim, só que sem ela não existia era nada igual hoje, e ainda por cima tinha muito bandido e aqui era área de desmanche de carro e de desova de corpo. Tudo era tão ruim que os defuntos ficavam jogados aí por mais de mês até cachorro e urubu comer tudo. Sem ela acho que ia continuar igual, com estupro de criança todo dia. Agora acabou tudo isso.[19]

A proximidade do líder com os moradores dos bairros periféricos é a condição essencial de sobrevivência desse tipo de liderança. Como líder, ele funciona na facilitação das ações populares de resolução dos problemas práticos, e a elevação de alguém a tal *status* relaciona-se muito mais a sua capacidade de incentivar a resolução prática de problemas do que a sua proximidade com elementos ou órgãos ligados às esferas oficiais de poder. Aliás, para alguns dos representantes dessa liderança, "políticos" personificam um mal do qual a sua gente deve manter-se o mais distante possível:

> Eu sinceramente não acho que nós aqui no bairro devemos querer aceitar ajuda de político de fora sem ligação com o nosso bairro. Por experiência própria, eu sei que estes políticos vêm caçar votos e depois não ajuda ninguém além deles e dos amigos deles. Eu não sou contra eleição e estas coisas de democracia, o que eu não concordo é com política de partido e candidato. Não dá resultado pra gente daqui. Aqui o que vale é serviço

---

[17] Antônio Távora: empresário e vereador por Nova Iguaçu entre as décadas de 1980 e 1990.
[18] BARCELOS, Vítor Augusto. Entrevista concedida em 10 set. 1999.
[19] PEREIRA, Volner Maia. Entrevista concedida em 6 jul. 2004.

comunitário da gente mesmo. Eu só organizo e tomo a frente pra o povo não se perder na hora de fazer as coisas.[20]

Boa parte desses líderes locais refere-se aos representantes do poder público como pessoas causadoras de impressões péssimas, porque desejam se aproveitar de trabalhos "comunitários" nunca realizados pelos próprios políticos.

Na visão desses "genuínos" líderes comunitários, sua ação deve ser drástica porque eles não possuem "influência política", e isso é algo somente resolvido através da "organização de órgãos paralelos que consigam substituir o governo e que não submetam a comunidade aos políticos".[21]

O perfil do líder comunitário da região da Baixada Fluminense traçado até aqui nos permite chegar às seguintes conclusões: são eles pessoas necessariamente integradas à comunidade em que vivem; eles não existiriam sem a informalidade de resolução de problemas práticos, pois, conforme visto, eles são partes integrantes dessa mesma informalidade, agindo como elementos facilitadores na medida em que organizam os trabalhos realizados por sua comunidade. Desvinculado de sua gente, o líder comunitário seria unicamente mais um dos "estrangeiros" que pululam na região ignorando o trabalho mudo dos habitantes ou se aproveitando da boa vontade de alguns "inocentes" para conseguir votos através da realização de "obras de maquiagem" que "acabam com a primeira chuva".

Muito embora a presença desse tipo de liderança nos bairros da Baixada Fluminense seja comum, a imprensa local somente os focaliza em momentos extremos, quando, por exemplo, uma ponte derrubada há muito tempo é reconstruída pelos moradores de um bairro, quando a falta de água potável determina planos alternativos para a captação e distribuição desse bem, quando um membro da comunidade, "cansado da insegurança", resolve, com a ajuda de vizinhos, organizar um grupo de extermínio destinado "à limpeza do bairro", quando mutirões organizam-se para desobstruir "valões", limpar terrenos baldios repletos de vegetação, patrulhar as ruas de bairros pouco habitados ou expulsar bandidos que importunam "os trabalhadores" etc.

Ao longo do tempo, a liderança comunitária do conjunto de bairros populares aqui focalizados sofisticou-se e modificou-se o suficiente, até estabelecer-se

---

[20] LEITE, Antônio Souza. Entrevista concedida em 21 ago. 1995.
[21] Ibid.

como nitidamente diferenciada das lideranças políticas de tipo ordinário. A constatação das metamorfoses ocorre quando se acompanha o processo político da Baixada Fluminense pós-Constituição de 1988 e se percebe a ascensão constante de líderes comunitários a cargos públicos oficiais.

Uma história resumida dessa ascensão revela que, primeiramente, os líderes populares dali elegeram-se vereadores e prefeitos principalmente dos pequenos municípios surgidos ao longo da década de 1990 como resultado do movimento de emancipações distritais ocorrido na Baixada Fluminense após a entrada em vigor da Constituição Federal de 1988. Após algum tempo, tais líderes comunitários chegaram à Assembleia Legislativa do estado do Rio de Janeiro e até ao Poder Legislativo federal, através de algum afilhado político, além de migrarem para a chefia dos executivos municipais até das cidades mais antigas da região. Paralelamente, as lideranças não relacionadas diretamente com esses novos agentes políticos ou se eclipsaram ou passaram a gravitar em torno das figuras destacadas dos líderes comunitários.

Características desse processo de nascimento e crescimento de líderes comunitários originários da Baixada Fluminense revelam-se quando acompanhamos a curta carreira política oficial de Jorge Júlio Costa dos Santos (Joca), eleito em 1992 como primeiro prefeito de Belford Roxo. Antes disso, Joca fora vereador iguaçuano em 1988, quando se notabilizou por conseguir, em sua primeira aventura política oficial, eleger-se com mais de 5 mil votos, o que correspondeu ao maior número de votos válidos conseguidos por um candidato naquele pleito. Em 1992, Joca chegou ao governo de Belford Roxo após uma eleição em que concorreu com políticos tradicionalmente aceitos pela população belford-roxense e tendo como companheiro de chapa um dos principais líderes políticos da elite distrital. Segunda eleição e segunda vitória esmagadora: obteve 80% dos votos válidos.

Se objetivarmos encontrar Joca como um líder comunitário mais próximo de "seu povo" devemos, entretanto, recuar mais no tempo e deter-nos em finais da década de 1970, época em que, gradativamente, foi se destacando da população de dois dos mais populosos e violentos bairros de Belford Roxo (Enne, 2007:104). Esse destaque coincidiu com a melhoria econômica de Joca que, tal como a maior parte da população de Belford Roxo, não era originário da região da Baixada. Ele viera bem cedo do interior do estado do Rio de Janeiro, começando a trabalhar ainda criança, uma vez que pertencia a uma família muito pobre e composta por 13 irmãos filhos de uma merendeira e de um operário da Rede Ferroviária Federal. Vendeu bala nos trens, foi ajudante de obras, pedreiro, cobrador e motorista de ônibus, lutador de luta livre e carroceiro antes de transformar-se em um empresário dos setores de transportes e construções.[22]

Joca popularizou-se primeiramente no bairro em que vivia e naqueles bairros onde mantinha seus negócios. Segundo seu próprio testemunho, as declarações de alguns de seus ex-assessores, parentes e correligionários, sua primeira ação social foi a transformação de um antigo automóvel em ambulância e a disponibilização de seu número de telefone para que a população desses bairros "chamasse a qualquer hora do dia e da noite". Depois disso, um "serviço social" foi aberto pelo líder comunitário, que a partir de então não limitou seu "trabalho social" ao transporte de doentes até aos hospitais cariocas, uma vez que passou a ser enxergado pela população como aquele que:

> [...] facilitava a vida dos membro mais pobre da comunidade dando de graça material de construção, levando doente pra hospital, arranjando manilha pra canalizar vala de merda, vindo ele mesmo organizar mutirão pra arrumar rua daqui, quando precisava botando ele mesmo a mão na massa e acabando com as coisa pior daqui [...] metendo o dedo na cara do prefeito e dos vereador de Nova Iguaçu, ouvindo reclamação dos morador, dando comida pra pobre[...].[23]

O fator que mais se responsabilizou pela popularidade de Joca, no entanto, não adveio da ajuda que oferecia aos mais humildes, em seus serviços sociais espalhados pelo distrito de Belford Roxo, ou de seu empenho pessoal em trabalhos destinados a imediatamente resolver problemas quase sempre relacionados com a inexistência de aparelhos urbanos adequados. A maioria da população de Belford Roxo reconhecia Joca como alguém que participava de algo bastante comum naqueles bairros, que era o justiçamento de pessoas diretamente envolvidas com atividades temidas pelos moradores desses bairros populares, como estupros, assaltos, furtos, tráfico ou uso de drogas:

---

[22] *Jornal de Hoje*, 23 jun. 1994, p. 2-4.
[23] SANTOS, Clelson de Lima. Entrevista concedida em 1 nov. 1995.

Joca ficou famoso porque matava bandido aqui. Primeiro ele se revoltou porque assaltaram as lojas dele. Passou a andar armado, e quando foram assaltar ele de novo atirou nos bandido. Ameaçaram ele de morte e aí então matou os bandidos antes de ser morto por eles. Depois disso passou a matar junto com outros daqui do bairro. Ele nunca escondeu isto de ninguém antes de ser político. Quando foi concorrer a vereador de Nova Iguaçu muito tempo depois disso, foi que passou a negar que era matador. Depois que virou político não matava mais, mas pagava para outros matarem. Ele barganhava até cargo político em troca das mortes. Como prefeito ele criou um tipo de polícia aqui que matava os bandidos de Belford Roxo. Por isso virou uma paz Belford Roxo na época dele.[24]

Apesar de existirem processos contra Joca exatamente por ser ele acusado de chefiar grupos de extermínio,[25] isto não impediu sua carreira política, parecendo, ao contrário, que a fama de homem valente e pessoa responsável pela execução da "justiça" transformou-se em arma habilmente utilizada por ele para ser mais bem visualizado pela população dos bairros periféricos de Belford Roxo:

> Se ele era matador isto não me interessa. Pra mim ele era o melhor político que existia, e por causa disso ele morreu do jeito que morreu. De verdade, se ele matava era só bandido que morria na mão dele. Bandido tem mesmo é que morrer. Bandido bom é o bandido que morreu [...] não sou contra matador, grupo de extermínio, polícia mineira. Quanto mais tiver, melhor, é porque vagabundo é igual mato: quanto mais arranca mais nasce. Tem que matar mesmo porque não tem jeito mesmo e justiça de verdade quem faz aqui é matador. Polícia não prende mesmo. Só mata inocente e solta bandido que paga pra ela. O jeito é matar e matar cada vez mais. Só aqui no bairro matam pelo menos uns... uns... 3, 4, 5 por semana. Acho que se não fosse isto o bairro era um inferno, porque tem muito malandro aqui mesmo. [...] eu nunca deixei de votar em político porque ele era matador.

---

[24] NOVAES, Guilherme Antônio. Entrevista concedida em 10 out. 1995.
[25] Joca foi processado por parentes de alguns assassinados que o acusaram de ser chefe do grupo de extermínio. Ele também foi acusado e processado por receber cargas roubadas (principalmente materiais de construção e peças automotivas) pela promotora Tânia Maria Sales Moreira, que investigava a ação dos grupos de extermínio na Baixada. Ela apontou Joca, em 1985, como chefe de grupo de extermínio e receptor de cargas roubadas. Entretanto ele nunca foi a julgamento devido à falta de provas (*Jornal de Hoje*, 22 jun. 1995, p. 3; MOREIRA, [199-]).

De verdade, se eu sei que um político é matador aí é que eu voto nele mesmo porque então eu sei que ele faz alguma coisa boa.[26]

Na imprensa local, adversários políticos tentaram fazer da fama de matador adquirida por Joca algo determinante para a diminuição de seu prestígio. Essas tentativas mostraram-se frustradas, pois a população de Belford Roxo visualizava Joca como um salvador, e eram partes integrantes da imagem popular desse líder comunitário seu ódio ao banditismo e sua ausência de tolerância para com a prática de crimes que ofendiam diretamente a família, a moral ou as poucas propriedades dos moradores dos diversos bairros populares do distrito de Belford Roxo. Cristalizou-se na mente dos belford-roxenses principalmente a ação justiceira de Joca, e tanto a ascensão dele ao Poder Legislativo iguaçuano quanto ao Executivo do município de Belford Roxo, surgido em 1990, deveu-se à esperança de que ele continuasse a se parecer com o antigo líder comunitário, destacando-se na personalidade desse líder seu apego à "ordem", o que nos bairros periféricos significa, em primeiro lugar, garantia de segurança, não importando nem um pouco os meios utilizados para o alcance dessa condição.

A aceitação maciça de Joca e de seus métodos pode ter muito a ver com suas supostas relações com grupos de extermínio e com a deferência que boa parte da população oferecia aos "matadores de bandidos", entretanto seu sucesso como político não esteve ligado unicamente a tal fama. Aliás, dentro do Legislativo iguaçuano ou da Prefeitura Municipal de Belford Roxo não exatamente eclipsou-se a fama do "prefeito matador". A consideração de que era ele um justiceiro continuava ali, como algo que se revelava instantaneamente quando se olhava para Joca, porém suas ações como político eram tão ostentosas que era mais fácil lembrar-se dele como alguém agressivo, valente, autoritário e mal educado, mas completamente preocupado em agradar "ao seu povo".

Desaparecer da Câmara Municipal de Nova Iguaçu logo após ser diplomado vereador em 1988,[27] expandir seus serviços de assistência social, trocar

---

[26] SANTOS, Clelson de Lima. Entrevista concedida em 1 nov. 1995.
[27] O vereador estreante apresentou pedidos sucessivos de licença por motivos de saúde. Alegava ele ter fraturado a perna e não poder frequentar as reuniões da câmara por esse motivo (*Jornal de Hoje*, 1 out. 1988, p. 6).

sucessivamente de partido político[28] para viabilizar o plebiscito que daria autonomia ao distrito de Belford Roxo, aproximar-se do prefeito de Nova Iguaçu, que poderia facilitar suas ações políticas, e finalmente viabilizar sua candidatura à prefeitura de Belford Roxo parecem ter sido ações inspiradas pelo desejo de manter a proximidade entre Joca e "seu povo", pois ao final de dois anos de vereança, Joca — sempre bem relacionado com o prefeito iguaçuano, Aluísio Gama — viabilizou o antigo plano de emancipar Belford Roxo, indicou centenas de ruas que deveriam ser saneadas e asfaltadas, sendo 194 dessas ruas pavimentadas, conseguiu fazer com que Aluísio Gama construísse nove postos de saúde em Belford Roxo e fez com que o centro do distrito fosse completamente remodelado.[29]

O ano de 1992 foi aquele em que a popularidade de Joca chegou ao ápice. A participação direta no processo de emancipação de Belford Roxo e as "obras de melhoramentos" levadas por ele para aquele "lugar esquecido pelas autoridades e só lembrado pelos políticos espertalhões em época de eleição"[30] transformaram o antigo líder comunitário em alguém que centralizava as movimentações políticas dentro do antigo distrito iguaçuano: seu maciço apoio popular fazia de sua eleição algo mais do que provável, e isso atraía o apoio de grande parte da elite política local.[31]

Eleito prefeito, Joca declarou-se imediatamente "fiscal número um" de si mesmo e de seu governo. Prometeu, ao longo da campanha, governar a partir

---

[28] Ao longo de sua pequena carreira política oficial (1988-1994), Joca passou pelo Partido do Movimento Democrático Brasileiro (PMDB), pelo Partido Democrático Trabalhista (PDT) e, finalmente, filiou-se ao Partido Liberal (PL), pelo qual elegeu-se prefeito de Belford Roxo à frente de uma coligação composta pelo Partido Liberal (PL), Partido da Social Democracia Brasileira (PSDB), Partido da Frente Liberal (PFL), Partido Democrata Cristão (PDC), Partido Trabalhista Brasileiro (PTB) e Partido Democrático Social (PDS) (*Jornal de Hoje*, 11 out. 1992, p. 5).

[29] *Correio de Maxambomba*, 1 fev. 1991, p. 4.

[30] *Jornal de Hoje*, 23 jun. 1994, p. 2-4.

[31] Em um artigo publicado em 30 de novembro de 1991, um articulista do *Jornal de Hoje* admira-se com o fato de representantes de "tradicionais famílias políticas" se "acotovelarem" disputando a possibilidade de Joca servir como candidato a vice em chapas sempre encabeçadas por representantes dessas famílias. O articulista lê nessas disputas a evidência maior de que "[...] a política em Belford Roxo gira em torno de Joca, vereador por Nova Iguaçu eleito com mais de cinco mil votos todos eles de belford-roxenses [e que tinha] a cara e a simplicidade política do povo respondendo sempre com franqueza e sobremaneira preocupado com a eliminação das vergonhas que assolam aquele ex-distrito iguaçuano com toda a certeza o mais abandonado de todos os distritos de Nova Iguaçu" (*Jornal de Hoje*, 30 nov. 1991, p. 2).

da rua e começou a fazer isso em seu primeiro dia de mandato, quando saiu do gabinete para, pessoalmente, fechar todas as lojas do centro de Belford Roxo que não possuíssem alvará de funcionamento. O que pareceu ser unicamente uma jogada imediata de *marketing* transformou-se, entretanto, em regra, e nos dias seguintes novas fiscalizações foram realizadas, todas elas destinadas a "fazer caixa para construir tudo que a prefeitura precisa fazer para este povo sofrido".[32] Escolas foram encampadas, lojas fechadas, muros pintados, pichadores reprimidos, traficantes impedidos de atuarem fora das bocas de fumo,[33] detritos foram retirados de terrenos baldios, antigos lixões viraram praças destinadas principalmente às crianças e obras irregulares foram interditadas. Enquanto isso, máquinas escavavam inúmeras ruas nos bairros mais populosos do novo município, onde os moradores eram convidados a servir como mão de obra no saneamento e pavimentação das próprias ruas onde viviam com suas famílias. Joca dizia que tinha as máquinas e as manilhas, "mas como a prefeitura não possuía funcionários, o único jeito de abreviar a resolução do problema era a população partilhar [com ele] a obrigação de construir o município que era uma obrigação tanto dele quanto de quem votou [nele]".[34]

A parceria entre Joca e os belford-roxenses, matéria-prima fundamental dos inúmeros mutirões responsáveis pela "construção de uma cidade progressista a partir do nada que existiu aqui até agora",[35] ao final de um ano, resultou no saneamento e na pavimentação de uma grande quantidade de ruas, na construção de inúmeras creches, postos de saúde e escolas no lugar onde antes havia imóveis abandonados que foram desapropriados. Muito rapidamente a "cidade do amor"[36] modificou-se e passou a chamar a atenção de políticos

---

[32] *Jornal de Hoje*, 3 jan. 1993, p. 9.
[33] FREITAS, Otacílio José de. Entrevista concedida em 21 nov. 1995; QUEIROZ, Jorge. Entrevista concedida em 29 out. 1995; SANTOS, Clelson de Lima. Entrevista concedida em 1 nov. 1995.
[34] *Jornal de Hoje*, 3 jan. 1993, p. 9.
[35] *Jornal de Hoje*, 3 fev. 1992, p. 5.
[36] Frase que acompanhou o nome Belford Roxo a partir do governo Joca, que ordenou grafarem nos muros da cidade esta expressão, sendo a letra "o", de amor, substituída por um coração. Aliás, o mais marcante símbolo criado por Joca foi o coração, sempre acompanhado de um dos seus *slogans* de campanha ("Belford Roxo: a cidade do amor" e "Joca: o homem que ama Belford Roxo"). Transformou a figura do coração em um dos componentes do próprio brasão municipal, espalhou seus *slogans* em grande parte dos muros do centro e dos bairros principais do município, pintou os muros com as cores de seu orixá e mandou construir inúmeros pontos de ônibus cujas colunas continham corações embutidos. Sua preocupação em relacionar seu nome — cuja letra "o" foi substituída por um coração nas placas que anun-

locais e até do governador fluminense. O prefeito aproveitou-se bem de sua popularidade e da ausência de oposição[37] e, a partir mesmo de 1992, iniciou uma cruzada destinada a atrair a atenção dos governos estadual e federal para a Baixada Fluminense. Para isso criou e presidiu inicialmente a Associação de Municípios da Baixada Fluminense e Adjacências.

Dentro de Belford Roxo, entre o "seu povo", as impressões acerca do prefeito e de seu governo variavam bastante, porém sua popularidade mantinha-se muito alta e suas ações como prefeito variavam sempre sobre os mesmos temas: a necessidade de continuar a "construir o município que não existia antes da eleição de 1992", o fortalecimento e a manutenção da ideia de que homens e mulheres dos diversos bairros periféricos de Belford Roxo eram todos eles "primeiros fiscais da prefeitura", o fortalecimento dos símbolos criados pelo prefeito para fixar sua imagem na mente de cada morador de Belford Roxo e a expansão de seus centros de assistência social. Enfim, correspondeu todo o tempo às expectativas da população dos bairros periféricos de Belford Roxo, extremamente desejosa de que o prefeito continuasse sendo simplesmente atendente das necessidades mais rasteiras dos moradores:

> O legal em Joca é que ele continuou como era antes. Andava no meio de todo mundo, vigiava tudo que os funcionários da prefeitura fazem, para pra beber em boteco, come em casa de pobre, mesmo com todo aquele ouro pendurado. Se alguém não soubesse não diria que ele é quem é. Acho que o povo gosta é disso nele. Da sinceridade, da vontade de ajudar que ele tinha. Fala igual a gente, mas sabe o que tem que falar e fazer e tinha coragem de fazer tudo que fez.[38]

---

ciavam suas obras — à figura de um coração chegou a tal ponto que, enquanto era prefeito, substituiu um de seus dentes por um de ouro que possuía um coração gravado na face externa.

[37] Nessa época (1993-1994), Joca saía bem cedo fazendo a sua "ronda diária" (ou *blitz* segundo o prefeito) para evitar ser parado a toda hora por pessoas que pediam coisas a ele ou que queriam abraçá-lo, beijá-lo ou solicitar autógrafos seus. Quanto aos seus opositores políticos em Belford Roxo, perdiam importância na proporção em que Joca se transformava em "governador da Baixada", como foi chamado pelo prefeito de Japeri, Carlos Moraes Costa (*Jornal de Hoje*, 6 nov. 1993, p. 2). A pouca importância dos adversários políticos belford-roxenses fez com que em algum momento de seu governo, em plena praça pública, Joca esbofeteasse um vereador que insistia em manter-se contra os planos do prefeito (NOVAES, Mário Geraldo. Entrevista concedida em 2 set. 1995; SILVA, Odmar da. Entrevista concedida em 28 nov. 1995).

[38] QUEIROZ, Jorge. Entrevista concedida em 29 out. 1995.

O final de todas as suas ações ocorreu na tarde do dia 20 de junho de 1994, quando o prefeito encaminhava-se, juntamente com diversos outros colegas, ao Palácio Guanabara, para encontrar-se com o governador do estado, Marcello Alencar. A versão oficial, quase completamente baseada no depoimento de Adilmar Arcenio dos Santos — Mica –, que era naquela época prefeito de São João de Meriti e único passageiro do carro dirigido por Joca.

Segundo Mica, Joca foi vítima de um bandido inexperiente e franzino (daí seu apelido ser Ratinho),[39] que se aproveitou da paralisação do trânsito e da ausência dos protetores de Joca — que viajavam em outro carro porque o prefeito sentia-se mais seguro no município do Rio de Janeiro — e que, no final da tarde daquela quinta-feira e a alguns metros da entrada no túnel Santa Bárbara — que liga alguns bairros do Centro da capital fluminense à Zona Sul da cidade do Rio de Janeiro — aproximou-se do carro armado com uma pistola e tentou retirar de Joca suas pulseiras e cordões de ouro. Ao ser abordado, Joca intentou sacar uma arma e abrir a porta do carro que dirigia, porém não foi tão rápido tentando realizar as duas ações e assustou o bandido, que descarregou imediatamente todas as munições da pistola apontada para o prefeito, morto ao ser perfurado por pelo menos cinco disparos da pistola de Ratinho.

Tal versão, embora absolutamente crível, não convenceu a maior parte da população belford-roxense, que preferiu sempre acreditar em versões relacionadas com alguma conspiração destinada a não permitir que Joca avançasse mais dentro do mundo político fluminense. A impressão geral era a de que o prefeito, principalmente porque era competente, conquistara muito mais inimigos que amigos, desejando muitos desses inimigos sua morte. Não há, até hoje, entretanto, nenhuma justificativa para considerar-se a versão oficial como incorreta; ao contrário disso, o assassino do prefeito foi preso, julgado e condenado, nunca negando o cometimento do crime. Ao mesmo tempo, nenhuma das versões relacionadas com algum tipo de conspiração se confirmou, passando todas elas a compor o conjunto de narrativas dos atos heroicos do primeiro prefeito, criadas e perpetuadas pela população dos bairros periféricos desse antigo distrito iguaçuano.[40]

---

[39] *O Dia*, 30 out. 1994, p. 4.
[40] A partir de relatos de moradores de Belford Roxo é possível atribuir o assassinato de Joca a diversos motivos, podendo estes ser divididos em dois grupos, a saber: motivos políticos ou pessoais. Como motivos políticos, a maior parte das histórias vincula o crime ao desejo de sua esposa (Maria Lúcia, prefeita de Belford Roxo entre 1996 e 2000 e entre 2004 e 2008) de as-

O processo de mitificação política de Joca, que se iniciara ainda quando ele governava Belford Roxo, acelerou-se e tornou-se mais sólido a partir de sua morte. Na madrugada mesma do dia 20 de junho de 1994, uma grande e comovida quantidade[41] de pessoas deslocou-se até o centro de Belford Roxo com a única finalidade de "homenagear pela última vez nosso pai" ou "agradecer tudo de bom que Joca fez por nós".

O corpo de Joca chegou à praça central de Belford Roxo na manhã do dia 21 de junho. Durante boa parte desse dia, o prefeito assassinado ficou exposto à visitação dos belford-roxenses, que fizeram uma fila de aproximadamente dois quilômetros. À tarde, o corpo foi acompanhado pela multidão por todo o centro do município de Belford Roxo e, finalmente, depositado sob aplausos, lágrimas e desmaios no cemitério público de Belford Roxo. Frutos eleitorais diversos foram colhidos da rápida carreira política pública de Joca. A transformação de sua esposa em prefeita de Belford Roxo, por duas vezes, e em deputada estadual, foi o mais visível desses frutos.[42]

Voltando a pensar em sua mitificação política, ela tornou-se possível também devido ao pequeno período de sua vida em que foi vereador e prefeito. Em tão pouco tempo, Joca não errou ou "traiu o seu povo". Facilitou mais ainda esse processo sua morte violenta e inesperada, porém, mesmo vereador e prefeito, sua prática política em poucos momentos deixou de ser semelhante à dos líderes comunitários da Baixada Fluminense e à da própria população proletária ao resolver os problemas práticos imediatos.

Sem dúvida, maiores são as relações entre o passado de liderança comunitária do primeiro prefeito de Belford Roxo e sua popularidade sobrevivente ao

---

sumir a prefeitura em seu lugar e ao medo do governador Marcello Alencar de que um dos seus filhos, que ninguém diz qual, perdesse a eleição para Joca, que, segundo os belford-roxenses, se candidataria a governador. Como motivos pessoais, Maria Lúcia era novamente lembrada, mas então como uma mulher que se sentia traída devido às quatro, cinco ou seis amantes do prefeito e também se atribuía a ela o assassinato.

[41] As estimativas da polícia militar e dos vários órgãos de imprensa presentes em Belford Roxo diferiram muito e variaram entre 100 mil e 200 mil pessoas presentes na praça central da cidade, onde o corpo ficou exposto até ser conduzido ao Cemitério da Solidão, localizado em um dos bairros da cidade.

[42] As eleições dos anos imediatamente seguintes ao assassinato de Joca foram marcadas pela transformação do prefeito morto em uma espécie de cabo eleitoral. Fotografias suas fizeram parte de panfletos e *outdoors* de candidatos de partidos opostos, e além de sua esposa eleger-se prefeita de Belford Roxo e deputada estadual sucessivamente, diversos de seus antigos aliados tornaram-se vereadores e deputados estaduais (*Jornal de Hoje*, 23 maio 2000, p. 5).

assassinato e herdada por novos atores políticos visualizados como continuadores da forma de Joca entender que órgãos oficiais, como prefeitura municipal e câmara de vereadores eram extensões dos vários serviços sociais mantidos por ele em Belford Roxo. O que foi chamado de "simplicidade" por diversos moradores de Belford Roxo em seus relatos, parece ser a característica de Joca que o transformou na pessoa "que não traiu seu passado de pobre" apesar de ter enriquecido e se transformado em "político", significando ser político, para essa população, algo desmerecedor de qualidades a todo momento atribuídas a Joca pelos belford-roxenses, como honestidade, bondade e justiça.

Não é difícil entender, a partir das falas de moradores de Belford Roxo, que Joca era considerado como alguém diverso dos "políticos", sempre enxergados com reservas por serem aproveitadores ou traidores das esperanças daqueles que são "fracos" principalmente por não possuírem "nada":

> É muito fácil ser eleito aqui... pensa... se não tem nada no lugar... nada que faça a vida ser melhor pra gente... qualquer coisa que oferece eles pegam e aceitam votar. É tudo muito pobre e não dá pra escolher direito quando é pobre. Eles escolhe aquele que oferece alguma coisa que agrada. Pode ser para aqui ou para cada um mesmo. De um jeito ou de outro esses cara não presta porque ajudam você agora e nunca mais volta depois. Joca era outra coisa... não prometia. Vinha, via o que tava precisando, falava uma vez pra acertar como ia fazer e depois voltava pra ajudar a fazer ou pra fazer ele mesmo sozinho. Nada de enrolação. Se não dava pra fazer dizia logo e pronto. Não era político mesmo... era daqui e sabia do que a gente precisa.[43]

Descobrir quais as razões que levaram Joca a transformar-se em líder comunitário e depois em "político" e em uma espécie de salvador mítico, exemplar único de homem público "honesto" e "competente" pode funcionar como uma forma de conhecer mais detalhadamente as maneiras de a população subalterna da Baixada Fluminense mais contemporaneamente transformar alguém em líder, bem como ajudar na determinação das formas populares, tanto de resolver os diversos problemas provocados pela ocupação rápida e

---

[43] QUEIROZ, Jorge. Entrevista concedida em 29 out. 1995.

não planejada do solo da Baixada como na criação de meios eficientes de reivindicar alguma atenção para a vida nesse local proletário de residência.

A tentação de enxergar no primeiro prefeito de Belford Roxo o representante mais perfeito da liderança comunitária baixadense é bastante grande e parece nascer exatamente da aprovação maciça das ações desse político, da constante comparação por parte dos belford-roxenses entre os dois tempos de atuação de Joca, ou seja, entre a época em que ele era "simplesmente" o líder comunitário e o período curto em que "serviu ao povo" como ocupante de cargos públicos eletivos. A diluição das diferenças entre o Joca político e o Joca comunitário enxergados pelos habitantes de Belford Roxo muito provavelmente favoreceu sua mitificação política e o distinguiu de um mito criado pela população baixadense em décadas anteriores aos anos 1990. Refiro-me especificamente à liderança política capaz de interagir de forma muito forte com a população baixadense em épocas anteriores a Joca, e é ela representada por Natalício Tenório Cavalcanti de Albuquerque.

A ligação de Tenório Cavalcanti com a Baixada Fluminense iniciou-se no final da década de 1920, quando esse nordestino fugiu do estado de Alagoas devido ao fato de ter assassinado o matador de seu pai antes que este também o matasse (Cavalcanti, 1996:20-22). Na Baixada, ele enriqueceu e transformou-se em um importante e novo personagem político. Antes disso, porém, notabilizou-se como um pistoleiro e um facilitador da chegada dos migrantes nordestinos à região. Tenório criou, ao longo de sua carreira política, um sistema assistencialista e apoiou-se flagrantemente na prática da violência como estratégia de ganho e manutenção de poder político (Grynszpan, 1990). Esforçou-se — e foi facilitado nesse esforço pela intensificação da chegada de novos migrantes à Baixada Fluminense — para criar uma concreta rede de relações pessoais, tendo tal rede consolidado seu papel de agente político violento, exigente de lealdade e mantenedor de um grupo de servidores que eram protegidos pela sua fama e que, ao mesmo tempo, o auxiliavam nos embates em que se envolvia e que geralmente o colocavam do lado oposto ao dos proprietários rurais do lugar e dos líderes políticos da Baixada Fluminense, que naquele momento protegiam suas terras da ameaça da "gente que vinha de fora" e que invadia a terra deixada vazia à espera de valorização urbana.

Particularmente, Tenório Cavalcanti mostrou-se bastante elástico em suas relações sociais, uma vez que se aproximou de famílias tradicionais — inclusive casando-se com a filha de um dos representantes do poder político local —

e, ao mesmo tempo, aprofundou suas relações com os migrantes, bancando a vinda de diversos de seus parentes e conhecidos para a Baixada, onde eram alojados em terras conseguidas pelo político, que após transformar-se em advogado, defendeu muitos nordestinos em causas de despejo ou por praticarem crimes enquanto lutavam para ocupar ou manter-se em terras vazias invadidas recentemente. Exatamente devido a suas aproximações tanto com as elites locais quanto com os milhares de migrantes que mudavam a face da Baixada com sua chegada em profusão, Tenório projetou-se como líder regional e conseguiu penetrar nas esferas da política nacional, conquistando votações expressivas para o Legislativo estadual e federal.

A figura de Tenório Cavalcanti, por si só, era capaz de gerar polêmicas e incentivar a criação de narrativas baseadas em fatos efetivamente vivenciados pelo político ou simplesmente criados pela população residente na Baixada nas décadas de atuação espetacular do líder. A mitificação política de Tenório deu-se também através do jornal popular que criou na década de 1950 — *A Luta Democrática* — e que possibilitou a projeção nacional do político, que passou a ser conhecido como "o homem da capa preta", possuidor de um corpo fechado e sempre acompanhado de sua "companheira certa das horas incertas, a metralhadora 'Lurdinha'" (Cavalcanti, 1996:241).

Comparações entre Tenório e Joca são tentadas continuamente por moradores mais antigos da Baixada, entretanto terminam sempre demonstrando ser o estilo de liderança de Joca diferente da forma como Tenório atuava politicamente em Duque de Caxias:

> Parecido com o Joca acho que só o Tenório Cavalcanti, que também ajudava o povo pobre de Caxias. Só que ele não era igual o Joca porque o Joca era só daqui mesmo e o Tenório vivia fazendo política fora e atendia o povo de Caxias só que não era igual aqui que o Joca tava mais perto e não era político que vivia fora de Belford Roxo. Outra diferença é que Joca não andava amedrontando ninguém aqui e o Tenório era muito violento e encrenqueiro.[44]

> Parece que os dois só eram igual no respeito que eles obrigavam todo mundo ter deles. Joca ajudava a gente a fazer tudo aqui e era também um homem que dava assistência para os mais pobres. Não sei muito do Tenó-

---

[44] MACHADO, Artur Souza. Entrevista concedida em 12 out. 2004.

rio, mas do que lembro ele brigava muito, não governava e dava comida, roupa... essas coisas para os moradores de Caxias. Mas também se enriquecia às custas do povo. Não sei se era bom, sei que era valente e tudo, mas não sei muito não dele.[45]

O Joca não era tão parecido com o Tenório. O Tenório era um Lampião. O Joca era um político mais normal porque não saía aqui dando tiro pra todo lado. Pode até ser que ele era de grupo de matador, mas se era isso não misturava isso com a função dele na prefeitura. Mesmo quando não era político ainda, ele não fazia isso assim na frente de todo mundo, se fazia era escondido porque aqui no bairro eu mesmo nunca vi nada de mais mesmo estando aqui muito mais tempo do que ele porque eu tenho idade pra ser pai dele. Ouvia falar muita coisa, mas nunca vi nada e não estou escondendo porque tenho medo, porque eu não tenho motivo pra ter medo. Ele era normal e não um jagunço que também ajudava os pobres de Duque de Caxias, mas que fazia naquela época Caxias ser um fim de mundo que todo mundo dizia que era. Hoje eu acho que a Baixada tem essa fama tão ruim assim porque naquela época tinha muito jagunço e o povo lá de baixo [município do Rio de Janeiro] tinha medo daqui por causa dos tiroteio.[46]

Tenório era um pistoleiro, um capanga, jagunço sei lá o que mais. Fez muito por Caxias, mas na época dele era tudo muito difícil e ele foi muito forte mas acabou prejudicando muita gente inocente pra fazer política. O que eu acho dele é que ele ajudou mais ele e os amigos políticos dele e menos a gente pobre daqui. Acho que ele dava comida, protegia um ou outro, mas era muito preocupado em ficar mais importante como político e o que mais tinha aqui naquela época era tiroteio e emboscada.[47]

As falas transcritas acima pertencem a moradores de Belford Roxo e Duque de Caxias e correspondem ao pedido da comparação entre Tenório Cavalcanti e Joca. Fundamentalmente, na fala dos moradores mais antigos da Baixada Fluminense, contemporâneos da vida pública de Tenório e ainda vivos na época em que Joca governava, este último diferenciava-se do primeiro por ser alguém que dava ordem ao caos, partindo daquilo já existente no antigo distrito iguaçuano e mesmo das próprias práticas populares de resolução de pro-

---
[45] MESSIAS, Marcelino Francisco. Entrevista concedida em 15 jun. 2004.
[46] COSTA, Flávio Cardoso. Entrevista concedida em 2 nov. 2004.
[47] BARBOSA, Carlos Aparecido. Entrevista concedida em 15 nov. 2003.

blemas. Tenório também é visto pelos entrevistados como ordenador de uma situação caótica, porém, ao contrário de Joca, que permaneceu muito pouco tempo em evidência, Tenório Cavalcanti parece ter deixado como lembrança principal de sua longa carreira legislativa, sua instabilidade, que em alguns momentos confunde-se na fala dos entrevistados com as incertezas existentes na vida da população proletária, na época em que chegavam do Nordeste brasileiro.

Em alguns momentos, as falas dos entrevistados conduzem-nos a pensar que eles gostariam que Tenório fosse fundador de outra realidade, diferente daquela existente em seus locais de origem ou pelo menos um participante das dificuldades iniciais de adaptação desses migrantes à nova terra ou um facilitador das maneiras próprias de os recém-migrantes resolverem seus problemas imediatos:

> [...] Tenório... criticar... o que eu acho que dá pra dizer é porque ele não ficava presente sempre em Caxias... ele usava aqui mais para se promover e não pra ajudar os pobre. Acho que político não presta sempre, mas no mínimo se alguém quer ficar muito tempo no lugar sendo votado, ele precisa ajudar os pobres do lugar mesmo e pelo menos auxiliar a gente na melhoria do lugar. Acho que ele não participava muito da vida daqui não [...] estava muito preocupado em fazer campanha para deputado e ganhar mais dinheiro [...].[48]

Muito embora sobreviva ainda a ideia de que Tenório é um dos responsáveis pela transformação de Duque de Caxias em um lugar menos inóspito, mais forte parece ser a visão popular dele como alguém que causou o surgimento da fama da Baixada como terra de pistoleiros e, portanto, em um lugar temido e extremamente malvisto externamente.[49]

---

[48] SILVA, Fabiano Viana. Entrevista concedida em 18 jul. 2004.
[49] Essa ideia que se repete constantemente nas falas de diversos dos entrevistados coincide com as conclusões de Ana Lucia da Silva Enne (2004). No artigo em pauta, a autora analisa as visões de quatro grandes jornais cariocas ao longo das últimas cinco décadas do século XX e percebe que, principalmente a partir da década de 1960, a quase indiferença da imprensa em relação à Baixada Fluminense é substituída pelo surgimento da ideia de que a região constituía-se em um local muito violento, um "faroeste fluminense" ou era comparada com um câncer presente na crescente Região Metropolitana do Rio de Janeiro. Em um dos próximos capítulos deste livro dialogo com Enne ao expor de forma mais detalhada suas ideias.

Não se trata de uma simples condenação à conduta violenta de Tenório Cavalcanti, que para alguns entrevistados é o único ponto de contato entre este último e Joca. Aliás, em nenhuma das entrevistas há a ideia de que assassinar inimigos ou bandidos é algo condenável, sendo componente dos discursos populares a valorização dessa prática.

A positivação dos justiçamentos presente na maioria dos depoimentos de moradores de diferentes municípios da Baixada Fluminense choca-se diretamente com a principal hipótese levantada pelo sociólogo José Cláudio Souza Alves, caracterizada pelo fato de considerar a região como o lugar onde o poder político estruturou-se a partir da prática usual da violência, sendo o conjunto da população mais pobre uma vítima indefesa dos justiçamentos ocorridos ali. Segundo o autor, os exterminadores são servidores dos agentes políticos que, principalmente após o golpe militar de 1964, manipulam a população da Baixada através de práticas "populistas" e de atos intimidativos responsáveis pela manutenção, naquela época, dos políticos tradicionais no poder e, a partir da década de 1990, destes próprios matadores, sendo, para ele, Joca e José Camilo Zito dos Santos os dois principais representantes dos "prefeitos matadores". A hipótese fundamenta-se em dados corretos, pois os municípios da Baixada Fluminense encontram-se desde várias décadas entre os mais violentos do país quando se verifica o número de assassinatos ocorridos ali anualmente. Pena que na formulação de tal hipótese a população da Baixada Fluminense não tenha sido ouvida, e fatos bastante palpáveis tenham sido desprezados, entre esses se destacando a grande aceitação popular dos "prefeitos matadores" (Zito foi eleito três vezes prefeito — 1996, 2000 e 2008 — e estendeu sua influência a dois outros municípios da região através da eleição de parentes diretos seus como prefeitos nas eleições municipais de 2000, além de ter conseguido transformar sua filha em deputada estadual e um de seus auxiliares diretos em deputado federal). Isso torna complicado manter-se crente na hipótese principal de José Cláudio Souza Alves, porque obrigar-nos-ia a pensar que cada um desses agentes políticos oficiais relacionados com os matadores exerce um controle violento das populações responsáveis pelas suas sucessivas e impressionantes *performances* eleitorais ou nos faria retornar à antiga e não usual consideração das camadas socialmente subalternas como parceiros fantasmas do processo político eleitoral (Cf. Alves, 1998). Por fim, a posição dos moradores da Baixada em relação aos justiçamentos e a seus agentes fica mais clara quando lê-se o lamento conformado de uma mãe pela morte de um filho adolescente eliminado por "matadores":

[...] fazer o quê. Eu avisava muito para ele que aquele tipo de vida não ia dar em coisa boa, mas não adiantava nada e ele continuava no meio de mau companhia que não prestava, aí o Pedro [nome do chefe do grupo de extermínio que eliminou seu filho] veio aqui em casa conversou com o pai dele e comigo, falou pra gente mandar ele para fora daqui porque ele só não tinha morrido ainda porque a gente era considerado aqui porque é família antiga no lugar. A gente mandou ele pra Minas e ele voltou sem a gente saber. Aí ficou no meio só dos bandido, não voltou mais pra casa e começou a roubar aqui no bairro mesmo. Era uma vergonha só pra gente daqui de casa. As pessoa olhavam pra mim atravessado em tudo que era lugar. Eu mesma só ia para a igreja e evitava sair pra outro lugar porque tinha vergonha demais. Eu ficava pedindo a Deus para resolver a vida dele [...] não queria que ele morresse, mas pedia a Deus que fizesse a vontade dele e não a minha e um dia o Pedro mesmo veio aqui de novo e chamou o pai dele e avisou que não teve jeito mesmo e que ele foi morto longe daqui porque eles considerava a gente e os irmão que é trabalhador e não deixou ser aqui [...] falou que a gente não precisava se preocupar e sair daqui por que nada ia ser feito pra gente... não tinha nada a ver... que ele sabia que era gente de bem [...] foi triste mas foi a vontade de Deus [...] eu senti demais porque era meu caçula, mas não culpo eles não. É difícil porque era um menino, mas não tem nenhuma segurança mesmo e se alguém faz alguma coisa ruim aqui eles é que resolve sempre [...] não que a gente queria a morte dele mas... não sei...[50]

Os problemas presos à figura de Tenório Cavalcanti relacionam-se diretamente ao seu desapego em relação a Duque de Caxias e à Baixada como um todo, o que nos faz perceber que, para os entrevistados, Joca foi um fiel cumpridor da condição mínima de valorização de um líder comunitário quando este chega ao "governo", pois se esforçou — ao contrário de Tenório Cavalcanti — durante todo o tempo em manter-se próximo do "povo", o que é mais evidenciado pela sua ausência de preocupação em lançar-se candidato a cargos políticos estaduais.[51]

---

[50] SILVA, Joracilda Costa. Entrevista concedida em 4 jul. 2005.
[51] Tal visão popular não corresponde ao caminho político traçado por Joca e acompanhado pelos órgãos regionais de imprensa, mais notadamente o *Jornal de Hoje*. O prefeito procurava utilizar sua intimidade com os setores socialmente subalternos de seu eleitorado na pavimentação de uma carreira política de maior fôlego. Isso fica evidenciado pela iniciativa de criar a

Da comparação entre Tenório e Joca restam, como produtos principais, as diferenças entre os dois estilos de liderança e o fortalecimento da ideia de que as maneiras próprias de a parte mais subalterna da população da Baixada lidar com as ausências públicas resultaram em um estilo de liderança política bastante diferenciado, tanto das formas de se fazer política nos tempos anteriores à existência dos migrantes como do estilo Tenório Cavalcanti.

Joca sintetizou um tipo diferenciado de liderança por diversos motivos, sendo sua pequena e restrita carreira política oficial, que não ultrapassou os limites da Baixada Fluminense, bastante responsável pela sua cristalização como o exemplo superior de líder comunitário típico da região.

Mas qual contexto possibilitou a gênese dos líderes populares representados aqui por esse carismático prefeito? Uma resposta direta a isso pode residir nas características políticas da Baixada Fluminense ao longo dos anos de maciça chegada dos migrantes aos bairros populares dali, mas também há a possibilidade de procurar respostas nas realidades políticas nacionais das décadas que sucederam o período ditatorial. Para Sento-Sé (2008), que partiu de Leonel Brizola para analisar a "figura" do "líder popular" no "imaginário contemporâneo brasileiro", lideranças populares estão radicalmente relacionadas com os elementos populares e somente escoradas em instituições formais nas quais circulam, podendo deixar marcas profundas sem, entretanto, dessas instituições participarem efetivamente. Infere-se dessa constatação que esses líderes habitam o "mundo da política real", no qual a expansão dos direitos civis, políticos, econômicos e sociais não se acompanhou de uma efetiva integração da imensa massa popular à nação, significando que o despersonalismo que aproximou o Brasil das sociedades avançadas politicamente, nas últimas décadas, se foi capaz de estabilizar nossa economia, mostrou-se ineficiente na correção das injustiças sociais várias acumuladas ao longo de toda a nossa história. Injustiças reveladas pelas enormes desigualdades presentes na sociedade brasileira, em que a crença no poder da economia traduz-se na hipótese de que a inclusão das massas marginalizadas far-se-á através de algo mágico como o controle inflacionário ou o crescimento da renda *per capita*.

Associação de Municípios da Baixada Fluminense e Adjacências, através da sua aproximação com o deputado federal Nelson Bornier, por seus sucessivos movimentos de migração partidária e pela pressão exercida por ele, como presidente da Associação de Municípios da Baixada Fluminense e Adjacências, para que fosse criada a Secretaria Especial da Baixada Fluminense, ocupada inicialmente pelo deputado Nelson Bornier, por indicação de Joca.

Concretamente, populares, moradores de periferias como a Baixada Fluminense, não percebem a macroeconomia como algo definidor de seus destinos. Suas necessidades de reconhecimento e inclusão relacionam-se de forma ineficiente com algo complexo e distante, como uma democracia liberal idealizadora de um mundo onde as leis são universais e instituições impessoais embasam ações individuais. Para uma gente possuidora de necessidades básicas e imediatas, o lugar de um agente político aceitável é ocupado por alguém intimamente relacionado com a eliminação dessas necessidades, nascidas das injustiças acumuladas, evidenciadas ali pela invisibilidade de homens e mulheres habitantes da Baixada, o que é sobremodo recorrente nos depoimentos nativos.

Colonizadores populares *versus* "políticos"

Algo não se esclarece em tais depoimentos, entretanto, e é esse algo o rosto daqueles que controlavam a vida política de nossa região entre os anos 1960 e 1980, época máxima de chegada dos migrantes à região da Baixada Fluminense segundo Beloch (1980).

Partindo do testemunho daqueles que primeiro chegaram, é possível imaginar um quadro para a Baixada, colonizada entre as décadas de 1930 e 1980, composto por uma enorme quantidade de terras planas divididas em lotes com aproximadamente 360 m² em que nada além de uma casa modesta se eleva entre a vegetação que ocupa também os lotes ainda vazios e a própria rua, não mais trabalhada pelas máquinas responsáveis pela derrubada das laranjeiras e pela criação de vias urbanas que separam os quarteirões de um loteamento. Tal como frisado, todo o conjunto de aparelhos necessários à vida urbana será construído pelos próprios moradores.

Pedro Pinchas Geiger e Míriam Gomes Coelho Mesquita (Geiger e Mesquita, 1956) fornecem-nos informações preciosas para a percepção das razões que conduziram à configuração do Estado como omisso. Em primeiro lugar, apontam eles que quase toda a Baixada Fluminense ou o que poderíamos chamar de seu núcleo urbano atual, ou seja, os municípios de Duque de Caxias, São João de Meriti, Belford Roxo, Nilópolis, Mesquita, Queimados, Japeri e Nova Iguaçu eram, durante o início da colonização proletária, um único e grande município chamado Nova Iguaçu.

Durante os anos 1930 e 1940, quando os primeiros migrantes "invadiam" a Baixada Fluminense, era de fundamental importância para os proprietários de terras agrícolas que fracassavam e para as autoridades municipais representadas exatamente pelos donos de terras agrícolas — quase todos vivendo no primeiro distrito desse grande município (hoje a cidade de Nova Iguaçu) ou na capital federal — o parcelamento da terra, resolvendo dois problemas sua transformação em área urbana. O primeiro e mais urgente: a cultura citrícola precisava de novos espaços, uma vez que na região da Baixada os prejuízos se acumulavam e o loteamento da terra agrícola iguaçuana possibilitava a abertura de novas áreas citrícolas principalmente nos arredores do município de Niterói. Apontam os autores diversas vezes, na obra citada, o fato de antigos proprietários iguaçuanos lotearem suas terras e comprarem fazendas promissoras nos novos locais de produção citrícola.

O segundo problema resolvido relacionava-se à necessidade de esse mesmo grupo proprietário de terras produzir novos impostos e novos consumidores para o comércio local que surgiu a partir do ganho de importância das cercanias de estações ferroviárias exatamente pela transformação de tais locais em centros de beneficiamento de frutos e venda de produtos (sobretudo agrícolas) para a periferia das estações: a derrubada das laranjeiras levaria as verbas geradas pelo comércio, transformando Nova Iguaçu em um "deserto". O incentivo à "invasão" de migrantes pareceu uma solução aceitável, principalmente porque tais novos personagens nada exigiram das autoridades municipais, que unicamente deveriam permitir a criação dos loteamentos e receber as verbas originárias da expansão de taxas e impostos do tipo urbano. O resultado dessa política materializou-se nas primeiras divisões distritais de Nova Iguaçu e em 1943 e 1947: Duque de Caxias, Nilópolis e São João de Meriti passaram a existir como municípios independentes graças à grande quantidade de novos moradores.

A qualidade da presença pública não se alterou nas décadas seguintes às subdivisões municipais dos anos 1940. O grande crescimento demográfico em nenhum momento equivaleu a alguma mudança positiva na maneira como os governos municipais enxergavam os recém-chegados a esses municípios, agora mais habitados pelos migrantes vendedores de sua força de trabalho na cidade do Rio de Janeiro e compradores dos produtos oferecidos pelas elites municipais nos centros de cada cidade da região.

Aliás, em lugar de visibilidade, nos anos 1960 as chances de alguma participação dos migrantes na vida política da região adotada por eles extinguiram-

-se a partir do golpe civil-militar. Isso porque os novos administradores, agora militares, parecem ter enxergado a Baixada Fluminense e sua nova população tal como visualizaram as favelas cariocas. Nestes últimos locais de moradia, eles efetivaram sua necessidade de controlar qualquer possibilidade de manifestação popular, neutralizando as lideranças de associações de favelados, reforçando a proibição de construções definitivas e fazendo renascer a prática de remoção de construções (Valladares, 2005:36 e segs.). De todas essas medidas, aplicava-se à realidade baixadense unicamente o controle sobre as associações de moradores, que nas cidades dali nunca foram algo forte o suficiente para merecer uma repressão grandiosa (Costa, 1979).

A interferência dos militares deu-se então na Baixada Fluminense de uma forma pouco sentida pelos moradores, mas capaz de reconfigurar a estrutura política local e fazer surgir uma nova elite governante identificada, quase toda ela, com a atividade econômica principal das cidades-dormitórios que se desenvolveram rapidamente a partir da chegada dos migrantes: o comércio varejista.

Alessandra Siqueira Barreto (2006) identifica os anos em que o Brasil foi governado pelos militares como aqueles em que os municípios principais da região (Duque de Caxias e Nova Iguaçu)[52] estiveram sob o controle de interventores. Duque de Caxias foi declarado área de segurança nacional devido à presença ali da Refinaria Duque de Caxias (Reduc) e da rodovia federal Washington Luiz. Nova Iguaçu experimentou a cassação de prefeitos e vereadores e a indicação de novos políticos que assumiram a prefeitura sem serem legitimados pelo voto popular, mas sim por decretos autoritários. Um resumo da situação política local durante os governos militares mostra-nos que, ao longo da década de 1960, a região transformou-se politicamente e não diretamente devido à presença dos habitantes de loteamentos periféricos. Tomando como exemplo o grande município de Nova Iguaçu tal transformação resultou na

[...] nomeação de/ou na eleição de oito prefeitos diferentes, fato que, diante da situação política conturbada que se estabeleceu após a instauração do regime militar, culminou na interferência direta sobre o poder local, com

---

[52] É interessante não nos esquecermos de que Nova Iguaçu, durante esses anos, abrangia toda a área hoje ocupada pelos municípios de Belford Roxo, Mesquita, Queimados e Japeri.

cassações de prefeitos e vereadores da oposição e a imposição de interventores na região [Barreto, 2006:69].

A situação nos municípios menores da Baixada não era muito diversa dessa experimentada por Nova Iguaçu. Duque de Caxias, conforme adiantei acima, tornou-se área de segurança nacional após 1968, tendo como primeiro interventor Carlos de Medeiros e sendo governado por interventores até 1985. Em São João de Meriti, José Amorim foi cassado e substituído por João Batista Lubanco, nomeado interventor em 1970. Também em 1970 a cidade de Nilópolis perdeu seu prefeito, João Cardoso, do MDB,

> [...] como resultado de um processo judicial movido contra ele — e cujas testemunhas foram Miguel Abraão e Aniz Abraão David, parentes do sucessor de Cardoso, Jorge David. Já em São João de Meriti, Denoziro Afonso elegeu-se o único prefeito de oposição (MDB) nas eleições de 1972 [Barreto, 2006:71].

Os anos em que o Brasil foi governado por presidentes militares significaram, então, a saída de cena da antiga elite política, possuidora de propriedades rurais na Baixada Fluminense e a ocupação dos legislativos e executivos municipais por comerciantes locais que prezavam a ligação íntima com os militares no poder, o aproveitamento privado das verbas estatais e iniciaram o processo de manipulação do voto popular através de práticas assistencialistas. Notabilizaram-se, ao longo dessas décadas, líderes políticos como Ruy Queiroz, interventor e prefeito iguaçuano ao longo das décadas de 1960, 1970 e 1980 e proprietário de uma rede de colégios chamados todos "Liceu Presidente Médici", abertos próximos de escolas públicas que eram fechadas e onde as crianças eram matriculadas pagando uma mensalidade muito pequena em decorrência de tais colégios receberem verbas federais em forma de bolsas de estudo.

Ruy Queiroz possuía também motéis e lojas no centro do município que governava. Na mesma época do prefeito Ruy, passou também a ter visibilidade um grupo de políticos ligados à família Raunheitti. Entre 1960 e o ano de 2007, membros desse grupo sempre estiveram ocupando vagas fosse nos executivos da Baixada Fluminense ou nas diversas casas legislativas locais, estaduais e na câmara federal. Os políticos que mais se destacaram nessa família foram Darcílio e Fábio Raunheitti, ambos eleitos deputados federais algumas vezes e ambos frequentemente acusados de corrupção, tendo sido Fábio Raunheitti cassado em 1994 no episódio que ficou nacionalmente conhecido como "anões do orçamento". Em 1969, esses dois políticos inauguraram, em Nova Iguaçu, uma faculdade de medicina que ganhou o *status* de universidade durante os anos 1990 e que monopolizou, ao longo de três décadas, o mercado de ensino superior na região.

Políticos como os Raunheitti ou o prefeito Ruy Queiroz passaram a pulular na Baixada Fluminense a partir do golpe civil-militar da década de 1960, não sendo incomum o domínio de grupos semelhantes por longo tempo em alguns municípios, como os Cozollino em Magé ou os Abraão David em Nilópolis. Estes últimos aliaram-se aos militares, dominaram a política local e sofisticaram suas bancas de contravenção à sombra da impunidade sempre permitida pelos militares governantes.

Pois então, enquanto a Baixada experimentava uma verdadeira "explosão demográfica", a nova elite administrativa regional forjada pela interferência dos militares na dinâmica política desses municípios garantiu um duplo isolamento: (1) dos membros da própria elite, todos eles protegidos do mundo "desenraizado" dos migrantes em suas mansões localizadas no centro do município de Nova Iguaçu, no sopé da serra de Madureira, em ruas fechadas onde a presença de seguranças particulares é constante e o patrulhamento da polícia militar — inexistente nos bairros populares — uma realidade efetiva; e (2) dos migrantes, para os quais foi negada, desde o início da colonização popular, até mesmo a possibilidade de se organizarem a fim de reivindicarem alterações em sua situação, uma vez que nessa região caracterizou-se a era dos militares no poder também pelo controle das ações da oposição, conforme relatou a Alessandra Siqueira Barreto o político iguaçuano Jorge Gama, que ao longo da ditadura militar era filiado ao MDB e que era importunado constantemente porque incentivava a formação de associações de bairros em vários municípios da Baixada (Barreto, 2006). Qualquer cheiro de mobilização popular importunava os militares, que ainda em 1964 cassaram o udenista Tenório Cavalcanti.

A qualidade das ações do Estado na Baixada Fluminense ao longo dos governos militares maximamente aponta para a condução da criação de uma atmosfera política capaz de evitar a organização popular formal. Pensando a Baixada como algo semelhante às favelas cariocas, os gestores públicos desse período trataram de sufocar ali o grito ainda na garganta, algo não possível nas favelas onde a repressão precisou entrar em cena a fim de garantir a ordem tão prezada pelos governantes militares e ameaçada pelas centenas de organizações populares locais.

Reclamos populares sufocados, começo do processo de invisibilidade social dos moradores da Baixada Fluminense e início das relações monologais entre Estado e "povo", eis o saldo dos governos militares para a Baixada Fluminense, percebida somente como curral de eleitores, consumidores e contribuintes pelas elites locais.

As ações dos políticos tradicionais restringiram-se ao atendimento não daquilo que significaria uma melhoria da qualidade de vida dos populares, mas sim um resultado eleitoral positivo para os vários indivíduos vinculados às famílias responsáveis pelo controle político da região. Atos semelhantes à distribuição de bolsas de estudo em colégios particulares — aqui apresentados como exemplo da forma de atuação de Ruy Queiroz — tornaram-se comuns e garantiram a eleição de indivíduos vinculados aos grupos políticos locais. Assim, a infraestrutura responsável pela melhoria da qualidade de vida dos populares migrantes nasceu privatizada e com poucas famílias controlando serviços básicos, como os ligados à saúde e à educação, através da posse de hospitais particulares, do controle administrativo dos raros órgãos públicos e da propriedade dos colégios e da única instituição de ensino superior existente em toda a extensa região.

Evidencia a importância de tais grupos o fato de qualquer acordo para o estabelecimento de candidaturas nas prefeituras passarem pela concordância de seus chefes, que mesmo após o final do regime militar continuaram controlando a política baixadense até serem desgastados por forma mais popular de representação pública caracterizada pela ascensão ao poder dos líderes populares, originários todos eles dos bairros periféricos.

O conhecimento da realidade política existente na época da chegada dos populares migrantes à Baixada Fluminense revela, então, uma situação em que inexistia diálogo entre as elites regionais e os novos colonizadores que continuavam se deslocando para essa periferia do Rio de Janeiro.

Distantes dos elementos populares e sem depender de seus votos para se manterem no poder, decorrência do acordo entre a elite regional e os militares, as disputas políticas restringiram-se a acertos entre os poucos grupos controladores da política na região até a redemocratização do país em meados da década de 1980, época que coincidiu com a chegada efetiva da democracia aos municípios da Baixada Fluminense, marcados vários deles pela pequena quantidade de agentes políticos efetivamente eleitos por seus habitantes.[53]

A rede de resolução de problemas práticos

Foi exatamente nesse mundo político monologal que a maior parte da população proletária original chegou à região da Baixada Fluminense. Excluídos antes mesmo da chegada, restou aos novos moradores conviver com o ambiente rude criado pelas empresas loteadoras, distantes de qualquer esfera do poder público, este unicamente preocupado com a coleta dos impostos originários da dinamização comercial dessa região agora habitada pelas famílias migrantes.

Em tal cenário é que surge o que designei "rede de resolução de problemas práticos", que se constitui em uma noção pensada por mim em um trabalho anterior (Monteiro, 1996). Pretendia eu, naquela ocasião, englobar a gama variada de resolução de problemas levados adiante pela população dos bairros periféricos da região da Baixada Fluminense em uma teia invisível que eu designei dessa forma. Assim, tanto o ato simples de manter a frente de sua própria casa limpa até o assassinato de bandidos por bandos de justiceiros, que eu identifiquei como levados a efeito por moradores dos próprios bairros periféricos, foram colocados dentro de um mesmo cenário e categorizados como elementos próprios dessa rede marcada fundamentalmente pelo fato de serem participantes dela quaisquer ações populares destinadas à amenização das agruras componentes da vida proletária na região da Baixada Fluminense. Vida marcada, sobretudo, por desenvolver-se relativamente distante de qualquer presença do Estado.

A noção nasceu em um momento em que eu percebia ser necessário encontrar alguma maneira de dar ordem ao que sabia ser um caos epistemológico. Não era muito difícil juntar casos flagrantes de ausência do poder público

---

[53] Exemplo superior dessa realidade é o município de Duque de Caxias, criado em 1943 e cuja população escolheu somente metade dos 14 prefeitos que administraram o município até 1985. Desde a sua criação, o município foi gerido por interventores determinados pelo governo estadual, sendo quatro desses interventores oficiais do Exército. Cf. Câmara Municipal de Duque de Caxias. Galeria dos prefeitos. Disponível em: <www.cmdc.rj.gov.br/?page_id=1452>. Acesso em: 19 jan. 2012.

na vida de "comunidades" localizadas na Baixada Fluminense. Menos difícil era ainda perceber que moradores de bairros periféricos construíam caminhos próprios para a resolução de problemas imediatos sempre crescentes devido ao próprio desenvolvimento demográfico da região e também pela diminuição relativa da original — e já insignificante — presença estatal. Assim, na base de minha rede figurava exatamente a ausência pública existente já no processo descuidado de ocupação da terra baixadense e geradora do que chamei de resolução de problemas práticos. Na medida em que o Estado não se materializava, pareceu ser necessário ao conjunto de moradores dos bairros proletários organizar-se de maneiras diversas a fim de substituir, de forma minimamente eficiente, o Estado. Por isso compõem a rede tanto coisas muito simples e presentes em tantas periferias, como construir um precário serviço de esgotamento sanitário, que se inicia quase sempre com a abertura de uma vala negra e com a manutenção da limpeza das frentes dos lotes por onde passam as valas, até ao processo comunitário, através das fofocas, de escolha de quais serão as vítimas dos justiçamentos levados adiante pelos grupos de "matadores de bairro", diferentes dos grupos de exterminadores formados quase sempre por policiais e bombeiros militares.

O momento de nascimento da rede coincidiu com a colonização proletária, sendo a motivadora primeira daquela exatamente o que designei "ausência do Estado". O caráter de tal ausência não se localizou unicamente nos anos de chegada de novos migrantes à região. Ao longo do tempo, a ausência se manteve, o que é confirmado por grande parte das narrativas nativas contidas ao longo de todo o texto deste livro.

A visão do migrante proletário que construía sozinho, ou ajudado por seus vizinhos ou parentes, uma casa no lote comprado por um preço baixo em um dos bairros formados pela junção dos loteamentos originais sobre o Estado foi sempre a de que, embora próximo dele existissem interferências públicas, essas ações estatais possuíam nenhuma ou pouquíssima relação com a vida desses mesmos migrantes. Afinal, a construção de refinarias, rodovias e até mesmo da Fábrica Nacional de Motores (FNM)[54] serviram como formas de desenvolver o município do Rio de Janeiro, mas os proletários moradores dessa periferia recuada continuaram, apesar da proximidade geográfica de muitas obras públicas, vendendo sua barata mão de obra na capital do estado.

---

[54] Ver Ramalho (1989).

O fundamental para a melhoria de vida dos novos moradores nunca chegou a partir de um planejamento estatal. Hospitais e escolas públicas com alguma qualidade continuaram existindo somente na capital, até hoje visualizada como a primeira opção para atendimentos emergenciais simples ou para a satisfação das necessidades educacionais, culturais ou de lazer.

Mas se a intenção é perceber as ausências estatais através de dados que chamam a atenção imediatamente, é preciso saber que é a Baixada a região fluminense em que o número de policiais, de leitos hospitalares e cadeiras escolares se apresenta em flagrante desacordo com o número de habitantes.[55]

Não advogo, por exemplo, que a segurança pública possua alguma inquestionável vinculação com a maior quantidade de policiais, porém os números revelam uma discrepância gritante e capaz de fazer com que o baixadense morador dos bairros periféricos não perceba a polícia como importante para a manutenção da ordem. Acostumados a somente verem policiais no centro dos seus municípios ou "quando tem algum defunto no bairro", nossos nativos não encaram a polícia como inimiga, mas tampouco a visualizam de alguma forma que não se assemelhe àquelas impressões deixadas pelas ações policiais vistas através da mídia, representando bem a relação fria entre moradores de bairros e policiais a forma como o Estado é percebido pelos primeiros.

A propósito, foi exatamente tal desvinculação baixadense entre problemas de segurança pública e importância das forças policiais que me chamou a atenção e me fez pensar na rede de resolução de problemas práticos — a indiferença dos moradores ante a grande quantidade de assassinatos e a não percepção desses crimes como algo preocupante e digno de atenção.

Na verdade, os assassinatos incomodam os moradores das periferias da Baixada muito mais por solidificarem a visão de selvageria detida pelos bairros populares e por seus moradores cotidianamente colocados em contato com os cariocas, muitos dos quais rotulam a Baixada Fluminense como local repulsivo devido à violência, ou, pior ainda para quem mora na Baixada, pensam ser os municípios dali algo assemelhado às favelas, que, na percepção de nossos personagens, correspondem a regiões que devem ser evitadas, ao invés de comparadas com seu lugar de moradia.

Atitudes bairristas à parte, a presença do Estado na região da Baixada, se verificada de uma forma mais microscópica, pode ser considerada menor até

---

[55] Cf. Ribeiro (2001); Ribeiro, Cano, Sento-Sé e Lázaro (2006:31-50).

que nas favelas cariocas, cujos habitantes perceberam a existência do Estado pelo menos como um fator desestabilizador da vida comunitária, quando proibia a construção ou melhoria das residências, interferia nas organizações comunitárias ou invadia os morros atirando ou chamando todos os moradores de bandidos.

A violência estatal explicitamente presente nas favelas não atingiu os bairros periféricos da Baixada, onde nenhuma ação estatal existiu, porém onde os problemas mais pragmáticos próprios de uma região urbana recente, rápida e não planejadamente ocupada foram resolvidos de uma forma precária, mas, de qualquer forma, eficiente, através da ação dos próprios migrantes colonizadores dessas terras.

Colonização e solidariedade proletárias

Exposto o caráter da ausência estatal, resta ainda verificar as maneiras como os migrantes proletários efetivamente colonizaram a região autorresolvendo problemas dentro do que designei rede de resolução de problemas práticos, organismo surgido da certeza, por parte dos novos habitantes, de que as reivindicações populares não surtiriam efeitos, como também da longa experiência proletária de autoconstruir suas casas dentro dos lotes.

As primeiras interferências populares nesse novo espaço urbano foram marcadas pela manutenção das vias comuns transitáveis, uma vez que, conforme visto, as empresas loteadoras restringiram seu trabalho à delimitação dos lotes a serem vendidos e à abertura das ruas. A vegetação abundante nos lotes mantidos à venda retornava rapidamente para as ruas, onde o trânsito de pessoas era também complicado pelo excesso de buracos constantemente inundados pela ação das chuvas e, conforme o loteamento se adensava demograficamente, pelos detritos originários das cozinhas e banheiros das casas. Urgia resolver tal problema e a solução exigiu a repetição da forma como as casas foram construídas — vizinhos mantiveram a solidariedade, destinada agora à limpeza das ruas e abertura das primeiras valas, construídas quase sempre em frente aos lotes proletários que deveriam, a partir de então, ser mantidos livres de vegetação para evitar o entupimento das valas e o desvio do seu curso novamente para as vias urbanas. A complexidade dessas soluções populares aumentou na proporção em que mais pessoas chegavam àquele espaço. Assim, cavar coletivamente poços — quase sempre a única fonte de água "potável" dos bairros periféricos –, improvisar iluminação pública através de "gambiarras", construir abrigos nos locais de espera dos ônibus, canalizar as valas negras abertas no início da ocupação e mais um sem-número de ações passaram a fazer parte do cotidiano desses proletários migrantes, construtores responsáveis diretos pela dinamização da rede de resolução de problemas práticos, sempre entendida aqui não como uma organização comunitária popular de caráter emergencial e, por natureza, provisória, como um mutirão do qual participam os moradores de uma rua ou de um bairro. Diferentemente disso, abarca essa ampla resposta da população à ausência do poder público quaisquer atividades que tenham a ver com a construção e manutenção de obras infraestruturais de caráter público.

Fundamental é verificarmos como a população baixadense articula-se na construção de sua identidade (Pollak, 1992:200-215, 1989:3-15), ou seja, agindo dentro desse organismo, o baixadense faz moverem-se os meios de amenização da posição desvantajosa ocupada por ele em sua relação com o poder público, fundando uma maneira ímpar de pensar em relação aos órgãos públicos oficiais e à maneira como se espera que a interação entre cidadão e Estado deva ocorrer.

Na verdade, abandonando as esperanças de tornarem-se perceptíveis, mulheres e homens obrigados a se deslocarem para um lugar marcado por dificuldades inúmeras, como as presentes na Baixada Fluminense à época de sua colonização proletária, perceberam que além das atividades individuais voltadas para o atendimento de suas necessidades básicas, seu destino incluía a obrigatoriedade de interferir nos espaços públicos a fim de construí-los e mantê-los funcionando:

> [...] agora que você fala disso eu vou lembrando da época que eu era novo e cheguei aqui com esperança de ter uma vida melhor. Era igual eu disse já e aqui não tinha nada mesmo. A gente tinha que descer pra trabalhar e também a gente trabalhava aqui na rua. Assim no início era mais ruim porque as rua a gente tinha que arrumar, se não não dava nem pra andar por causa da lama e das vala que ia pra rua. Isso era da gente. Ninguém ia mudar mais daqui e se não tinha as coisa, os morador é que ia fazendo mesmo. [...] depois que a rua já tava melhor, que já não ficava muito esburacada e que não tinha mais tanta coisa assim pra resolver, quer dizer, que

o que tinha que resolver não era uma coisa assim tão urgente, a gente foi ajeitando as outra coisa porque todo mundo aqui não tinha a ideia de sair mais, era destino ficar aqui. A gente sabia que tinha vindo pra ficar dentro até morrer e se a gente não arrumasse como é que ia ser a vida aqui? Com vala nas rua, lama demais e lixo jogado em todo lugar?[56]

A fala desse morador antigo de um bairro proletário traz à luz alguns aspectos da maneira local de lidar com os vários problemas derivados da ocupação rápida e marginal da antiga terra agrícola. Não há nessa fala nada de essencialmente diferente daquilo que outros moradores dizem, porém alguns trechos ensejam uma espécie de dissecação das formas populares de resolução de problemas. Em primeiro lugar, a posse do lote e a construção de uma casa nesse novo local positivaram o que era até então visto como "terra de ninguém". O "antes" e o "depois" da "minha chegada" é parte frequente das falas nativas, e o papel da chegada assemelha-se àquele em que algo novo é fundado em uma terra que evoca sempre o vazio expresso por palavras como "nada", "caos", "solidão", "deserto", entre algumas outras. Na sequência, vem a descrição da construção da casa, em que o papel dos vizinhos quase sempre é ressaltado, iniciando essa nova época centralizada na casa a era em que a coletividade supera o indivíduo e em que o trabalho passa a ser socializado. Seus frutos são colhidos por mulheres e homens orgulhosos de sua capacidade de construção de algo "meu", porém o trabalho pertence a vários, e nessa descrição do passado é raro flagrar alguém dizendo "eu fiz", porque sempre "a gente fez". E esse discurso, que vale para a casa, centralizadora das preocupações e orgulhos e vista como recompensa pelo esforço, vale mais ainda para o conjunto de "obras" localizadas nos espaços públicos.

Partindo de ações inicialmente individuais e isoladas, o novo morador terminou por ser convencido pelas circunstâncias de que não seria possível sobreviver ali sem a união das ações isoladas e a coletivização de tudo relacionado com o espaço contido fora do lote periférico.

Conflitos certamente existiram, e as relações entre vizinhos não significaram o abraço a alguma ideologia pronta. O conjunto de ideias que inspirou moradores a interferir nos espaços comuns, como se viu, sobretudo foi pragmático. Necessidades básicas estiveram sempre na origem do trabalho mudo,

---

[56] ALVES, José da Costa. Entrevista concedida em 9 jun.1998.

realizado pela população dentro da rede de resolução de problemas práticos, sempre imperceptível pelo seu caráter espontâneo.

Dizendo-se de uma maneira diversa: moradores de bairros periféricos de cidades da Baixada Fluminense convivem com o fato de precisarem construir e manter as mínimas condições urbanas presentes nesses bairros, porém essa ação cotidiana somente se torna explícita em momentos de crise, de agudização dos problemas. Nesses momentos, os problemas oriundos da baixíssima infraestrutura urbana ensejam o surgimento de movimentos caracterizados por emprestarem às práticas solitárias e cotidianas um caráter extraordinário.

É possível encontrar, em diversos jornais regionais, exemplos de movimentos surgidos a partir do agravamento do abandono de um determinado bairro. Porém esses movimentos não tiveram um caráter permanente, deixando antever, entretanto, um conjunto de soluções preexistentes (e pós-existentes) à constituição do "serviço".[57] É exatamente a essa ação preexistente e pós-existente a esses movimentos concretos que designamos rede de resolução de problemas práticos.

Os serviços comunitários ou os mutirões formados para resolver problemas imediatos distinguem-se dessa rede na medida em que surgem unicamente em momentos de crise ou nascem do desejo de alguns líderes locais se destacarem politicamente através do aproveitamento do serviço já comumente realizado pelos moradores de bairros periféricos. Não são esses serviços, por assim dizer, espontâneos; surgem com uma finalidade determinada e deixam de existir tão logo atingem (ou não) seu objetivo. Diferentemente desses serviços, a rede de resolução de problemas práticos pode ser adjetivada como muda por revelar uma forma *sui generis* de convivência urbana: a cotidianização de problemas

---

[57] Os seguintes artigos do *Jornal de Hoje*, de diferentes datas, tratam de agudizações de problemas decorrentes da baixa infraestrutura urbana e da consequente formação de grupos comunitários destinados ao protesto ou à resolução dos problemas:
"Moradores criam grupo para resolver problemas da região: Cansados de buscar inutilmente nos órgãos públicos a solução para os seus problemas, moradores dos bairros Jardim Tropical, Ulisses, Margarida e Monte Líbano decidiram se unir e criar o grupo comunitário Geração 2000 [...]", 11 maio 1989.
"Moradores de Austin fazem manifestação contra abandono", 22 jan. 1990.
"Manifestação em Lote XV acaba em tumulto", 2 jun. 1998.
"Comunidade em mutirão faz reforma de escola em Moquetá", 13 fev. 1990.
"Comunidade constrói nova ponte no bairro Aliança", 14 jul. 1993.
"Moradores juntam lixo e espalham na rua principal de Miguel Couto como protesto", 10 maio 1992.

e a transformação de suas resoluções em algo inerente à vida do conjunto de uma população suburbana. Enfim, a informalidade de resolução dos problemas é algo estrutural e não fortuito.

Deparamo-nos com uma população que utiliza dados memoriais para conviver com um meio urbano inóspito, o que pode ser constatado nas diversas entrevistas que realizamos e em outras entrevistas realizadas para a confecção do trabalho "Da coleta do lixo à cidadania ativa? Estudo sobre o grupo de representantes de rua de Rancho Fundo", de Janecleide de Aguiar (1997), que utilizo por não terem sido realizadas intencionando confirmar questionamentos semelhantes aos meus, porém pretendendo demonstrar a possibilidade de a população da Baixada organizar-se formalmente a fim de pressionar órgãos públicos.

Citado um trabalho que tem exatamente a intenção de estudar um grupo comunitário formal, torna-se necessário dizer que o fato de identificarmos uma rede de resolução de problemas que caracterizaria a maneira como a população baixadense se organiza a fim de resolver questões relativas ao arranjo de seu microcosmo não equivale exatamente a uma negação da existência de grupos comunitários formais constituídos com a intenção final de equacionar uma ou mais questões específicas.

A rede de resolução de problemas práticos, entretanto, não é temporária e gradua sua ação informal de acordo com a forma como se apresentem os problemas de uma determinada área da Baixada Fluminense. É nesse sentido que ela é muito mais ampla que qualquer grupo comunitário formal: independentemente de querer ou não, o morador dos bairros periféricos da região participam de tal rede porque necessariamente ocupam os lugares deixados vagos pela ação estatal, o que ocorre cotidianamente na vida do morador baixadense, independendo quase sempre de sua vontade de participar ou não da resolução de problemas.

Incluir nessa rede a ação de grupos de extermínio demonstra a amplitude de tal organismo social incorporador até de certas atitudes mentais, uma vez que seria difícil pensar no morador médio da região da Baixada, trabalhador e religioso, como um membro de grupos exterminadores que geralmente matam, após um julgamento particular, os suspeitos de cometerem crimes. É, porém, perceptível que o baixadense comum encara tais grupos como a mais eficaz — talvez a única — forma de se manter a "paz" em bairros da periferia das diversas cidades da região. Essa atitude mental justificaria a ação dos matadores justiceiros que dominam uma "área" tendo a certeza de que sua ação criminosa encontra-se dentro dos limites do código de valores que orientam o cotidiano dos moradores desses bairros populares.

Na memória da população estudada, solidificou-se algo ímpar, traduzido pela ideia principal da declaração a seguir:

> [...] não passa lixeiro, tem uma rua aqui e não passa lixeiro, ruas que passam carros, tá entendendo? Eu achava isso daí incrível. Eu comecei a conversar com os vizinhos: nunca passou lixo? Não, nunca tinha passado lixo aqui, em 30, 40 anos que moram ali. "Mas vocês nunca se juntaram?" "Ah, nós tentamos, mas não adianta, sabe? Saneamento básico, não sei o que lá". Também não adiantava ir lá na Prefeitura, porque os políticos não têm nada. Não era possível continuar daquele mesmo jeito... o lixo tinha que ir embora de algum jeito e aquelas vala fedorenta... a gente tinha que mudar e juntando a gente passou a fazer por a gente mesmo, porque se não ajeita a gente mesmo os político é que não vai arrumar, entendeu? [...] você perguntou sobre grupo de extermínio. Conheço gente que participa desses grupos e que matam sem nenhuma dó. Não concordo porque sou cristão. Mas por outro lado, bandido é que nem mato: quanto mais arranca mais aparece. O jeito é matar mesmo.[58]

A autorresolução não é, portanto, uma escolha. Antes, ela se apresenta como uma reação não sentida e tende a configurar novas maneiras de a população baixadense relacionar-se com o poder público, e mesmo a solidificação de um novo entendimento de como devem ser administrados os municípios da região da Baixada Fluminense. Mais até do que isso, ela configura identidades, e os capítulos seguintes podem ser lidos como esforços no sentido de decifrar tais identidades nascidas à sombra da rede de resolução de problemas práticos.

---

[58] QUEIROZ, Jorge. Entrevista concedida em 29 out. 1995.

CAPÍTULO 2

O caso Ilda do Prado

É ANTIGA A luta pelo alcance de cidadania no Brasil, e ela tem sido estudada, muitas vezes, através do acompanhamento das manifestações políticas levadas adiante por grupos sociais organizados, alguns muito visíveis, como o conjunto dos trabalhadores brasileiros, outros não tão visíveis, porém muito engajados, como os homossexuais. Quase sempre organizações não governamentais representam esses grupos em nossa época, que José Murilo de Carvalho (2005:199 e segs.) classifica como aquela em que ocorre a "expansão final" dos direitos políticos e civis.

Mas e se nos depararmos com um grupo aparentemente desorganizado, quase absolutamente não incluído socialmente e ignorante de seus direitos e deveres, e por isso facilmente classificado como distante de qualquer consciência cidadã?

O problema não existiria se esse grupo não se esforçasse para mudar o mundo ao seu redor, conformando-se com as adversidades componentes de seu cotidiano. Ocorre que, diferentemente disso, o grupo do qual me ocupo foi o responsável pela alteração de várias situações desvantajosas ante as quais o Estado, embora solicitado, não se mostrou presente de forma efetiva, interferindo esporadicamente e em momentos emergenciais somente.

Na verdade é quase impossível até mesmo descobrir os rostos das componentes desse grupo que, por combater primeiramente agressores de mulheres e crianças, escondia-se atrás de lenços cuidadosamente colocados sobre o rosto. Talvez por isso o relato a seguir centralize-se na figura ímpar responsável pelo surgimento e por todos os passos das "Justiceiras de Capivari", Ildacilde do Prado Lameu, o único rosto conhecido e a voz não anônima desse grupo desfeito em março de 2005 quando sua líder desapareceu em decorrência de um assassinato brutal.

O relato a seguir visa, portanto, dar voz a um grupo incomum, absolutamente informal, invisível, e corresponde a uma tentativa de verificação da ordem existente nas sombras, partindo do princípio de que, apesar da sobrevivência caótica, grupos subalternos socialmente também desenvolvem estratégias próprias de luta para o alcance do que a opinião geral chama de cidadania e que os habitantes das periferias sociais preferem entender como sobrevivência.

Se a história do grupo se confunde com a história da personagem principal deste capítulo, creio que isso não se deva a uma intenção consciente da líder popular de monopolizar todas as decisões, mas às próprias condições em que o grupo surgiu e que estarão expostas a seguir.

Capivari

Capivari é o nome de um bairro pobre pertencente ao quarto distrito de Duque de Caxias, Baixada Fluminense, Região Metropolitana do Rio de Janeiro. Seus quase 10 km² o transformam em bastante diverso da grande maioria dos bairros populares caxienses. É provável que o grande tamanho desse lugar tenha sido o primeiro responsável pela sua divisão em áreas distintas que auxiliam os moradores a se localizarem na extensa e escassamente povoada área.[59]

Os raros visitantes do Capivari penetram no bairro a partir de uma estrada localizada próxima do entroncamento de duas importantes rodovias que ligam a cidade do Rio de Janeiro aos principais municípios da região serrana do estado (rodovia Washington Luiz e rodovia Rio-Teresópolis). De início, ninguém percebe grandes diferenças entre a entrada do bairro e as margens das rodovias — logo na entrada existem várias casas semelhantes a qualquer

---

[59] Em média existem entre 300 e 500 habitantes/km² em Capivari. Isso faz com que a população do bairro varie entre 3 mil e 5 mil habitantes. Esses números, muito imprecisos, foram obtidos na Prefeitura Municipal de Duque de Caxias.

casa de trabalhadores pobres da Baixada Fluminense e fábricas que margeiam avenidas e ruas pavimentadas e com um médio tráfego de automóveis, ônibus e caminhões.

Tal dinâmica urbana mingua abruptamente após alguns metros de distância das rodovias. Cerca de 1 km após o acesso principal ao bairro, o casario contínuo desaparece, restando então poucas fábricas, algumas residências transformadas parcialmente em pontos de venda de bebidas alcoólicas, casas humildes e dispersas, ruas de terra batida esburacadas e, em alguns pontos, ocupadas pelo mesmo tipo de vegetação que enche os inúmeros lotes baldios que, sem dúvida, constituem a parte mais frequente da paisagem desse bairro visualmente perturbador.

Ao longo da estrada principal que corta Capivari a monotonia se mantém. Muita vegetação inútil comprova que a maior parte do bairro não é demograficamente bem ocupada e que os lotes vazios preenchem quase a totalidade dos quarteirões inundados constantemente por água empossada das chuvas ou pelos diversos cursos d'água assoreados em alguns pontos.[60] Manchas de povoamento existem em poucas áreas mais altas, no geral, entretanto, persiste a pequena quantidade de gente que se espreme em faixas curtas do bairro que recebem nomes diferenciados. Figueira, Vila Mirim, Morro Grande, Ponte Preta etc. compõem o que alguns moradores chamam de "núcleo Capivari", termo usado pelos moradores mais antigos para os quais não é tudo ali igual, sendo possível pensar em uma espécie de sub-bairros que, juntos, constituem a grande região do Capivari:

> Isto aqui é muito grande... grande demais e o pessoal de fora que conhece aqui... o que pouco que conhece aqui, pensa que é tudo a mesma coisa, só que não é não... não é a mesma coisa não. Aqui é muito grande e essa parte... esta parte daqui mais perto aqui da igreja é mais velha e mais igual roça. Agora fora daqui tem muita terra até Xerém [bairro de Duque de Caxias pertencente ao quarto distrito e vizinho do município de Petrópolis] e até a estrada pra Petrópolis [rodovia Washington Luiz ou estrada Rio-Petrópolis] e cada um desses lugar tem um jeito seu mesmo e não tem

---

[60] O bairro de Capivari localiza-se, em alguns pontos, abaixo e, em outros, ao mesmo nível do mar. Diversos rios e riachos cortam o lugar, o que faz com que, principalmente em época de chuvas, o local seja invadido pelas águas que transbordam desses cursos d'água antes de atingirem os maiores rios da região ou a baía de Guanabara.

nada com a gente. Tem muito mato e sítio e favelinha cheia de casa, barracão de gente muito pobre que veio pra cá há pouco tempo.[61]

De verdade não é um bairro, é um núcleo de bairros com tudo muito diferente. Tem lugar com algum comércio e ônibus passando, tem lugar mais retirado e sem nada ainda. Não pode chamar de bairro um lugar desse tamanho e todo diferente. Tem favela até e mato em muito lugar. Tem água, natureza. Tem bicho ainda e muita fábrica aqui. De verdade é um monte de bairro e muito lugar que não dá pra chamar de bairro ainda porque não tem nada ainda e é rural ainda.[62]

Mas o fato é que o grande arquipélago popular que é Capivari não é socialmente tão diverso como os moradores das áreas menos recentes desse "núcleo" conformam-se pensando. Certamente estes sub-bairros não foram ocupados ao mesmo tempo, sendo os mais antigos detentores de mais habitantes e de indivíduos geralmente menos instáveis socialmente. Ao contrário disso, algumas regiões muito recentemente ocupadas possuem pessoas economicamente mais instáveis, desempregadas, subempregadas ou dependentes de uma agricultura precária praticada em lotes abandonados.

Algo une, entretanto, os moradores dessas duas zonas distintas: todos se originam do exterior do bairro, sendo muito comum tanto a presença de migrantes nordestinos, mineiros e capixabas e filhos desses migrantes, originários já de municípios da Região Metropolitana do Rio de Janeiro, cujos pais nunca habitaram o Capivari, mas que se destinaram àquele "núcleo" devido à sua pauperização e à consequente necessidade de manterem-se distantes de aluguéis, dispendiosos para estes indivíduos, mesmo em outras áreas periféricas da própria Baixada Fluminense.

A população de Capivari compõe-se, portanto, de mulheres e homens mais pobres que a média da população de bairros mais populosos e menos periféricos de Duque de Caxias, fato que surge como a consequência de ser o bairro um exemplo do fracasso de iniciativas loteadoras na região da Baixada Fluminense.

Em Capivari, o destino dos loteamentos foi diverso daquele trilhado em tantas áreas da Baixada onde eles evoluíram demograficamente até se tocarem

---

[61] CARLOS FILHO, Amadeu da Silva. Entrevista concedida em 5 out. 2004.
[62] PEÇANHA, Álvaro de Souza. Entrevista concedida em 15 jan. 2005.

e constituírem bairros populares. Aqui, o grosso dos moradores chegou não antes da década de 1960, uma vez que até essa época as terras que compõem hoje o Capivari, embora não fossem usadas por agricultores, eram ocupadas por donos de gado que, na sua maioria, não residiam ali, mas que soltavam animais nas regiões menos alagadiças sem muitas preocupações com a delimitação das áreas que seriam ocupadas pelos animais. O passado de tradições agrícolas, tão glorificado por memorialistas em outras regiões da Baixada, não existiu em Capivari, e seus moradores mais antigos somente conseguem lembrar-se desse lugar como aquele em que árvores e arbustos foram derrubados para serem transformados em carvão na época da construção das rodovias vizinhas ao bairro e onde caçadores circulavam procurando principalmente capivaras que viviam próximas das vastas áreas inundadas.

Os primeiros loteamentos chegaram unicamente em finais da década de 1960 e não impactaram a rotina desse lugar imediatamente, pois, embora muitos tenham sido os indivíduos atraídos pelo valor ínfimo dos lotes e que atenderam à propaganda feita pelas empresas loteadoras, poucos resolveram construir, um número menor ainda decidiu mudar-se para o Capivari e uma quantidade insignificante de pessoas permaneceu morando por lá e bancou enfrentar as dificuldades infindas dali.

A começar pela possibilidade de inundação das casas construídas, passando pela inexistência de serviços elementares, sendo a mais evidente das carências a falta de energia elétrica, e culminando com a ausência completa de meios fáceis de vencer os 12 km existentes entre Capivari e o centro do município de Duque de Caxias, fato que dificultava em muito a chegada dos primeiros habitantes ao Rio de Janeiro, onde trabalhavam, pois para se deslocarem de qualquer ponto do Capivari até a estação onde embarcavam em trens que os levavam ao centro do município do Rio de Janeiro, necessitavam vencer a pé distâncias superiores a três quilômetros até os locais onde ônibus circulavam sem o risco de se atolarem nos lamaçais.

Em épocas de chuvas, chegar aos pontos de ônibus transformava-se em uma missão impossível, tal a densidade dos alagamentos e os lodaçais em que se transformavam as ruas. Sob tais condições, a desistência do bairro superou em grande medida a vantagem inicial que continuou sendo, ao longo das décadas de 1970, 1980 e 1990, o pequeníssimo valor do lote urbano. O resultado de tudo isto foi o abandono dos loteamentos por seus potenciais ocupantes e a permanência das diversas quadras repletas de terrenos vazios.

A transferência para o bairro de algumas pequenas fábricas ao longo das últimas duas décadas e o surgimento de poucos conjuntos de casas populares garantiu uma tímida intensificação da ocupação humana, não comparável com o crescimento demográfico constante do município de Duque de Caxias. Enfim, as principais características presentes nos loteamentos da Baixada Fluminense recém-constituídos foram acentuadas pelas condições geográficas e mantidas permanentes em Capivari.

Na inexistência de um passado rural, a memória dos moradores mais antigos do lugar destoa bastante da forma como, em bairros populares da Baixada, visualiza-se o passado da região. No Capivari, as lembranças mais antigas não ultrapassam a década de 1970 e dizem respeito ao passado de dificuldades e às comparações entre esse local suburbano e a "roça", mas também aos episódios repetidos de encontro de cadáveres em meio aos lamaçais e à vegetação de altura média que surgiu após a derrubada das árvores e arbustos que se encontravam ali antes da abertura dos loteamentos:

> Quando a gente chegou era muito difícil viver, mas era mais roça e tinha uma vantagem que era poder ficar com tudo aberto porque não tinha violência igual hoje em dia. Depois foi chegando gente e tudo... e ficou mais difícil viver e criar filho. Tá certo que melhorou por causa de condução que tem hoje lá pra baixo. Também é melhor por causa de coisa como hospital e asfalto que já não... que já é até perto daqui agora mas não é mais tranquilo igual antes porque a gente nunca sabe o que pode acontecer na rua e em casa mesmo. Ainda é melhor que no Rio, mas não é mais roça mesmo e dá medo a covardia. Tá certo que aqui sempre foi lugar de muito corpo jogado na rua... desova... mas era pior quando a gente chegou. Tinha muito corpo mesmo nesse mato e virava mexia a gente achava osso. [...] Era 70 e pouco quando eu vim morar aqui mais ou menos e tinha muita desova. Bandido tinha também, mas não era tráfico não. Mas ladrão de galinha era muito mesmo.[63]

> Eu vim pra cá em... 1974. Tinha nada aqui não, era mato puro mesmo. Pouca casa, pior do que é hoje em dia. Eu sei que é difícil acreditar que era pior que isso, mas era pior porque não entrava ônibus. Não tinha escola nenhuma. Não morava ninguém nessa rua, não tinha luz e aparecia muito

---

[63] MEDEIROS, Severino da Silva. Entrevista concedida em 16 jan. 2005.

corpo aqui. Às vez morria aqui mesmo porque ouvia tiro, mas às vez... mais era que morria fora e jogava aqui. Também não entrava polícia que tinha medo de ficar agarrado na lama e não adiantava chamar não porque eles não vinham e apodrecia aqui mesmo. Urubu e cachorro comia até virá caveira. A gente ia ver primeiro e depois deixava pra lá por causa da catinga. Acabava sem ninguém vim buscar. Eu acho que morria muito mais e ficava sem ninguém ver aí pra dentro nos brejo. A gente só sabia desses que ficava mais pra fora. Lá pra dentro não tinha ninguém mesmo e devia ser mais fácil jogar defunto lá.[64]

Muito frequentemente escapam dos depoimentos dos moradores de Capivari sobre seus locais de moradia considerações expressas através de adjetivos como abandonado, esquecido, largado etc. Tais qualificações, muito presentes também em bairros melhor estruturados da Baixada Fluminense, revestem-se, nesse local, de uma concordância com a realidade visível bastante acima daquela encontrada em qualquer outro bairro da região.

Em Capivari, ações do poder público a rigor nunca chegaram, revelando sua existência, tal como é, pedaços de épocas diversas da história de ocupação popular da Baixada através do loteamento. Ali é possível enxergar como a terra foi repartida pelos agentes loteadores, testemunhar hoje dificuldades semelhantes àquelas que os primeiros migrantes que chegaram à Baixada experimentaram, visualizar a resolução informal e solitária dos inúmeros problemas tornados naturais em regiões destinadas a migrantes nas periferias da Região Metropolitana do Rio de Janeiro, assistir, ao mesmo tempo, à ação de bandidos cruéis que agem isoladamente e que praticam principalmente crimes sexuais e assassinatos de mulheres e crianças, bem como a ação de traficantes ligados a grupos criminosos organizados e liderados por bandidos detidos em prisões de segurança máxima, porém responsáveis pela liderança de bandos que utilizam o vasto bairro como refúgio ou como local para a obtenção de mais clientes.

Enfim, esse lugar notabiliza-se por ser um exemplo extremo de iniciativa loteadora fracassada, e foi exatamente esse fracasso empresarial que o prendeu a sua situação atual e o manteve espacialmente próximo do centro municipal (12 km) e mesmo do centro do Rio de Janeiro (30 km), porém muito distante

---

[64] BASTOS, Hélio Pereira. Entrevista concedida em 18 dez. 2004.

das condições mínimas de sobrevivência em uma área urbana: o transporte de ônibus até o centro dos dois municípios é recente, precário e circula somente nas áreas em que há alguma pavimentação.

As ruas, quase todas, não são pavimentadas, inexiste saneamento básico em qualquer parte do bairro e a água utilizada pelos moradores vem geralmente de poços ou nascentes — chamadas de "minas" — existentes no bairro. As ruas são mantidas livres de vegetações unicamente pela ação de seus moradores, não possuem iluminação pública a não ser que ali se localizem fábricas ou conjuntos habitacionais em construção. Inexistem postos de saúde e os colégios e lojas comerciais localizam-se quase sempre nas áreas do bairro que estão nas vizinhanças da rodovia Washington Luiz. Tal realidade espacial obriga adultos e crianças a se deslocarem a pé, de bicicleta, em lombos de animais ou em carroças até a parte mais estruturada do bairro, que se distancia pelo menos 3 km das áreas mais recuadas do Capivari.

A lógica que orienta a ocupação rápida de um loteamento baixadense não funcionou bem ali, e mesmo com o surgimento dos primeiros lotes urbanos a área se manteve predominantemente semiurbana. Ocorre que um loteamento baixadense até hoje somente é ocupado e ganha o *status* de bairro ou de parte de um núcleo de bairros quando existem, em suas vizinhanças, motivos para que famílias migrantes ocupem imediatamente os lotes componentes do empreendimento imobiliário. A vizinhança de uma estação de trens, a construção de uma nova rodovia, o surgimento de uma fábrica são fatores detonantes ou incentivadores de crescimento e dinamização de um desses bairros. Largado à sua própria sorte, entretanto, um loteamento muito raramente sobrevive, sendo o reflexo mais claro desse fracasso exatamente a não construção de um significativo número de casas em seus lotes.

Ilda do Prado

Exatamente no cenário caótico retratado acima encontramos a personagem principal deste relato: a líder comunitária, dona de casa e agricultora Ildacilde do Prado Lameu ou dona Ilda, como era mais conhecida por seus vizinhos de bairro. Nascida em 1947 em Minas Gerais e assassinada no portão de sua casa em 9 de março de 2005, ela foi moradora do Rio de Janeiro entre 1959, quando saiu do distrito de Divino Carangola, e 1968, quando conheceu o

Capivari, onde seus pais adotivos, que residiam no bairro de Copacabana, compraram uma chácara. A transferência definitiva de Ilda para a chácara da família adotiva, entretanto, não ocorreu naquela época, mas unicamente após a morte dos seus pais adotivos, o que aconteceu nos anos finais da década de 1970.

São obscuras, nos depoimentos de dona Ilda, as razões para sua migração, que certamente não ocorreu por motivos semelhantes àqueles geralmente alegados pela maior parte dos moradores pobres da Baixada Fluminense. Afirmava ela que sua infância foi miserável e que Divino Carangola a assustava muito devido à violência imperante naquele distrito, tendo sido um de seus tios, que era deputado estadual, assassinado dentro de um de seus estabelecimentos comerciais localizados no centro do distrito.

A ausência de referências aos pais naturais em suas lembranças acerca da infância chamou a atenção, assim como se mostrou curioso seu precoce desejo de vir para o Rio de Janeiro para trabalhar como atriz. Os sonhos da menina de 12 anos não se concretizaram totalmente, muito embora seu único trabalho realizado fora do bairro de Capivari tenha sido o de figurante da TV Globo, o que dona Ilda relembrava muito rapidamente, parecendo misturar orgulho e decepção. Talvez o nascimento de um filho aos 18 anos tenha selado seu destino e a conduzido para um casamento tradicional, para uma rotina de dona de casa e, finalmente, para o Capivari.

Sua atuação comunitária nesse bairro, entretanto, não se iniciou unicamente com sua transferência definitiva para ali, estando os fatos que foram transformados em lembranças importantes para Ilda quando o assunto era sua atuação comunitária, localizados no final da década de 1960 e início dos anos 1970. Naquela época, suas ações restringiram-se às tentativas de melhorar o bairro e a vida das pessoas que chegavam ali. Problemas de segurança pública em Capivari eram poucos, uma vez que se relacionavam quase sempre ao aparecimento de cadáveres nas ruas e matagais do lugar recém-ocupado por alguns poucos moradores e que servia como local de "desova" para os grupos de extermínio que atuavam mais frequentemente no município do Rio de Janeiro e que esperavam, jogando ali os corpos, camuflarem-nos, uma vez que após se decomporem acabavam se confundindo com as carcaças de animais que eram também abandonados lá, principalmente por proprietários de abatedouros clandestinos. Cadáveres estranhos ao bairro não incomodavam se não estivessem nas proximidades de alguma casa habitada, e exatamente por isso as ações iniciais de Ilda não se relacionaram com a resolução de nenhum conflito originário das atividades criminosas existentes no bairro.

Apesar de dona Ilda reforçar em seus depoimentos o fato de que seu bairro era bastante diferente na época em que ela para lá se mudou,[65] o feito que escolheu para marcar o início de suas proezas a favor dos vizinhos foi exatamente algo relacionado com a presença de cadáveres próximos de casas já habitadas em Capivari. Muito provavelmente as lembranças idílicas de Ilda sobre "a roça" tenham sido rapidamente embotadas pela luta cotidiana contra a violência que marcou o local nas décadas finais de sua vida:

> [...] então daí pra cá... que a gente começou vim pra cá... prestar atenção, eu comecei agir na área... as pessoas matava a pessoa, apodrecia no meio do mato. Cachorro comia, urubu comia, ninguém tirava. Até que uma vez morreu um cara ali já tinha 15 dias que o cara tava morto, o povo pedindo pra tirar na beira do quintal de uma mulher cheia de filho e ninguém tirava. Chamava a polícia, não vinha, fui na prefeitura, ninguém tomou as providências. Eu aluguei uma carroça, enrolei o cara podre dentro do lençol, joguei na porta da prefeitura e avisei: "todos que morrerem lá dentro e vocês não ir lá tirar eu pago e jogo na porta da prefeitura". Ficaram todo mundo em pânico [...] daí pra cá toda vez que eu chamo a polícia a polícia vem tirar, demora, mas tira, não fica mais [...] mas aonde você anda... fosse caminhar aqui você dava de cara com ossada de gente morta e acabou tudo, não tem mais.

As lembranças de dona Ilda remontam ao início dos anos 1970, e o aparecimento constante de cadáveres de homens desconhecidos em Capivari relatado pela líder comunitária parece relacionar-se com a atuação de esquadrões da morte ligados às ações exterminadoras das polícias cariocas que auxiliavam a repressão política levada adiante pelos governos militares existentes no Brasil daquele momento. A repetição, no depoimento de dona Ilda, de que reclamava com os policiais e que isso não adiantava, parece reforçar a hipótese de

---

[65] Aliás, em seus depoimentos, dizia ser motivo para sua mudança de Copacabana para a Baixada Fluminense o desejo de estar próxima da natureza: "[...] este lugar não tem nada, como você está vendo, mas tem estes arvoredos [...]" (LAMEU, Ildacilde do Prado. Entrevistas concedidas em 10 jan. 2004, 18 jan. 2005 e 21 jan. 2005. Todas as falas seguintes de Ildacilde do Prado Lameu originaram-se desses documentos).

que os cadáveres resultavam de justiçamentos promovidos por policiais ou por grupos ligados aos policiais.[66]

Ocorreu que o bairro evoluiu demograficamente apesar de seu ritmo de crescimento diferir em muito daqueles experimentados pelos demais bairros da Baixada, e enquanto isso ocorria, os problemas dos moradores também se tornavam mais complexos, diversificando-se também a forma de dona Ilda atuar. O que não se modificava, entretanto, era a ausência estatal, e durante as décadas de 1980 e 1990 as atividades comunitárias da líder popular continuaram a traduzir sua inquietude frente aos problemas de Capivari, mas, no entanto, assemelhava-se, em vários aspectos, às formas de os demais líderes comunitários agirem na região da Baixada Fluminense, sendo possível encontrá-la, nessas décadas, incentivando seus vizinhos através de um discurso desafiador e do seu próprio exemplo a melhorar as condições críticas do bairro, o que equivalia a capinar as ruas, abrir valas de esgoto, comprar entulho que era utilizado para diminuir os buracos das ruas e permitir a entrada de veículos "pelo menos para retirar os doentes".

Para alguns de seus vizinhos, o fato de dona Ilda ter residido em um apartamento no bairro carioca de Copacabana antes de ter se mudado para Capivari transformou a líder em alguém que, diversamente dos demais migrantes, acreditava que seus direitos de morar em um lugar "decente" eram exatamente iguais aos dos moradores da Zona Sul do Rio de Janeiro, e para ela a culpa pelo abandono de Capivari era "em primeiro lugar dos governos e dos políticos e depois do pessoal que comprou aqui e que nunca construiu e que fez isso ficar assim sem nada, porque os governos não se importam mesmo, mas com pouca gente assim, aí que não faz nada mesmo".

Sua história de vida anterior pode até tê-la dotado de ideias diversas daquelas geralmente tidas por quem mora no lugar; apesar disso, não há como deixar de considerá-la semelhante a seus vizinhos, e essa conformidade surgia em aspectos diversos da vida de Ilda, destacando-se, entre esses, sua defesa incondicional de princípios morais relacionados com o que chamava de "valores

---

[66] A partir dos primeiros anos da década de 1970 começaram a atuar na região da Baixada Fluminense diversos grupos de extermínio. Alguns entre eles abandonavam suas vítimas em áreas mais urbanizadas e passaram a admitir denominações originais ("Mão Branca", por exemplo). Os matadores desses grupos deixavam sobre os corpos mensagens justificando os assassinatos e ligando-os à prática de furtos, estupros, assassinatos etc. por parte dos justiçados (Souza, 1980:41 e segs.).

da família", sua necessidade de manter os filhos próximos de si, sua formação educacional incompleta e a consideração de que o bairro deveria ser cuidado por ela e pelos vizinhos como uma forma de garantir pelo menos um pouco de "dignidade" na vida. Entretanto, a figura de Ilda não chamava a atenção exatamente por suas virtudes ordinárias, ou seja, aquelas características que a ligavam a seu grupo social e a seus vizinhos, mas sim pelos seus singulares atributos, apontados, aliás, pelos próprios vizinhos.

Ousadia, desapego aos bens materiais, falta de ambição política, consciência, bondade, generosidade, rigor, sensibilidade, agressividade, entre outras, são características da personalidade de Ilda, que, segundo os que a conheciam, transformavam-na "na pessoa mais importante do Capivari", "na mãe de todo mundo aqui" ou, menos apaixonadamente, "em uma mulher que luta e resolve tudo quanto é tipo de assunto porque não tem medo de nada".

De fato, a marca distintiva de dona Ilda em sua última década de vida foi efetivamente a ousadia, tendo sua casa se transformado em um ponto de referência dentro da enorme área carente. Muito embora ela continuasse a ser uma espécie de benfeitora geral do lugar — fato denotado por suas ações assistencialistas, como a distribuição de sopa para desempregados no quintal de sua casa, onde existiam bancos e mesas feitas de concreto para acomodar tanto os moradores carentes que lá iam se alimentar quanto crianças que não conseguiam vagas em colégios ou que apresentavam baixo rendimento escolar e que assistiam a aulas de reforço — inúmeros e variados casos de violência eram levados até seu conhecimento a qualquer hora do dia ou da noite, esforçando-se ela para resolvê-los informal e rapidamente através de suas ameaças e conselhos, muito embora admitisse como regra "registrar os casos mais graves na polícia e exigir ação por parte dos policiais". Suas ações assistencialistas, entretanto, passaram a segundo plano na medida em que mais habitantes chegavam ao Capivari, inflacionando o elenco de antigas demandas mantidas sem resolução ao mesmo tempo que novos problemas surgiam exigindo que a líder comunitária elaborasse planos mais sofisticados para que as condições de vida ali não piorassem ainda mais.

Dona Ilda considerava que grande parte dos problemas inerentes aos bairros semelhantes ao seu deviam-se à pequena quantidade de gente que os habitava. Sabendo ela que grande parte dos proprietários originais dos lotes existentes jamais retornaria a eles, passou a defender a ideia de que esses lotes fossem invadidos imediatamente por famílias dispostas a construir e cultivar as áreas ainda não ocupadas, a fim de poderem, elas mesmas, se sustentar, uma vez que o número de desempregados em Capivari era grande demais. Esse plano de Ilda surtiu seus efeitos de forma imediata, e a partir dos últimos anos da década de 1990 o número de novos lotes ocupados em Capivari aumentou a olhos vistos.[67]

Na narrativa de dona Ilda, essa ideia de ocupação dos vários espaços vazios de Capivari surgiu exatamente no mesmo momento em que, pela primeira vez, ela falou nas Justiceiras do Capivari:

> Aconteceu aqui o seguinte: sempre foi violento mesmo... Antes tinha um bandido aqui chamado Jorge Barbudo que matava as pessoa e jogava num buraco. Só que de um tempo pra cá as coisa se alterou muito e além de morte assim de gente desconhecida de fora, desova e essas coisa, passou a ter assalto na rua, em casa e coisa pior, tipo morte de pessoa inocente e pior ainda morte de criança, mulher e estupro de criança e mulher aqui... foi piorando e quando começou a ser assim eu não fiz nada logo, mas me dava uma aflição cada vez maior e minha vontade era matar tudo quanto era bandido que esperava de tocaia menina e menino nos mato para agarrar. Aí eu comecei a limpar estes terreno e roçar estas ruas e pensar que se não fosse tudo jogado e sem ninguém não ia ter tanta covardia. Mas na época eu não botava ninguém na terra ainda. Eu passei mesmo foi a limpar as ruas e mato e a juntar mulher e fazer reunião e só depois é que veio esse negócio de justiceira e de líder que ajeita terra e dá para quem vem chegando agora.

O ponto inicial das ações mais notórias de dona Ilda é exatamente o momento em que ela criou o grupo As Justiceiras do Capivari e tomou para si a incumbência de agir de forma muito enérgica contra as ações dos bandidos que atentavam contra a vida de crianças e mulheres dentro do bairro.

---

[67] Durante as vezes em que entrevistei dona Ilda, no quintal de sua casa, várias foram as ocasiões em que homens e mulheres de aparência muito humilde interromperam nossas conversas em busca de algum tipo de auxílio. Destacavam-se desses pedidos aqueles relacionados à busca por um "pedacinho de terra", como dizia a entrevistada sempre que retornava para a mesa onde narrava sua vida e suas ações comunitárias. Andando pelo bairro juntamente com a líder comunitária, conheci diversos desses "assentamentos" populares formados a partir da eliminação dos matagais, que era o serviço ao qual dona Ilda mais se dedicava nos últimos anos.

As Justiceiras do Capivari

O ano-chave para Ilda e suas justiceiras foi 1998, quando ela foi procurada pelos pais de uma menina — Priscila Silva, de oito anos — que havia desaparecido a caminho da escola e que, apesar dos diversos apelos da família à polícia, continuava desaparecida sem que qualquer autoridade pública investigasse. Ilda entrou no caso imediatamente e sem esperar por melhor resultado:

> [...] fui procurar sozinha no mato... nos brejo... no caminho que ela passava pra vim aqui pra estudar... aí acabei achando ela morta no mato, já decompondo a menininha pequena, magrinha. Peguei a menina lá no meio do matagal e trouxe para a rua e aí chamei a polícia pra levar o corpo e chamei a imprensa toda e então decidi não parar mais e juntei as mulheres de perto e fizemos as justiceiras.

A menina Priscila Silva fora morta após ser sexualmente violentada, e essa morte parece ter modificado radicalmente a forma de dona Ilda pensar seu papel de líder comunitária:

> [...] desde a morte dela eu vi que não dava pra ficar só ajudando os mais pobre ou incomodando polícia e prefeito e vereador, achando que reclamar só adianta. Continuei ajudando... fazendo tudo junto com os moradores, mas achei que era mais... certo colocar mão na massa e não deixar mais acontecer isto aqui. Reuni as mulheres... era eu e umas cinco no início e a gente ia capinar rua, roçar os matagais daqui... mais esses perto de caminho pro colégio, porque tarado é covarde e faz tocaia no mato. Sem mato eu achava que era mais difícil eles agir.

No ano seguinte, 1999, o assassinato de Milene Souza, de 12 anos, violentada e morta também ao ir para o colégio, permitiu outra mutação do estilo de liderança de Ilda e a configuração final do grupo das "mulheres justiceiras":

> Com a Milene a coisa mudou porque eu consegui aumentar muito o grupo. De cinco viramos 20 e eu vi que não dava para ficar só conversando mesmo. O negócio era partir para a briga mesmo e aí a gente acabou achando o tarado, indo atrás dele e prendendo ele dentro de uma favela lá

em Lote XV [bairro caxiense localizado nos limites de Duque de Caxias com Belford Roxo]. A gente ia matar ele, mas a polícia chegou a tempo de não deixar e aí a gente acompanhou ele até a cadeia e ficou lá porque o delegado falou que ia soltar ele porque não tinha prova. Aí eu disse "se soltar a gente mata esse desgraçado na porta da delegacia mesmo". Ele falou que ia prender a gente, eu falei que era direito nosso ficar lá esperando e se o tarado fosse solto a gente linchava ele ali mesmo ou trazia ele aqui pra dentro e matava o cara de tanta porrada.

Daquele momento pra cá nós passamos a andar assim de faca, facão, foice, espada, enxada, pedaço de pau, limpando o mato todo, queimando o mato, abrindo estes caminho e vigiando gente diferente que anda aqui. Se acontece alguma coisa a gente logo aparece. Uma liga pra outra, reúne, junta tudo, foice, machado, enxada e vai atrás, prende, tortura e até mata. Eles pergunta se mata eu falo que mata. Só não falo quem e quanto já matamo. O trabalho das justiceiras depois foi esse: levar criança pra escola, limpar o matagal. Agora não, que está tudo calmo e a gente não tá vendo nada porque é férias nos colégio. Mas tá voltando e quando volta você pode vim aqui e vai ver duas, três mulher nesses mato limpando, mas elas tão mais mesmo é vigiando as criança e vendo se tem estranho na área.

Os casos dos estupros e assassinatos de Priscila Silva e de Milene Souza foram, sem dúvida, marcos fundamentais na vida comunitária de Ilda. Em primeiro lugar, esses casos macabros foram responsáveis diretos pelo surgimento e configuração final do grupo de mulheres lideradas por Ilda e, em consequência, pela modificação radical na forma como ela se comportava frente aos seus vizinhos e, principalmente, na modificação das formas como estes a visualizavam. Se anteriormente aos assassinatos ela era respeitada e procurada para resolver casos simples de desentendimentos familiares ou para coordenar soluções temporárias para os inúmeros problemas decorrentes das condições urbanas críticas de Capivari, na maior parte das vezes, entre 1998 e 2002, a tônica de suas ações passou a ser o combate à violência que, com bastante frequência, passou a atingir "as pessoas inocentes" de Capivari. Crianças e mulheres passaram a ser suas principais preocupações e Ilda, desde o início, percebeu não ser possível para ela sozinha dar conta de proteger todas as mulheres e crianças do bairro:

O problema maior naquela época era como ajudar. Eu sabia que não dava para ficar do jeito que estava até ali e eu só podia contar com uns policiais que eram amigo da gente e vinha quando eu chamava e não dava pra contar com político mesmo porque é... eles não tomam vergonha na cara mesmo e só ajuda se isso rende vantagem pra eles. Apelar pra homem, nem pensar. Eles são violento demais pra isso e depois não dava pra contar mesmo com homem de dia porque se está em casa sem procurar nada pra fazer é porque tem alguma coisa errada com eles. De dia e de noite que dá pra contar mesmo era com mulher. Como eu precisava, apelei pra elas e um monte veio e a gente reuniu e formou isso.

A recorrência às mulheres parece ter nascido muito mais das razões práticas expostas por Ilda do que de alguma causa ideológica. Afinal, se era preciso que o próprio "povo de Capivari" cuidasse de sua segurança, se ali dia e noite eram igualmente perigosos e se, na visão dessas mulheres, "homens desempregados deveriam estar procurando emprego durante o dia" ou então eram "vadios", restavam, como única alternativa para a formação das milícias que deveriam proteger crianças dia e noite, as mulheres vizinhas de dona Ilda.

A resolução dos problemas relativos à proteção de crianças e mulheres em Capivari ficou, portanto, entregue ao grupo criado por dona Ilda, e a ação desse grupo inicialmente restringiu-se unicamente ao patrulhamento das ruas do bairro, tarefa que era realizada por grupos de aproximadamente 10 mulheres, que sempre circulavam com o rosto encoberto por um lenço e armadas com as ferramentas que elas utilizavam também para derrubar os matagais e desobstruir os diversos cursos d'água existentes em pontos variados do bairro.

Os grupamentos de mulheres revezavam-se a fim de garantir que tanto em horários de entrada como em horários de saída dos colégios diversas mulheres armadas pudessem conduzir crianças através dos capinzais agora batidos e queimados, mas mesmo assim desérticos. À noite, a escolta também se fazia, e as adolescentes que estudavam no horário noturno eram conduzidas por Ilda e por seu grupo, que aproveitava a viagem para dar segurança às mulheres adultas que retornavam dos seus locais de trabalho e que precisavam caminhar dos pontos de ônibus até suas respectivas residências.

É interessante apontar de que forma se estruturaram as ações das Justiceiras do Capivari e como dona Ilda construiu uma imagem própria para si e para seu grupo.

A intenção tanto de Ilda, como a de suas mulheres, era a intimidação dos bandidos e dos potenciais estupradores e homens que espancavam suas mulheres. Investigações de casos de violência contra mulheres e crianças, prisão de bandidos e entrega deles aos policiais eram atos comuns, principalmente entre 1998 e 2002. Apesar da pregação da utilização da violência extrema contra "tarados", nunca houve sequer uma ação efetivamente cruel contra os alvos da fúria feminina. A energia que nascia do grupo efetivava-se inicialmente através da substituição integral do poder público dentro do bairro de Capivari e, logo em 1998, dona Ilda percebeu que uma das maneiras de se alterar a situação caótica do bairro era demonstrando a existência daquele lugar para os habitantes de fora do município de Duque de Caxias. O apelo dela à imprensa visava, de fato, demonstrar que o Capivari era um bairro-problema, e que era preciso que ali "os governos" surgissem como agentes:

> De político eu não acho nada muito diferente do que todo mundo acha. Dos governo eu acho que eles precisava ver que a gente existe [...] que tem o mesmo direito de qualquer outra pessoa no mundo. Acontece aqui que ninguém vê a gente e eu não vou é ficar aqui esperando pra eles ver a gente não, vai dar não, porque eu acho que só dá pra mudar se a gente mesmo faz alguma coisa. Político... governo... pensa só neles e é normal isso mesmo. Rico cuida de rico. Se a gente não aparece, ninguém vem levantar aqui quem tá embaixo do tapete igual lixo e ajudar ninguém não [...] a gente foi pro jornal e rádio pra isso, pra mostrar quem a gente é e que a gente existe. Tem direito igual qualquer outro de Caxias ou do Rio de Janeiro mesmo.

Quanto ao modo ostensivo como as mulheres apresentavam suas armas *sui generis*, dona Ilda era enfática em afirmar que aquilo tudo era uma estratégia de ação e que a intenção real não foi, em nenhum momento, tirar a vida de ninguém. Dizia ela que:

> Se eu apareço normal na imprensa igual você tá me vendo, preta, 1,60 m, quem vai ligar? Agora armada com a foice e o facão e vestida de roupa diferente, dá ibope. [...] de verdade no início eu tava revoltada e queria matar mesmo, mas depois que a gente resolveu tudo eu esfriei o sangue e voltei ter a ideia de andar certo para não perder o nosso direito. De verdade

matar... eu não vejo como sujar a mão com sangue de bandido. Deus fez, Deus leva.

A intenção de apresentar seu bairro surtiu seus efeitos e, se desde 1998 era previsível que a ação de Ilda e suas mulheres alteraria substancialmente a rotina do bairro, não era tão fácil supor, entretanto, que a simples circulação dessas mulheres nas áreas mais abandonadas do bairro e a derrubada e queima dos matagais poderia resultar na diminuição expressiva de todos os casos de violência no Capivari.[68]

A partir dos resultados positivos, o ânimo das Justiceiras do Capivari parece ter aumentado, e as reuniões semanais do grupo passaram a discutir assuntos diversos, porém todos eles relacionados ainda com os problemas imediatos da comunidade:

> De início elas discutiam muita coisa sobre o próprio bairro, como que lugar que deveria ser limpo, qual o tipo de problema que existia e que deveria ser resolvido primeiro, como um colégio devia ser arrumado por elas. Também elas procuravam trocar entre elas informações sobre o bairro. Por exemplo, em uma reunião que eu assisti elas discutiram muito sobre um caso de suspeita de abuso sexual de um pai contra uma filha. A mãe suspeitava e levou o caso para uma das mulheres do grupo. Ilda, na reunião, resolveu chamar a mãe para ir com ela e a menina ao hospital e depois à delegacia para dar a queixa [...] não sei depois o que aconteceu porque não fui na reunião seguinte.[69]

Esse depoimento demonstra o que identifico como uma nova mutação das ideias de dona Ilda e também a consequente mudança de rumo das ações das justiceiras. Ele se refere ao ano de 2003, quando a imprensa regional e grande parte dos habitantes já conheciam Ilda e até se admiravam de ela continuar a se recusar a participar efetivamente da vida política de Duque de Caxias através do cargo de vereadora.

---

[68] O delegado da 60ª DP, localizada em Campos Elíseos, revelou que antes de 1998 os casos de violência sexual e assassinatos de crianças e mulheres em Capivari eram pelos menos dois a cada mês e que entre 1998 e 2004 os casos baixaram para zero. RUBEM, Luiz Carlos. Entrevista concedida em 10 jul. 2005.
[69] ALVES, Marta Mateus. Entrevista concedida em 3 jun. 2004.

Nessa época, o grande chapéu de palha sobre um lenço de cabelo, o facão na cintura e a foice em uma das mãos eram utilizados muito mais frequentemente quando repórteres iam até ela buscar matérias ou atender seu convite quando desejava denunciar algo:

> As coisas aqui passou a andar calma desde que a gente passou a agir e não tem mais tanta necessidade da gente como polícia. Só umas quatro ou cinco está de frente ainda comigo, mas a gente é mais de cem e quando acontece alguma coisa a gente junta rápido mesmo.

Na verdade, a presença das justiceiras, além de "impor respeito", significou a aproximação de Ilda dos poderes públicos, destacando-se entre estes a prefeitura de Duque de Caxias, a delegacia de polícia civil de Campos Elíseos e o 15º Batalhão de Polícia Militar.

Casos graves de violência passaram a ser denunciados imediatamente aos policiais, e em seus relatos Ilda enumerava policiais que eram chamados diretamente por ela para resolver casos em Capivari: "[...] agora é diferente mesmo, eu não reclamo mais de polícia não. Eu tenho o número de uns detetives e do comandante do batalhão e quando a gente precisa eu chamo e eles vêm rápido. A gente sobe no carro da polícia e vai buscar seja quem for". Quanto às autoridades municipais, o diálogo entre Ilda e a "prefeitura" dava-se muito mais através da imprensa regional, na qual ela denunciava constantemente os secretários municipais e o prefeito José Camilo Zito que, segundo ela, era:

> [...] só uma farsa. A gente aqui acreditou naquele safado e ele nem voltou aqui depois que ganhou. Não fez uma obrinha aqui mesmo. Lá fora [centro de Duque de Caxias ou margens da rodovia, talvez] ele até mudou algumas coisas, mas nos bairro de dentro igual este nada fez. Eu tinha toda hora era que brigar com os secretário dele que vinha implicar com as casas que a gente faz aqui nestes assentamentos. Eu brigava e dizia que ia botar eles na imprensa e aí eles deixava a gente em paz, mas o secretário de habitação o Aroldo de Brito era implicante demais. Uma vez veio lá na Vila Mirim com polícia pra derrubar as casa de família que eu assentei lá. Eu digo: "Você vai se arrepender porque a primeira casa que você derrubar eu dou um tiro nos seus cornos". Botei eles pra correr e a família está lá assentada do mesmo jeito.

Portanto, o grupo das justiceiras não era mais essencial para a manutenção da segurança do bairro, uma vez que instâncias específicas do poder público passaram a ser acessadas pela população através de dona Ilda. A mutação final deu-se exatamente nesse momento, em que um plano de ocupação do bairro evoluía através dos assentamentos e em que algumas necessidades mínimas da população já eram atendidas devido às reivindicações e ameaças feitas por dona Ilda. E foi exatamente a partir dessa última mudança que o desejo de Ilda de agir "pela justiça e pela lei" e não estar "fora da lei" pôde concretizar-se.

A partir do ano de 2003 as justiceiras voltaram-se principalmente para a melhoria das condições de vida das mulheres e das suas crianças. O reconhecimento externo de dona Ilda facilitou a ida, ao bairro de Capivari, de profissionais diversos que orientavam as mulheres em assuntos como amamentação, prevenção de doenças próprias das mulheres, educação infantil, direitos das mulheres e das crianças. Embora em nenhum momento, ao longo do relato das ações comunitárias dos seus dois últimos anos de vida (2003 e 2004), tenha utilizado a palavra *cidadania*, expressava constantemente sua ideia de que ela e os moradores de Capivari — principalmente aqueles mais pobres — possuíam direitos que eles mesmos não sabiam que possuíam, mas que deveriam ser respeitados "pelos governos e por todo o mundo". Fazer valer o direito dos outros moradores de seu bairro passou a ser a cruzada de dona Ilda, e um bom exemplo de ação voltada exclusivamente para isso foi a confusão que provocou em um dos cartórios eleitorais de Duque de Caxias quando conduziu um grande número de novos moradores de Capivari para que obtivessem seus títulos eleitorais, sem os quais não poderiam trabalhar:

> [...] aliás, no ano passado [2004] eu fui tirar... mudar título de pessoa que vem do Ceará, que vem de Minas... transferir pra aqui. Só que eu tive que dar umas porradas em uma mulher lá da TRE porque eu cheguei lá com aquela turma de gente pra poder tirar voto, né, porque eu acho que o voto também é muito importante, eu não sou contra o voto, eu acho que todo mundo tem que votar com a consciência né? Não trocar o seu voto por qualquer coisa, por uma cesta básica, uma lâmpada, uma camisa, qualquer coisa, voto tem que ser uma coisa sagrada e não vendida. Então nós foi... eu fui levar as pessoa pra poder trocar o título e tirar aquelas pessoa que nunca teve. Quando eu cheguei lá a mulher começou a debochar da minha cara: "Porque a Dona Ilda dá uma cesta básica"[...] as pessoa chegava lá,

o que é que eles quer conta de luz e conta de telefone. Como as pessoas moravam aqui, não tem nem conta de luz nem telefone, eu dei a minha conta de luz e telefone pras pessoa tirar. Aí elas começaram: "É porque essas conta de luz, é porque tudo é dona Ilda, porque dona Ilda dá cesta básica, porque dona Ilda faz isso, porque dona Ilda faz aquilo". Começou a maltratar as pessoa. Entrou uma senhora grávida de oito meses e saiu de lá chorando. Eu perguntei por que ela tava chorando. Ela falou: "Poxa dona Ilda, a mulher faltou pouco bater na minha cara". E eu atrás da porta ouvindo o que ela tava falando. Aí eu cheguei segurei digo: "Escuta aqui, você não tem o direito de fazer isto, aliás, quem tinha de fazer isto era vocês e não eu. Você não tem o direito. Você fica atrás dessa mesa no ar refrigerado, ganhando dinheiro do povo e humilhando as pessoa. Quem é você pra fazer isso? Se eu tô dando a minha conta de luz e a minha conta de telefone pra essas pessoa tirar os seus títulos é porque elas não tem e elas precisa de ter pra trabalhar e pra poder votar também. Então você não tem o direito de maltratar as pessoa". Aí ela virou pra mim: "Porque eu vou chamar o juiz pra te prender". Eu digo: "Chama, mas primeiro eu vou te dar umas porrada". Meti a porrada nela mesmo. Eu ia quebrar tudo lá dentro [...] aí chamei a imprensa, meti na imprensa [...] eu não tenho paciência, eu meto a porrada.

Não mudando seus métodos heterodoxos nessa última fase de sua atuação comunitária, Ilda voltou a aparecer muito mais solitária e caracterizada por

> [...] se meter em todas as coisas e encher o saco de todo mundo. Neste último ano ela não para mais aqui nunca. Faz de tudo, leva gente doente pro hospital com esse carro velho [um carro modelo Jeep ano 1966] a qualquer hora do dia ou noite. Chama secretário de estado e prefeitura aqui e dá R$ 40,00 num caminhão de entulho pra cobrir buraco nessas rua pro carro da polícia passar. Já falei que tinha que se candidatar a vereadora porque aí podia gastar dinheiro da prefeitura pra ajudar os outros e não o dinheiro do aluguel que ela tem em Copacabana e o da minha aposentadoria pra arrumar rua. [...] eu nunca concordei com isso, ela faz isso porque é teimosa.[70]

---

[70] P. P. L. Entrevista concedida em 18 jan. 2005.

As narrativas de dona Ilda, de seus vizinhos e parentes sobre seus últimos dois anos de vida caracterizam-se principalmente pela percepção de que ela mantinha sua intrepidez, porém possuía alguns objetivos bastante sólidos e todos eles relacionados à defesa do que chamava de "direitos das pessoas inocentes". É claro que é inútil tentar encontrar, dentro do conjunto de ideias tão pragmáticas de dona Ilda e suas mulheres, algo requintado e diretamente influenciado pelas conquistas políticas, sociais e jurídicas obtidas pela sociedade brasileira nas últimas décadas através dos diversos estatutos de direitos de terceiro grau.[71] Porém é fato que esse conjunto de ideias que orientavam as atitudes de dona Ilda e de seu grupo, diferia sutilmente também das formas de se pensar na resolução de problemas na Baixada Fluminense através das lideranças comunitárias. É claro que, em alguma medida, o jeito de resolver os problemas práticos em Capivari assemelhava-se ao próprio modo informal de a população baixadense lidar com as ausências públicas.

Espalhar entulho nas ruas para permitir a passagem de pedestres e carros é um bom exemplo de resolução informal levada adiante com ou sem a presença, muitas vezes unicamente catalisadora, de um líder comunitário. Entretanto, para Ilda, o ato ordinário de pavimentar precariamente as ruas significava, em último caso, facilitar o acesso seu e de seus vizinhos aos órgãos do poder público.

A eliminação de matagais é também algo corriqueiramente praticado por moradores de áreas loteadas recentemente na Baixada. Para Ilda, no entanto, esse trabalho, inicialmente reativo perante os estupros e assassinatos de crianças e mulheres dali, transformou-se em um dos componentes da estratégia da líder de expor seu bairro-problema através da imprensa e, mais ainda, como uma forma de transformá-lo através do assentamento de novos migrantes em terrenos delimitados diretamente por dona Ilda e suas mulheres e da destinação de algumas dessas áreas ao cultivo de frutos — destacando-se o maracujá, a banana, a acerola, o coco e algumas verduras — e ao implemento de criações de pequenos animais, como galinhas, coelhos, cabritos, rãs e minhocas.

---

[71] Direitos de terceiro grau constituem a consequência do que Norberto Bobbio chama de expansão geral dos direitos, o que é uma característica das sociedades do Ocidente nas décadas posteriores à II Guerra Mundial. Ainda segundo esse autor, os direitos de terceiro grau são consequências do surgimento dos direitos sociais, e a garantia da sua aplicação depende da intervenção direta do Estado, que precisa transformar-se e passar a ser um Estado social (Bobbio, 2004:86-87).

A preocupação de dona Ilda era a de não permitir que a diminuição da área ocupada pelos matagais significasse o aumento do número de desempregados em Capivari e a formação de favelas ali.

O retorno ao passado agrícola inexistente no bairro, porém presente na memória de grande parte dos migrantes moradores de Capivari, parecia, para a líder, uma solução adequada para alguns dos tantos problemas permanentes do bairro.

Uma morte inevitável?

Acostumada, por toda a vida, "a falar alto e dar porrada" em autoridades públicas, homens que espancavam suas mulheres e filhos, estupradores e assassinos de criança, dona Ilda parece não ter adaptado seu estilo de liderança às mudanças drásticas que seu bairro experimentava com a aceleração demográfica e o surgimento do que ela mesma classificava como um novo tipo de bandido:

> De uns anos pra cá tem mudado os bandidos daqui. Sempre teve muito, mas de verdade eu não dava muito por eles não. Quando a gente pegava esses matador de mulher e criança aí e dava um pau eles se cagava todo com medo de morrer mesmo e pedia pelo amor de Deus e tal. Eu não tinha medo mesmo e não tenho agora porque eu não sei o que é medo mesmo, mas eu sei que é diferente porque antes não tinha esse negócio de droga não. Eles até usava, mas buscava longe e nem tinha aqui na Baixada não. Agora... agora é aqui nas nossa cara mesmo e eles usa assim livre. Antigamente não, a gente nem nunca via usando. Agora vive em bando também.

Tal constatação da existência de novos bandidos obrigava Ilda a negociar:

> Eu por exemplo não sou amiga nem inimiga. Eu sou contra aquele bandido que mora na área e suja a área. Eu sou contra aquele bandido que vem pras portas das escola pra viciar as criança. E sou contra aquele bandido que mexe com a comunidade. A gente não se mistura com bandido. Mas quando a gente vê que a coisa tá demais do lado deles a gente vai a eles. Há pouco tempo eles tava assaltando cabo de telefone aqui. Nós fomos a eles pra saber se era eles que tava fazendo esse tipo de coisa: "Não, não somos

nós". Eu digo: "Vocês vão ver quem é que a culpa vai cair em cima de vocês. Nós vamos botar os homem [polícia] em cima". Pararam. Tem uns dois mês que eles pararam com isso. Já morreu também uns seis.

Essa negociação parecia difícil porque dona Ilda não mudava seus princípios e possuía uma noção de territorialidade que entrava em conflito direto com o desejo dos traficantes de se utilizarem das "pessoas inocentes" da forma como entendessem, viciando seus filhos e utilizando a parte instável da "comunidade" como funcionários do tráfico. Além de não perceber o perigo contido na disputa, Ilda insistia em entabular negociações ao seu modo e em não reconhecer os "direitos" de traficantes manterem seu comércio e atividades criminosas:

> Nós não apoiamos bandido. Eles me respeita. O direito de um termina quando do outro começa. Então é o que eu falo pra eles: "Seu direito termina quando o meu começa" [...] então você não invade a minha área, não mexe com as pessoa inocente e pronto. E é assim que eu faço. [...] aqui quem comanda também é uma mulher. [...] a gente não dá confiança, a gente não quer se misturar. Nós estamos brigando pelas nossas crianças e pra melhorar o lugar. Inclusive a gente tá brigando sobre tudo isto, acabar com os bandidos. Também. A gente sabe que não vai conseguir, mas o que a gente pode fazer a gente tá fazendo. Porque os bandidos... enquanto eles estão na deles, não mexe com ninguém, mas o pior quando eles começa entrar na nossa área pra viciar nossas criança. A gente não aceita.

Exatamente a não aceitação da venda de drogas nas ruas próximas dos colégios de Capivari rendeu a dona Ilda as primeiras ameaças de morte de sua longa carreira de líder comunitária. A partir da favela Vai-Quem-Quer, localizada nas cercanias do bairro, a traficante Merinália de Oliveira, a "Índia", esposa de Carlos Brás Vitor Silva, ou "Fiote" — este um dos comandantes do grupo de Fernandinho Beira-Mar — ordenou sua morte, acusando dona Ilda de ser delatora.[72]

---

[72] Após sua morte a casa de dona Ilda foi pichada com as seguintes mensagens "CV (Comando Vermelho) e VQQ (Vai-Quem-Quer), depois de morta você revelou sua cara: X-9 [informante da polícia]".

Em Capivari há também a suspeita de que o fato detonante do assassinato de Ilda foi seu empenho em encontrar o corpo de Maria de Jesus, de 73 anos, desaparecida no final do mês de fevereiro de 2005 e cujos despojos foram encontrados no dia 1º de março em um matagal.

Ilda descobriu que um dos "novos bandidos" dali devia dinheiro àquela senhora, que sobrevivia vendendo bebidas em uma "barraca". Quando a senhora cobrou a dívida, foi morta pelo bando e jogada em um dos muitos locais ermos de Capivari. Ilda soube dessa história, contou-a aos policiais e a partir daí acendeu a fúria dos traficantes que a assassinaram no dia 9 de março de 2005, às 19:30h, quando alguns desses novos bandidos, "crias do bairro" e que ela acreditava que a respeitavam, chegaram até o portão de sua casa, comunicaram o encontro de um cadáver no início da rua e pediram água à líder comunitária que, ao virar-se para atender o pedido, foi atingida por cinco tiros quase todos em sua cabeça.

Seu enterro ocorreu no dia seguinte e, segundo os mesmos jornais que registraram sua trajetória comunitária, foi bastante concorrido, sendo ela homenageada por autoridades municipais, estaduais e até por um representante do governo federal. O prefeito de Duque de Caxias decretou luto oficial de três dias no município, e as investigações policiais tiveram como alvo, desde cedo, os traficantes de Capivari e de favelas não muito distantes dali. Finalmente, em abril de 2005, a chefe dos traficantes operantes nesses bairros foi presa e o caso Ilda do Prado esquecido pela imprensa e autoridades regionais.

Mas efetivamente essa morte era inevitável? Considerando o número de líderes comunitários assassinados nas últimas décadas, a resposta a essa pergunta pode ser sim. O assassinato de líderes comunitários semelhantes a dona Ilda é rotineiro, tanto nos bairros populares da Baixada Fluminense quanto em favelas e conjuntos habitacionais cariocas, onde estes precisaram conformar suas ações aos desejos dos "donos" do tráfico a partir da globalização do comércio de drogas e da privatização de favelas, conjuntos habitacionais e bairros habitados pelas classes subalternas.

O habitual nesses novos tempos é que a liderança comunitária submeta-se aos desejos de traficantes, ocorrendo os assassinatos de líderes comunitários principalmente quando esses cometem erros estratégicos, como se aliarem a inimigos de traficantes momentaneamente fortes, servirem como olhos e ouvidos de policiais, recriminarem publicamente e sem justificativas o comportamento de bandidos, levarem adiante projetos comunitários sem aval do tráfico ou, no extremo, perceberem-se como detentores do controle da "comunidade", ou seja, competirem pela liderança diretamente com os traficantes.

O visível inconformismo de Ilda, seu apego ao que julgava ser uma tradição local de pouca importância do tráfico de drogas e a sua crença de possuir corpo fechado[73] e por isso considerar-se acima da possibilidade de ataque direto, levaram-na a subestimar a força de seus oponentes e representantes de um novo tempo, em que às desgraças diárias das quais ela defendia a sua "gente inocente" era preciso acrescentar o poder das pesadas armas possuídas pelos bandidos desejosos de incentivar o consumo das drogas e para os quais não existia nenhuma outra forma de lidar com a população a não ser através da violência mais explícita, inexistindo ali, em Capivari e nos bairros vizinhos, razões para que traficantes mantivessem uma relação amigável com os moradores.

"Isso não pode continuar terra de ninguém, sem lei"

Certamente é recorrente na literatura clássica acerca de cidadania no Brasil o entendimento de que neste país os direitos sociais, em grande medida, não foram conquistados pelos cidadãos, porém doados pelas mãos das elites. Recentemente, entretanto, conforme aponta Angela de Castro Gomes (2004), a produção historiográfica brasileira tem se caracterizado por uma percepção menos estreita das relações políticas que envolvem "dominantes e dominados". A submissão popular em obras de historiadores atuantes nos anos pós-1980 já não é tão absoluta a ponto de as mulheres e homens pertencentes às classes populares serem considerados "parceiros fantasmas". Escravos, operários urbanos, trabalhadores do campo, entre vários outros estratos dos grupos socialmente subalternos desenvolveram identidades relativamente próprias ao longo dos processos políticos, sendo percebidas hoje como simplificadoras as

---

[73] Não é incomum o encontro de líderes populares da Baixada Fluminense que se imaginaram possuidores do que chamavam "corpo fechado". Além de dona Ilda, o vereador e os justiceiros entrevistados por mim para a confecção de um dos capítulos de minha tese de doutoramento ostentavam essa qualidade. A tradição do corpo fechado ali parece ter se iniciado com Tenório Cavalcanti, atingiu o primeiro prefeito de Belford Roxo (Joca) e foi tema de dois filmes ambientados na região da Baixada Fluminense, a saber *Amuleto de Ogum*, produzido em 1974 e dirigido por Nelson Pereira dos Santos, e *O homem da capa preta*, produzido em 1986 e dirigido por Sergio Rezende.

visões desses estratos sociais como eternos conduzidos e consumidores de uma cultura política emanada de cima.

São um fato, entretanto, os esforços estatais na manutenção das massas habitantes tanto das periferias das cidades quanto das áreas rurais do interior, distantes da necessidade de reivindicar direitos através de mobilizações de qualquer tipo.[74] O que levou José Murilo de Carvalho (2005:110 e segs.) a considerar as ações estatais favoráveis à extensão dos direitos sociais como algo inspirado no perigo das reclamações populares — potencialmente revolucionárias — tornadas possíveis principalmente pelas grandes migrações do campo para a cidade que marcaram a história nacional no período imediatamente posterior ao início do processo de industrialização do país, inaugurado com o advento da era Vargas, em 1930, e acelerado ao longo da década de 1970, em plena época do "milagre econômico", quando até mais abundantemente os migrantes chegaram às periferias das principais cidades do Sudeste brasileiro.

A solidificação dos direitos sociais "doados" por Vargas ao longo de seus governos e quase unicamente representados pelas leis trabalhistas e previdenciárias permitiu aos agentes políticos oficiais lidarem com uma calma popular tornada estrutural e que parece ter possibilitado a criação da tradição brasileira de tutelarem-se/desmobilizarem-se quaisquer ações políticas populares.

A tutela constituiu-se na forma mais branda de desmobilização popular, acima da qual esteve sempre a repressão pura e simplesmente violenta experimentada, por exemplo, pelos líderes favelados cariocas que nos piores momentos do regime de exceção inaugurado em 1964 desapareceram por "sovietizarem" os guetos populares.

Apesar de as décadas posteriores à II Guerra Mundial serem consideradas por Norberto Bobbio (2004) como a "era dos direitos", essa percepção de novos direitos sociais como básicos não significou uma automática tomada de consciência da necessidade de extensão desses "direitos do homem" para o conjunto da sociedade.

Quando o alvo das análises são as classes populares, é bem mais difícil verificar como tais novidades jurídicas foram percebidas e ofertadas, e o desrespeito aos diversos novos direitos elencados por Bobbio tornou-se regra mais evidente em momentos de crise, como aqueles em que as periferias urbanas

---

[74] Surge, como exemplo de direito social doado, o início, precário, na década de 1920, do nosso sistema de previdência social. É curioso que a instituição da Caixa de Aposentadoria e Pensões dos Ferroviários tenha se dado a partir da iniciativa dos patrões (Luca, 2003:475).

fugiram da invisibilidade pelo aumento físico de seu tamanho, quando camponeses inseridos no mundo capitalista à força passaram a reivindicar propriedades privadas ou a manutenção de suas tradições, quando trabalhadores urbanos não se conformaram com os direitos parciais "doados" e com a tutela do Estado ou mesmo quando estudantes ousaram reivindicar a possibilidade de discordar das ideias oficiais.

A carreira comunitária de dona Ilda espelha de forma exemplar essa convivência com uma cidadania partida, em que mesmo na época atual, quando a liberdade de expressão é total e a manifestação de insatisfações não é algo perigoso — pelo menos quando o interlocutor é o Estado — inexistem espaços para a revolta ou para a reivindicação como maneiras de resolução dos problemas agora mais perceptíveis devido à democratização do Brasil em 1985.

Reivindicar foi uma estratégia acessória das ações de dona Ilda e visava essa estratégia tão somente "fazer o Capivari existir para quem não mora aqui e que nem sabe que aqui tem gente de carne e osso". Ao longo de toda a sua carreira, importante de fato era para essa mulher sua luta quase solitária para organizar o espaço comunitário "abandonado pelo governo". Fundamental em suas falas foi sempre a inocentação dos moradores do Capivari, vítimas do esquecimento.

Tal esforço no sentido de proteger mulheres e crianças mostra-se facilmente como a expressão máxima de seu assumido papel maternal, interpretado como assistencialista por qualquer estudioso de fenômenos sociais. Eu considerei que a originalidade de dona Ilda e de seu grupo de mulheres nasceu exatamente do isolamento ao qual foram os habitantes de Capivari sujeitados. Esdrúxulos atores surgiram nesse mundo esquecido e caótico.

A providência inicial de tais personagens parece ter sido sempre transformar o espaço onde a desordem era a regra. Por isso, criar leis próprias nunca pareceu uma usurpação, na medida em que "a terra de ninguém" era a única de propriedade desses homens, mulheres e crianças que precisavam sobreviver apesar das inundações, dos "tarados", dos mosquitos, da falta de casa, documentos, emprego, escola, polícia, postos de saúde, ônibus.

Intimidar-se frente aos direitos de alguém que comprou um terreno "há um tempão" e que agora vem reclamar sua propriedade ou perante a autoridade de um secretário municipal "omisso" que ameaça derrubar casas construídas "com sacrifício", porém de forma irregular, pois sobre terreno alheio, ou respeitar uma funcionária pública que tem a "coragem de maltratar uma grávida" parece — mesmo para aqueles que não experimentam na pele os problemas dos que vivem em Capivari — ilógico quando descobrimos que as "leis de Ilda" visavam exatamente inserir seus "inocentes" em um mundo que contivesse uma das palavras preferidas da líder popular *strictu sensu*: direitos.

A tragédia da morte de Ilda encerrou não somente sua carreira política, mas fez o grupo de mulheres mascaradas lideradas por ela desaparecer. Algumas escolas foram abandonadas pelas crianças porque os matagais voltaram a crescer, e menos de um mês após a morte da líder dois menores foram mortos após serem violentados. O caos parece rondar o local antes patrulhado por Ilda e do qual muitos moradores fugiram temendo a ação vingativa dos traficantes. Os policiais continuam entrando unicamente para acompanhar o recolhimento dos corpos e receber o "arrego"[75] dos traficantes. A prefeitura mantém-se distante do local que continua sendo inundado a cada nova tempestade.

Sem as "leis de Ilda", as ilhas habitadas desse "bairro arquipélago" repleto de medo, "lama e mato" tornaram-se definitivamente redutos do tráfico e dos mais diversos tipos de bandidos, evidenciando, em primeiro lugar, a inexistência neste país de um Estado social de fato, e demonstrando a impossibilidade de se prescindir, nas áreas habitadas por classes subalternas, das ações levadas adiante pelas lideranças políticas populares *strictu sensu* representadas por Ildacilde do Prado Lameu no presente trabalho.

Iniciei este capítulo afirmando que a cidadania é algo pensado no Brasil atual como não alcançado completamente pelo conjunto da sociedade. Chamaram a atenção dos estudiosos, com muita frequência, aqueles grupos sociais facilmente visíveis, como os trabalhadores, as mulheres, os negros ou os homossexuais. A repetida presença das manifestações desses grupos na imprensa nacional pode ser uma explicação para o reconhecimento de suas lutas por inclusão. Instáveis habitantes de nossas periferias urbanas, parecem, ao contrário, condenados ao esquecimento, sendo injusta a consideração dessas mulheres e homens como apáticos e conformados com seu papel socialmente marginal. Ao invés disso, eles lutam para serem reconhecidos como cidadãos de fato.

Figuras como Ildacilde do Prado Lameu representam bem o tipo de liderança possível em uma periferia urbana brasileira e a partir da ação dos com-

---

[75] No submundo criminoso do Rio de Janeiro, essa é a designação do pagamento, quase sempre semanal, que os traficantes fazem aos policiais que, em troca, ou não se envolvem com os criminosos ou os protegem.

ponentes das classes subalternas existentes ali. De certa forma, elas expressam a própria maneira de essas populações pobres se defenderem dos efeitos da pequena ou inexistente presença estatal.

Não exatamente abandonando a reivindicação, porém comprovando sua ineficácia, líderes políticos populares *strictu sensu* como dona Ilda notabilizam-se por organizar as invisíveis ações populares na região da Baixada Fluminense, transformando-se em pontos de referência para seus semelhantes e expressando a cultura política existente ali desde a colonização proletária da região.

CAPÍTULO 3

O caso Antônio Souza Leite

QUANDO MESQUITA ERA ainda um dos distritos de Nova Iguaçu, o abastecimento de água era um dos graves problemas e afetava principalmente os bairros periféricos dali. Para a população daqueles lugares, era este somente mais um dos inúmeros problemas enfrentados em seu dia a dia e que, mesmo não sendo responsabilidade da prefeitura de Nova Iguaçu, era juntado pelos populares a todos os outros vividos por aquele distrito vizinho da sede do município, cuja prefeitura era responsabilizada constantemente pela coleção de problemas presentes nos diversos bairros componentes do local.

Em geral os moradores dos antigos distritos iguaçuanos transformados em municípios a partir do início da década de 1990, como quase a totalidade de moradores de áreas periféricas iguaçuanas, possuíam opiniões muito negativas em relação às ações oficiais originárias de quaisquer instâncias governamentais, porém quando o assunto era a prefeitura, tudo era visto como ainda pior, sendo opinião mais frequente a de que Nova Iguaçu era demasiadamente grande e que seus administradores públicos eram incapazes de visualizar os distritos porque sempre se originavam da cidade de Nova Iguaçu, ficando as lideranças políticas distritais afastadas do centro do poder e obrigadas a disputar com os políticos do centro do município vagas na Câmara de Vereadores e "mendigar" assessorias ou, no máximo, cargos de chefia em secretarias executivas municipais.

De fato os distritos eram atendidos de forma deficiente pelos governos iguaçuanos, restringindo-se os poucos vestígios de benfeitorias urbanas em seus territórios a pavimentação das ruas próximas da estação, ou seja, ao "centro" do distrito. A urbanização das cercanias das estações atraiu para tais áreas as lojas comerciais únicas do distrito e também as poucas agências de serviços públicos ou privados, como correios, agência do sistema nacional de previdência social, delegacia policial, agências bancárias etc.

Atribuíam os habitantes desses distritos o "esquecimento" do qual eram vítimas ao fato de estarem os componentes da "elite" municipal muito distantes e também por existir ali unicamente "pobres, trabalhadores e paraíbas". Estes não eram importantes para terem "voz", "influência política", e por isso não havia jeito de as coisas melhorarem, a não ser que "Nova Iguaçu deixasse de existir".

Mesquita era somente um desses distritos. Não se notabilizava por ser tão industrializado, como Belford Roxo, nem era preconceituado por ser uma roça e por estar muito distante da cidade de Nova Iguaçu, como Queimados e Japeri. Ao contrário, era o mais próximo, o mais populoso e o menor dos distritos.[76] Na verdade ali existiam unicamente bairros, todos eles populares, e quase todos muito cheios de casas e, portanto, de gente. O maior desses bairros pobres era, sem dúvida, a Chatuba, onde o senhor Antônio Souza Leite presidia a associação de moradores.

Chatuba era um bairro absolutamente ordinário dentro da Baixada Fluminense. Sua população era predominantemente originária de outros estados brasileiros ou vinha das favelas cariocas, habitava casas construídas pelos próprios moradores que eram, em sua maior parte, operários da construção civil. No bairro não existiam ruas pavimentadas ou residências servidas por rede de esgotos. Valas negras e "valões" recebiam dejetos humanos provenientes das casas, sendo poucos os lotes vazios e existindo, ao contrário, em cada um deles, mais de uma residência. Presos ao passado, diversos moradores teimavam ainda em guardar a pouca água que chegava ao local em cisternas localizadas muito próximas de valas, valões e fossas sanitárias, ou pior, coletavam água dos poços "furados" em seus quintais.

Apesar de sua não originalidade, Chatuba era conhecida pelos moradores de toda a Baixada Fluminense, fato que se devia principalmente aos inúmeros e constantes incidentes violentos ocorridos ali nos anos 1990, mas, segundo

---

[76] A sede do município de Mesquita encontra-se a cerca de 5 km do centro da cidade de Nova Iguaçu. No ano 2000, moravam em Mesquita 180 mil habitantes, espremidos em 41,6 km², que é a área do município segundo dados do IBGE.

os moradores mais antigos, a fama era injusta porque ao longo das décadas de 1970 e 1980 o lugar era muito mais violento. Expressão dessa notoriedade negativa do bairro é a música composta pelo sambista popular Dicró em 1979. Nela, esse antigo morador da Chatuba refere-se ironicamente ao bairro como "cidade modelo" e lugar seguro onde os moradores não são perturbados por ninguém; daí o desejo do cantor de mudar-se para lá.

Ironias à parte, os números da violência na Chatuba efetivamente impressionam e provocaram, ao longo do tempo, a desconsideração desse lugar como um bairro. Para grande parte dos moradores de Mesquita, é aquele local uma favela localizada não em seu território, mas sim em Nilópolis, o que corresponde à maneira local de, aproveitando-se da proximidade da localidade com o município vizinho, livrar-se da vergonha de ter em seu território um bairro tão pobre e problemático. Esse *status* tão negativo parece ter se originado de suas condições de ocupação. Os lotes da Chatuba surgiram como o resultado da falência de uma antiga fábrica de explosivos e do parcelamento de algumas fazendas localizadas no sopé da serra de Madureira. No momento principal da ocupação (anos finais da década de 1950), o distrito de Mesquita experimentava uma acelerada ocupação urbana, consequência do fracasso da atividade citrícola e do processo de urbanização experimentado pela Baixada Fluminense desde, pelo menos, 1930. As áreas mais próximas das estações de trens de Mesquita foram ocupadas primeiramente pelos lotes populares. Na medida em que essa ocupação efetivava-se, mais operários chegavam a Mesquita, preenchendo sempre as áreas muito próximas das três estações ferroviárias do distrito e as margens da rodovia Presidente Dutra, ficando o bairro da Chatuba destinado à ocupação por operários mais recentemente vindos principalmente do Nordeste do Brasil ou de operários da construção civil que anteriormente residiam em favelas cariocas e que migraram para a Baixada a fim de se manterem distantes dos gastos com aluguéis.

Depoimentos como os seguintes, fornecidos por antigos moradores do local, testemunham a ocupação inicial daquele bairro proletário:

Cheguei em 1950 aqui. Tinha a fábrica de pólvora ainda e também muita laranja plantada ainda, mas tava tudo acabando. Tava começando a ter loteamento mesmo em tudo que era lugar daqui mesmo. Lá no centro morava um pessoal de dinheiro e um pessoal mais ou menos morava ali no Edson Passos. Aqui não morava quase ninguém. Era terreno tudo vazio, máquina abrindo mais lote e tudo enchia ainda por causa do rio [Sarapuí] e por causa da água da serra que descia com força. O problema é que tiraram as laranjeiras e daí a água descia mais forte e levava tudo [...] Eu vim de Minas, mas depois da gente veio gente mais do Norte [Nordeste] e muita gente lá de baixo [Rio de Janeiro], mais gente de favela lá de baixo. Muito neguinho que morava nas favela de lá e foi enchendo e fez daqui uma favela também [...] os pessoal de fora chama aqui de favela e tem razão mesmo. Tem muito neguinho aqui. Parece favela mesmo. Muito virou ladrão, traficante. Antigamente era mais ladrão de galinha, agora é tudo de tráfico e morre muito mesmo. Antigamente morria muito por causa de briga e coisa e tal. Agora morre mesmo por briga por causa de droga. Antes tinha um respeito por gente do bairro, agora não. Entra em festa tudo drogado, pede dinheiro, comida, às vezes assalta até velho igual a gente. Tá feia a coisa aqui![77]

Eu cheguei do Ceará em 1947 no Rio. Morei na Tijuca cinco anos com a família e comprei este lote aqui quando fiquei desempregado. Depois disso e com o dinheiro da indenização comprei o lote e construí eu mesmo enquanto me recuperava do acidente que tive na obra. Quando vim de vez era 1952. Criei praticamente todo mundo da família aqui e vi este lugar crescendo cada vez mais. No início não tinha quase nada não. Era bem roça mesmo, tranquilo e depois foi enchendo de gente que vinha de tudo quanto é lugar mas o que mais tinha era gente do Norte [Nordeste] mesmo: Ceará, Paraíba, Pernambuco. Veio muita gente de Minas também e depois foi chegando também muita gente aqui do Rio mesmo. Gente que não conseguia pagar aluguel ou que não queria mais morar nas favela e veio pra Baixada, mas não queria ir pra uns cantão igual Japeri, Queimados aí veio ficar aqui porque lá fora no centro não dava pra pobre. Aí aqui dava e aí veio muita gente morar aqui, terreno era baratinho. Não tinha nada ainda mesmo, mas era barato aí dava pra gente mais pobre ficar. Depois até que cresceu, mas não mudou muito de lá para cá não. Aqui tudo que é rua continua sem asfalto até hoje. Tem lugar que falta água. Tem pouco comércio. De violência eu até nem reclamo porque já foi pior e tem lugar que é bem pior que aqui. Só que aqui é assim: um lugar sem nada, brabo.[78]

---

[77] SILVA, João Breder da. Entrevista concedida em 9 jul. 2005.
[78] SANTOS, José de Lima. Entrevista concedida em 1 nov. 2005.

Pois foi exatamente nesse bairro que, em 1995, o senhor Antônio Souza Leite, ou "seu Souza", iniciou juntamente com sua comunidade uma espécie de cruzada destinada a "levar água para a Chatuba".

Havia ele, nos anos finais da década de 1950, criado a Associação de Moradores da Chatuba, e após muitas insistências e fracassos, contava como sua maior vitória ter conseguido fazer linhas de ônibus atenderem os moradores do bairro. Debatia-se, porém, com todos os problemas próprios de um lugar de populares na Baixada Fluminense, destacando-se a inexistência de água canalizada nas casas das pessoas. Em algumas áreas dali até existiam os canos, no entanto a água não chegava, e em vários outros pontos sequer existiam as tubulações.

A estratégia adotada pelo presidente da Associação de Moradores da Chatuba tanto na questão da circulação dos ônibus urbanos nas esburacadas e perigosas ruas do bairro quanto nas tentativas de estender para todas as casas dali água potável levou em consideração a possibilidade de atingir os "governos" do município de Nova Iguaçu e o governo do estado através da reivindicação de "direitos detidos" por aquela população e, ao mesmo tempo, "desrespeitados pelo governo". Não equivalem essas estratégias a uma constante na vida comunitária do senhor Antônio, que praticamente desde o momento em que o bairro da Chatuba foi se transformando em urbano, ou seja, desde que os primeiros migrantes começaram a chegar ali, passou a ser um líder comunitário preocupado, sobretudo, com a organização do novo espaço urbano.

Na visão do senhor Antônio, era "obrigação dos governos" garantir condições mínimas de vida para "os pobres", porém não existia "consciência" nos políticos e, por isso, a única forma de resolver um problema qualquer na Chatuba era através do uso da própria força física dos moradores, nas horas de folga de cada um. Assim, sabe o senhor Antônio que, desde muitos anos, a rotina daquele lugar é "tudo ser feito pelo próprio morador mesmo":

> Hoje não dá para dizer que não temos rede de esgoto aqui. Devagarinho manilha foi sendo colocada aqui e ali nas vala e hoje boa parte daqui tem esgoto encanado em vez das valas negras de antigamente. Só que foi pouco o esgoto feito pela prefeitura de Nova Iguaçu. A gente mesmo é que foi cavado e colocando aqui e ali esgoto nas valas negras que a gente mesmo abriu há muito tempo atrás quando a gente chegou aqui [...] o negócio é que não dava mesmo pra ficar esperando boa vontade de político não.

Conforme isso aqui ia tendo mais gente aparecia também mais problema pra resolver e mesmo eu achando sempre que o certo era reclamar, reivindicar nossos direito de cidadão, tinha muita coisa urgente e o jeito sempre foi cair dentro e fazer a gente mesmo tudo que era preciso.[79]

Substituir os órgãos públicos não é para o senhor Antônio algo equivalente a exercer seus "direitos" ou "obrigações". Talvez por esse operário ter, na juventude, se envolvido em greves diversas e ter se engajado na luta contra os governos militares, militando durante vários anos no Partido Comunista Brasileiro (PCB), para esse senhor de 80 anos radicalmente defensor de um "mundo social sem classes", a Chatuba foi sempre a antítese da sociedade ideal que ele acredita ajudar a construir através da conscientização dos moradores de seu bairro.

Quanto à realidade violenta da Chatuba, o senhor Antônio preferiu sempre se manter distante de tentativas de resolver algo relacionado a isso. Pragmático, ele não nega o problema do bairro, mas considerou sempre que líderes comunitários não devem interferir em "caso de polícia". Sobre tal assunto ele crê que o envolvimento da associação de moradores com combate à violência resulta na morte do líder ou no alinhamento da associação com alguma das facções que brigam pelo controle do tráfico de drogas ou com algum grupo de extermínio. Ficar ao lado da polícia também não é uma opção, porque um líder comunitário deve ser respeitado "até por bandido" e a ligação entre um desses líderes e a polícia resultaria no desaparecimento do respeito. Há outra razão também, e talvez seja até a mais prática:

> Polícia só vem aqui em caso de necessidade absoluta. Por exemplo, eles vêm quando morre alguém, quando tem uma briga muito feia entre bandido de grupos diferente, quando descobre que tem uns garotos novinhos aqui vendendo droga de um jeito bem escrachado, até botando banca na rua pros viciado. Aí eles vêm, derruba as banca e prende os moleque pra depois soltar e pegar dinheiro deles. Bandido de verdade eles só enfrenta de vez em quando e já chega matando. Se você chamar eles não vêm nunca.

---

[79] LEITE, Antônio Souza. Entrevistas concedidas em 21 ago. 1995, 27 maio 2005, 7 set. 2005. Todas as falas seguintes do senhor Antônio originaram-se desses documentos.

Já teve caso de uma casa tá sendo pra ser invadida e alguém daqui chamar a polícia e eles nem vim e a casa ser assaltada mesmo sem polícia nem vim.

Não há exatamente uma relação de conflito entre o senhor Antônio e a polícia, mas para ele a instituição ocupa o mesmo "saco" de todos os outros órgãos públicos, todos eles omissos:

[...] existe só para servir os grande. Os grande não mora aqui..., [pobre] não tem voz política. Ouvido de governo só ouve quem tem voz política, influência. A gente aqui não tem nada além de pobreza. A gente trabalhou a vida toda, fez a riqueza dos grande e ficou a vida toda esperando favor em vez de exigir direito nosso. Perdeu tempo e não tem direito de nada, nem de reclamar. Vive agora aqui tendo que beber água mineral se não quiser ficar doente, porque a água da Baixada que a Cedae [Companhia Estadual de Águas e Esgotos do Rio de Janeiro] manda tem dia que fede de tão suja e nem chega nas casa da maioria daqui.

Repetidamente, no relato do senhor Antônio, suas disputas com a Cedae ressurgem, denotando isso a importância dada por ele a seu ato de procurar os jornais regionais da Baixada Fluminense em 1995 a fim de comunicar que, juntamente com alguns moradores de seu bairro, iniciaria a construção de uma represa na serra de Madureira a fim de abastecer a totalidade da "comunidade". Alguns desses jornais publicaram naquela época uma "carta aberta" que o líder comunitário destinou ao presidente da Cedae comunicando a ele a sua decisão de

[...] processar a referida empresa que há quatro anos recusa-se a abastecer de água o meu bairro alegando que o crescimento demográfico na área esgota todas as possibilidades de abastecimento. O seu antecessor na direção dessa empresa disse-me saber como resolver este problema, no entanto não faz isto devido ao fato de os moradores do bairro da Chatuba não possuírem nenhuma "influência política".[80]

---

[80] LEITE, Antônio Souza. Carta ao senhor José Maurício Nolasco, presidente da Cedae. *Correio de Maxambomba*, 24 nov. 1995, p. 2.

Em certa medida os planos de construção do senhor Antônio expostos nos jornais regionais durante os momentos de conflito com a companhia de água e esgoto destinavam-se muito mais ao chamamento da atenção do público do que efetivamente à pretensão de construir uma represa, muito embora em um dos trechos mais incisivos de sua carta se expressasse assim:

> [...] utilizando recursos e mão de obra unicamente da comunidade desse bairro, canalizar água de nascentes da Serra de Madureira, que abasteceriam uma represa que seria a responsável pelo abastecimento do bairro através dos canos da própria Cedae, que enterrou os tubos no chão, mas nunca se preocupou em fazer a água chegar às casas. Na verdade em uma eleição os caminhões da Cedae somente serviram para fazer a campanha política de alguns candidatos que saíram pelo bairro com os canos prometendo resolver nossos problemas de abastecimento.[126]

A fúria da "comunidade" representada pelas palavras e atos do seu líder devia-se exatamente ao fato de algo tão essencial como a água canalizada não passar, na Chatuba, de "arma eleitoral dos governos". A revolta, pelo menos publicamente, solitária do senhor Antônio ligava-se ao fato de, em seu bairro, obrigações públicas dos governantes serem consideradas favores dos membros de governos ou de "amigos", que é o título que antecede o nome dos políticos quando estes não estão ocupando cargos oficiais, mas articulam sua ligação a alguma obra que acreditam auxiliá-los no trabalho de retorno ao poder.

Nem sempre a Chatuba chamou a atenção dos políticos. Ocorreu que, na medida em que o "local crescia" — algo que equivale, na Baixada Fluminense, ao aumento populacional de um bairro —, aproximaram-se os políticos "como urubu na carniça" e, em 1995, durante a preparação para as eleições municipais daquela época, foram diversos os veículos da Cedae que circularam com políticos iguaçuanos em suas "caçambas juntamente com os canos e dizendo para a gente da comunidade que o voto neles ia fazer água chegar nas casa". Na visão tanto do senhor Antônio, quanto de moradores da Chatuba que vivenciaram aquela experiência, "os políticos eram todos homens desonestos, sem vergonha, que usava a água pra chantagear todo mundo na Chatuba, só visando voto e o lado deles. Povo é nada pra essa cambada".[81]

---

[81] MORAIS, Alan da Silva. Entrevista concedida em 30 ago. 2005.

A animosidade em relação aos políticos iguaçuanos e aos representantes do governo estadual perpassa quase a totalidade das lembranças do episódio capitaneado pelo líder comunitário em 1995, levando facilmente o observador a concluir que não se tratava ali tão somente da obediência à visão universalmente negativa acerca dos agentes políticos oficiais e de suas estratégias de cooptação popular ou de uma crítica à forma de um determinado agente governamental lidar com o público.

Talvez para os populares da Chatuba o "abuso" provocador da revolta fosse capaz de fazer retornar à memória imediata as agruras dos anos iniciais de ocupação do bairro, e essa reorganização e mistura de memórias antigas e novas os fizessem enxergar o pequeno progresso experimentado pelo bairro em tantos anos.

Água era um problema fundamental no início dos anos 1950 e continuava sendo após cerca de meio século, fazendo parte das memórias de pelo menos três gerações residentes ali as lembranças relacionadas ao "sofrimento que foi sempre aqui arranjar água para beber".

De fato, as dificuldades parecem ter mudado somente de tom ao longo das gerações sucessivas, lembrando o senhor Antônio que no início da década de 1950 ainda existiam mananciais de "água pura" próximos da serra, e eram esses mananciais às vezes canalizados e sua água reservada em "manilhas de poço" que serviam a todo mundo, sendo o problema maior ir até lá e pegar a água com vasilhames diversos. Trabalho destinado principalmente às mulheres e às crianças:

Naquela época água encanada era coisa de pouquinha gente na Baixada toda e quem morava aqui vinha mais do Nordeste que nem água tinha e não ia ficar reclamando de um lugar cheio de água só porque tinha que carregar lata d'água na cabeça. Quase não tinha gente aqui também e água não era problema.

Memória diversa desta têm aqueles que, naquela época, carregavam as "latas d'água na cabeça". Mesmo assim veem eles aquele como um tempo melhor que os anos 1990:

Era muito sacrificado ir buscar água muito longe igual era. Lá em casa não era muito bom pra mim porque eu era um dos mais velho de quatro e era bagunceiro demais e daí nunca ficava tomando conta dos mais novo porque minha mãe não confiava e era eu e minha irmã que ia buscar a água lá em cima na mina. Ia com uns latão de 20, uns latão de óleo e enchia um tambor que ficava ali na entrada da cozinha. A água de beber a gente botava ali no filtro e o resto do dia a gente brincava aí pra dentro que era tudo mato. Lembro que a gente pegava rã pra comer e sumia nesses mato brincando. Não tinha gente nem maldade igual hoje.[82]

Na medida em que o processo de migração do campo para a cidade responsabilizava-se pelo "enchimento de gente na Chatuba", as áreas dos mananciais foram ocupadas, desmatadas juntamente com as fraldas da serra de Madureira e as "minas minguaram até sumir".

Paralelamente ao aparecimento dos "primeiros matadores" e à entrada da energia elétrica, vieram os poços cavados no quintal e os novos tormentos das crianças dos anos 1960 e 1970 passaram a ser "tirar água do poço com a caçamba" e tomar cuidado para não brincar longe dos olhos das mães:

Na minha época [de criança] o que eu não gostava de fazer era ficar no poço pegando água. Eu enchia um monte de balde e carregava para uma manilha, porque o poço que o meu pai furou... dos dois poço que ele furou... o que ficava perto da casa tinha água salgada e o outro que tinha água doce era mais fundo e ficava lá no fundo do quintal [cerca de 40 metros da casa]. Aí eu pegava a água e trazia pra manilha porque do outro poço não dava nem pra lavar a roupa porque a água salgada não deixava fazer espuma na roupa e minha mãe lavava só com a água daquele poço lá de baixo. Esse poço daqui a gente só deixava os vizinho pegar água e usava também para tomar banho e lavar roupa quando faltava água naquele lá. Depois que entrou a luz, bem depois da luz, meu pai comprou uma bomba e botou uma caixa de 250 litros e enchia a caixa e encanou a água na casa, aí eu já tava mais grande e nem pegava mais água porque eu comecei a trabalhar cedo com o meu pai na obra.[83]

Nessa época dos poço era f[...]. A gente tinha que ficar brincando perto de casa porque a mãe gritava toda hora pra gente vim encher balde d'água

---

[82] RODRIGUES, Carlos da Silva. Entrevista concedida em 7 set. 2005.
[83] MARTINS, Sebastião. Entrevista concedida em 3 ago. 2005.

que tirava do poço. Se a gente saía pra muito longe apanhava porque ela gritava, a gente não ouvia e apanhava duas vezes porque quando meu pai chegava também dava porrada. Mas eles dois botava muito medo na gente porque naquela época tinha uns matador aí já e estuprador de vez em quando e eles dizia pra ficar só aqui perto mesmo e só era difícil mesmo na época das pipa, porque aí a gente ficava doido e corria mesmo aí pela vizinhança toda. Mas era bom. Depois de um tempo, lembrando, era divertido.[84]

Ao longo dos anos 1990, a impressão dos moradores não é a de que seus problemas diminuíram em relação ao fornecimento de água limpa. A ideia geral daqueles que viveram as épocas anteriores é a de que seus dissabores mudaram na forma de se apresentarem, mas não houve, da parte desses moradores, a crença de que passou tudo a ser substancialmente diverso do tempo passado. Na estrutura, o problema da água continuou a encabeçar a lista enorme de reclamações populares, provavelmente porque a falta do líquido nesses últimos anos não pode ser contornada de forma improvisada, tal como foi no passado.

Os poços de água potável, com o aumento demográfico, passaram a ser uma fonte de contaminação, uma vez que não houve um sistema adequado de condução dos esgotos domésticos no bairro e o conteúdo das fossas e das valas negras utilizadas desde o início da ocupação, porém aumentadas na proporção em que o bairro crescia, passaram a misturar-se com a água dos poços, inviabilizando a construção de novas dessas fontes de água que, desde o início da ocupação proletária, apresentavam já o inconveniente de conterem produto salobro em grande parte dos casos, além de serem muito complicadas de construir, sendo bastante frustrante furar um poço fundo e, após isso, encontrar uma água difícil de consumir:

> Furar poço sempre deu muito trabalho e era sempre uma surpresa. Às vez furava 10 metros e aparecia água boa. Às vez furava 15 metros e só achava pedra. Tinha vez que a gente quebrava as pedra e continuava furando e dava uns 20, 25 metro até achar água e às vez essa água era salobra. Tão salobra que estragava as resistência do chuveiro rapidinho. Tinha umas que tinha que trocar as resistência toda a semana e aí haja dinheiro. Tinha vez que

---

[84] AZEVEDO, João da Silva. Entrevista concedida em 4 ago. 2005.

furava uns poço e não dava nada e aí o buraco ficava lá aberto às vez no meio do mato e caía animal e até criança dentro e era um Deus nos acuda.[85]

Em resumo, a ausência da água fornecida pela Cedae tornou-se algo crônico na Chatuba, e por isso destacou-se do conjunto das carências urbanas do bairro, transformando-se em um ponto constante de conflito entre a comunidade e "o governo".

Acompanhar a vida do senhor Antônio para além dos seus atritos com a Cedae, ouvir suas memórias do período de chegada dos populares ao bairro da Chatuba e verificar como nasceu sua liderança comunitária muito provavelmente funcione como forma tanto de detalhar as maneiras populares de substituir as ações estatais na época da colonização proletária quanto de visualizar as razões pelas quais o processo de emancipação do distrito alcançou sucesso.

"Poder popular" *versus* poder público

As lembranças mais antigas do senhor Antônio Souza Leite referentes a sua vida na Chatuba remontam ao ano de 1952, que foi exatamente quando ele chegou ao bairro vindo de uma peregrinação por lugares diversos da Região Metropolitana do Rio de Janeiro. Nascido na cidade de Rio Bonito, interior do estado, chegou ainda criança à capital federal, e quando se casou, em 1945, foi morar primeiramente no centro da cidade do Rio de Janeiro, para logo em seguida, não suportando pagar aluguéis elevados na capital com seu salário de escriturário da companhia de iluminação carioca (Light), mudar-se para o município de Duque de Caxias. No início da década de 1950 foi atraído pelo pequeno valor dos lotes na Chatuba e comprou dois terrenos contíguos, que juntos possuíam 600 metros quadrados e onde construiu um pequeno quarto que lhe serviu de casa, mesmo enquanto não possuía ainda um banheiro, para fugir do aluguel em Duque de Caxias. Ali, aos poucos, sua casa foi construída por ele mesmo, enquanto via sua família crescer.

Logo de início, seu espanto maior com o novo local de moradia deu-se devido tanto à pequena presença pública nos loteamentos recém-ocupados quanto pela voracidade da ocupação proletária. Sendo, depois de poucos anos,

---

[85] RODRIGUES, Carlos da Silva. Entrevista concedida em 7 set. 2005.

proprietário de uma casa muito maior, o senhor Antônio parece ter assistido atônito à chegada dos populares que, segundo ele, sendo tão diferentes entre si por originarem-se de regiões muito distantes umas das outras, se irmanaram na construção de suas casas. Seu susto parece dever-se também à qualidade social de seus novos vizinhos:

> Não é que eu tivesse preconceito, mas eu era muito novo. Não tão novo assim, mas tava acostumado com outras pessoas. Eu tava vindo do Méier e era operário, só que não era ignorante e pensava com uma cabeça de uma sociedade diferente, só que eles que vieram eram muito desorganizados, eram tudo muito pobre. Eu era pobre, só que não era miserável e a gente que vinha era de outro tipo. Simples eu era, mas não era ignorante e eles era tudo muito ignorante, bruto. Vinha tudo da roça e nem pensava igual operário não.

Na visão de testemunha do senhor Antônio:

> Eles era de lugar muito diferente um do outro. Tinha gente demais do Nordeste, Minas, Espírito Santo, das favela, daqui mesmo da Baixada. Depois que eu cheguei foi virando um caldo de gente, cada um com uma forma de pensar diferente do outro. Cada um fazia uma coisa diferente pra viver, uns bebia demais e não gostava de trabalhar e muitos não tinha vontade de crescer. Não valorizava estudo, trabalho, vida de família. Acho assim que o que não tinha naquela época era uma cultura no lugar. Era cada um por si. Muito crente, católico beato, um montão de macumbeiro. Eles arranjava umas briga por qualquer coisa e ninguém se unia não. Era difícil. Tava todo mundo sem raiz. Ninguém gostava daqui. Uns queria voltar pra o lugar deles. Outros queria ir pra o Rio por causa da condução que aqui não tinha nenhuma. Era isso mesmo. Ninguém tinha raiz e era uma bagunça só.

A desordem descrita localizou-se nos anos 1960 e 1970, principalmente, coincidindo essas décadas com aquelas em que mais migrantes encaminharam-se para o centro de Mesquita e também para a Chatuba e bairros vizinhos a ela — Santa Terezinha e Edson Passos. As razões para a ocupação inicial dos populares foram já expostas acima, e o comentário seguinte do senhor Antônio complementa algumas de minhas informações anteriores:

Quem foi chegando primeiro foi comprando lote perto das estação de trem. Acho que tinha muita gente querendo os lote lá de fora e aí quando foi acabando em volta das estação o pessoal foi se chegando porque os lote de lá era mais caro e daí eles vinham pra cá porque não é muito longe do centro de Mesquita e tá perto tanto da estação de Edson Passos e da estação de Mesquita e os pessoal ia de a pé ou de bicicleta pra lá antigamente pra poder ir lá pra baixo. Eu mesmo fazia isso, saía daqui de bicicleta quando não tava chovendo, porque quando tava chovendo não dava por causa da lama, e deixava a bicicleta na estação. Tinha um lugar lá pra deixar [...] aqui encheu antes que Nova Iguaçu. Aqui em Mesquita já tinha muita gente e lá tinha laranjal ainda no centro. Aqui não. Aqui é mais perto do Rio e aí os peão preferia. O trem era muito cheio e custava, quebrava toda hora. Daqui ficava mais fácil e muito peão trabalhava em obra de empreitada e atraso nos trem fazia eles perder a obra. Aqui era mais fácil [...] naquela época todo mundo trabalhava lá embaixo. Hoje tá mais fácil. Tem muita gente que trabalha aqui perto mesmo e depois agora tem mais condução. Trem anda vazio.

Exatamente porque esses loteamentos novos não ofereciam infraestrutura alguma, o senhor Antônio inscreveu-se em um programa de habitação ligado ao sindicato do qual fazia parte, e em finais dos anos 1950 retornou para o município do Rio de Janeiro, indo residir no bairro da Penha.

Sua militância política e seu envolvimento com lideranças sindicais fizeram com que fosse demitido da Light logo após o golpe militar, em 1964. Tendo sua casa invadida pela polícia política, perseguido, desapareceu de cena ao longo dos anos 1960 e, desempregado, sem ter como sustentar sua esposa e seus dois filhos, vendeu o apartamento do bairro da Penha e "fugiu" para a Chatuba em meados dos anos 1970.

Porém sua ausência da Chatuba devido ao desejo de fugir das dificuldades da moradia em um local tão distante e de precisar trabalhar no centro da capital federal não o afastou de forma total do bairro. Porque não vendeu sua propriedade de Mesquita, retornava lá frequentemente e tentava manter a associação de moradores que fundara ao longo dos anos 1950 funcionando mesmo durante os anos em que residiu no bairro da Penha. Pensa ele que a associação não atuou bem durante sua ausência e somente após a anistia, quando "parou de ter medo dos militares" fez a associação funcionar adequadamente.

Na medida em que as lembranças do senhor Antônio aproximam-se dos anos 1990, suas ideias acerca de seus novos vizinhos modificam-se substancialmente. O desenraizamento desapontador percebido por ele nos tempos iniciais da colonização popular vai sendo substituído pela certeza da formação, em seu bairro, do que ele chamou de "espírito comunitário":

> Olha, eu senti que as coisas daqui podia melhorar só lá pra oitenta e tal. Naquela época já tinha parado aquele entra e sai de gente daqui. Continuou chegando gente, mas foi diminuindo. O povo daqui mesmo é que foi casando os filho e muitos deles foram saindo porque melhorava de vida e saía, mas uma parte muito grande foi ficando por aqui mesmo e tendo filho e aí foi mudando devagarinho mas foi mudando e o povo foi ficando mais unido. Parece que foi ganhando espírito comunitário e percebendo que a gente aqui era tratado pior que bicho porque era largado no meio da merda pelos político e não reagia. Não reagia porque tão preocupado em brigar que não dava mesmo pra reagir. A gente aqui perdeu muito tempo precioso sem se unir e eles aproveitou muito isso pra sacanear a gente. Agora eles têm consciência e fica mais difícil manipular. Isso eu to falando daqui de perto, porque a Chatuba é grande demais e os lugar mais lá pra dentro acho que não tem muita gente com consciência não.

Forjou-se a "consciência" dos moradores da Chatuba exatamente na "luta" em que se constituiu a fixação dessas pessoas em seus respectivos lotes. O processo de enraizamento levou um tempo considerável, principalmente porque as condições econômicas daqueles que foram morar na Chatuba eram tão débeis que eles a muito custo estruturaram suas casas, suas novas vidas, e somente depois disso mostraram-se receptivos às preocupações com o preenchimento dos espaços deixados vazios pelos órgãos estatais, "desde sempre" pouco preocupados em estender para o bairro carente os equipamentos urbanos já presentes no centro do distrito ou em bairros próximos das estações ferroviárias ou da Via Dutra.

As opiniões do senhor Antônio acerca dos moradores da Chatuba ulteriores a ele vão se amenizando, porém continuam revelando que esse antigo líder comunitário, atuante desde épocas em que não havia o que ele chama de "onda de serviço comunitário" na Baixada Fluminense, considera-se parte do pequeno grupo de pioneiros dali e ufana-se tanto de não ter exatamente a mesma origem social que a multidão que encheu o lugar depois da década de 1950 quanto de não ser parte dos líderes comunitários que fundam serviços sociais ou que se aproximam dos políticos, até mesmo candidatando-se.

Apesar ou talvez exatamente devido a sua militância comunista, o senhor Antônio raciocina que a gente da Chatuba "precisava ter alguma coisa de sua", ser proprietária e experimentar "as dificuldades de comprar um lote e construir nele" para poder tomar consciência da exploração e "começar a lutar":

> A gente aqui ficou atrás dos outro lugar por isso. Eles custaram a ver que era explorado. Você pode andar aí e perguntar que vai ver que eles antes de chegar aqui nunca tinha tido nada. Morava na roça, de meeiro ou terceiro, ou trabalhava de boia-fria ou vinha de invasão em favela lá de baixo e comprou o lote aqui, só que custou pra ver que tinha uma vida nova esperando ele. Custou pra ele ver que era proprietário agora e que não era só da casa, da rua também porque aqui a gente não era dono só do terreno. A gente tinha que fazer as coisa da rua também se não virava uma bagunça. Deu muita briga, até morte até eles acostumar com a realidade nova.

A despeito de seus orgulhos, os contatos entre esse líder e os novos moradores remontam à própria época de chegada dele e de sua família ao grande bairro, quando pomares de laranjeiras tentavam resistir ao avanço definitivo dos loteamentos. Na medida em que os lotes eram comprados e as casas proletárias surgiam, juntamente com elas nasciam os espaços públicos. No início, não havia, para os recém-vindos, a noção de um espaço que deveria ser compartilhado por todos, e o senhor Antônio considera-se, juntamente com os outros antigos moradores do lugar, direto responsável pelo aprendizado que os novatos precisavam absorver:

> Como eles vinha de uma vida em que eles podia fazer tudo sem se importar com os outros, chegava aqui querendo fazer tudo também. Pra você ter uma ideia eles nem fazia banheiro em casa. Os meninos e até adulto fazia tudo no mato do quintal e outros no máximo fazia uma privada fora da casa ou fazia no penico e jogava no quintal ou no lote vazio do lado da casa porque naquela época era fácil ter muito terreno vazio na rua e tudo que não prestava era jogado no quintal vazio do lado. Depois passou a ter muitos que fazia banheiro dentro de casa e que abria uma vala que ia da

saída do banheiro até a rua e jogava a sujeira no meio da rua, às vezes na frente da casa dos outros. Tinha uns mais cara de pau ainda que fazia a vala saindo no quintal do vizinho. Era isso que dava muito problema. Não dava pra ser daquele jeito não. Eu mesmo passei a mostrar que ser pobre não é ser sujo não. Comecei a aproveitar hora de folga e fui abrindo valas maiores na rua e terminando as vala dos quintais e fazendo elas ir até a vala maior que eu tinha aberto. Também falava que vala no meio do quintal onde gente pisa, criança brinca é mais perigoso. Era melhor fazer num canto do quintal e cobrir com tábua ou outra coisa porque senão acabava virando tudo uma vala só.

Depreende-se do que fala o senhor Antônio que sua liderança tenha nascido exatamente ali e no convívio constante entre ele e seus novos vizinhos. Com o passar do tempo, a aprendizagem que partia de alguém mais regular, possuidor de uma boa casa, de um emprego e de uma família estável transformou-se de forma autônoma em respeito, e depois em liderança comunitária. Talvez o pragmatismo desse líder, sua ojeriza aos outros líderes "interesseiros" ou "políticos" de Mesquita e a sua dificuldade em determinar o início de sua liderança sejam frutos da voluntariedade inicial:

O pessoal mais novo me respeitava. Eu tinha mais ideias e era mais corajoso. Ia pra rua e ficava no sol arrumando as coisa errada da rua. Abria vala, capinava, arrumava lugar pra gente jogar o lixo. Tinha que ser um lugar longe porque a gente tinha que queimar de vez em quando os lixo por causa dos rato, mosca. Também batia o mato dos lote vazio. Matava cobra. Aí, quando foi aumentando o lugar, eu continuei sendo respeitado e muito conhecido. Só que eu só fazia coisa aqui mesmo, não era esse negócio de ficar chamando gente de fora pra ajudar. Por que eu acho que se chamar gente de fora e querer ter influência você não tem mais o respeito dos outro. Por isso eu ajudava a fazer isso virar um lugar de gente, só que nunca fui atrás de político. Eles é que vieram atrás de mim.

A improvisação dos equipamentos urbanos, exemplificada pela construção das valas negras como uma alternativa ao esgotamento sanitário do bairro, facilmente poderia ser substituída por exemplos de improvisações maiores, levadas adiante pelo senhor Antônio e por seus vizinhos nas décadas seguintes aos anos 1950. Desde a furação coletiva de poços e a organização da distribuição da água daqueles que não eram salobros até a colocação de lâmpadas em postes após a chegada da energia elétrica ao bairro durante os anos 1970, tudo foi construído pelos próprios moradores, sempre chefiados por alguém respeitado como o senhor Antônio. Presença pública,

> [...] só em época de eleição. Aí aparecia vereador pra jogar barro nas rua, máquina pra tirar mato e lama e um monte de promessa de candidato de olho nos voto desse mundo de gente. Fora disso nem uma passagem pra dizer "oi, trouxas". Passaram muitos anos, mais de 20 sem ter um posto de saúde, um carrinho de polícia passando de vez em quando, uma gota de água, uma manilhinha de esgoto. Os cano da adutora da Cedae passaram aqui em Mesquita e aqui tudo seco pegando água dos poço contaminado de esgoto e criança e mais criança morrendo de diarreia e desidratação por causa da água de poço suja. É por isso que eu digo que lugar de pobre não tem poder público não. Tem poder popular. Quem faz tudo é a gente e eles vem aqui alisar o barro e botar uma faixa fazendo de conta que a gente tá agradecendo eles. O máximo que a gente tá fazendo é mandando eles tomar no [...].

Muito provavelmente o senhor Antônio expresse a ideia de que em seu bairro não há poder público e sim "poder popular" devido às lembranças dos anos iniciais de ocupação proletária da Chatuba, quando a construção dos mecanismos mínimos de sobrevivência coletiva em um meio urbano exigiu empenho extremo dos moradores e a certeza de que "confiar em político e esperar algo de governo é perda de tempo".

Em 1995, quando enviou a carta que endereçou ao presidente da Cedae a alguns jornais da Baixada identificando-se como presidente da Associação de Moradores da Chatuba e finalmente apresentando sua revolta, o líder deixava bastante claro seu desprezo para com quaisquer instâncias do poder público e enfatizava sua certeza de que o Estado, tal como se organizava naquele momento, jamais poderia privilegiar o bem-estar de pessoas pobres e moradoras de uma "periferia tão distante como a Chatuba":

> [...] basta você ver, a água passa aqui perto e segue pra abastecer o Rio e a gente até hoje tem que se contentar com dois dias de água na semana. Aí eu

te pergunto: lá na Barra da Tijuca alguém ia ficar quieto se um supervisor da Cedae chegasse e dissesse que ia ter água só dois dias da semana e que o resto do tempo a gente tem que se contentar com a água das cisterna aqueles que tem e pronto? Aí eu te falo: que diferença a gente aqui tem pra quem mora na Barra ou na Zona Sul? A gente aqui é pobre, preto e fez tanta coisa que os governo não fizeram há 50 anos atrás que agora a gente é obrigado a ficar sem água, a não ter piscina pros rico poder gozar a vida. E o filho da puta vem falar pra mim que a gente não tem influência política. A gente não tem é dinheiro e só pode comer do que cai da mesa de rico. Entra governo e sai governo. Vem Baixada Viva e isso e aquilo e continua a mesma sem-vergonhice [...] é só falar que é político que eu tô longe. Eles é que são os verdadeiro bandidos. Fica falando que aqui tem bandido e coisa e tal. Tem uns pé de chinelo que tão nisso por falta de oportunidade. Eles rouba e mata a gente com doença e ainda vem pedir mais voto e vem falar que a gente tem que agradecer a eles.

A complexidade das relações sociais para o senhor Antônio desmistifica-se facilmente em um lugar como a Baixada Fluminense. Entendedor de que "o Brasil é um lugar muito injusto", constitui-se em uma crença sua a certeza de que "não haveria riqueza no Brasil se não fosse os pobres" e a situação de miséria do seu lugar somente pode ser entendida como algo proposital:

Você acha que isso aqui é acidente? A gente não foi colocado aqui e isolado do resto do mundo à toa. Não foi não. Você vê notícia nossa em jornal tipo *O Globo, Jornal do Brasil*? Garanto que não. Você só vê notícia daqui em jornal daqui mesmo ou jornal tipo *O Dia, O Povo, A Notícia*. E sai só umas coisa, a maior parte ninguém fica sabendo. Só a gente aqui mesmo sabe. Ninguém sabe como faz política aqui. Eles só fica sabendo coisa igual assassinato de político e depois todo mundo esquece porque todo mundo acha que aqui é um bangue-bangue mesmo. Agora você vai dizer que Baixada e favela não é igual aquilo que tinha na África do Sul... quando os negros não podiam viver no mesmo lado da cidade que os brancos... *apartheid*. A gente fica aqui sem direito a nada e eles que representa quem tem dinheiro e ganha eleição com o voto desse monte de bobo em troca de tijolo, ligação de trompa e mais outras coisas bobas... porque rico não elege ninguém não, é gente igual esses que você viu que elege eles... a gente aqui elege eles pra representar rico e manter a gente na ignorância e sem direito [...] depois vem falar que democracia é importante. Você acha? Nos governo militares a diferença é que os militares fazia tudo à força e agora é tudo no voto, mas é a mesma enganação de sempre.

Talvez uma opinião tão negativa acerca de governos, Estado e agentes públicos oficiais tenha inspirado o líder comunitário a não apoiar as várias campanhas de emancipação política que ocorreram em Mesquita.

Apesar de ser sua opinião que a prefeitura de Nova Iguaçu era incompetente para administrar qualquer um de seus distritos, não pareceu a ele que se separar de Nova Iguaçu fosse solução. Para ele, a emancipação seria unicamente a oportunidade para os "espertalhões políticos" existentes "às pencas" em Mesquita "se darem bem dando um jeito de roubar mais e botar todos os seus parentes e cabos eleitorais na prefeitura e na câmara de vereadores":

> Eu pensava que ia acontecer isso que tá acontecendo aí agora. Um monte de gente que fala que ajuda o povo, que é líder de comunidade em Mesquita ia virar vereador porque apoia o prefeito e ia colocar seus parente e amigo e ia exigir até parte do salário dos assessores e a câmara não cassou um bandido deste mesmo tendo gravação.[86] Aquilo lá é um covil. Não vou dizer que é todos eles que não presta, mas muito só tá lá pra se arranjar e foi por isso que eles apoiaram a emancipação. Agora me fala. Do que adiantou emancipar? A gente agora tem um gasto muito maior com prefeitura e secretaria e funcionário. Se tivesse tudo unido ainda, mas tivesse gente que prestasse na frente do governo de um município grande igual era Nova Iguaçu, com muita fábrica e muito comércio, mas com um governo

---

[86] O senhor Antônio refere-se em sua fala ao seguinte caso ocorrido em Mesquita e anunciado pelo jornal *O Dia*: "Vereador que taxava assessor é afastado. A Câmara Municipal de Mesquita afastou o vereador Ricardo Fried (PMDB), investigado pelo Ministério Público por receber salário do assessor legislativo Cristóvão Reis, como mostra gravação de vídeo. A decisão foi do presidente da Casa, David Luz (PSC), que considerou a denúncia 'gravíssima'. Uma comissão de investigação tem 90 dias para definir se Fried será cassado. Carlos Elias Freitas, o Pé de Bleck (PMDB), assumiu provisoriamente. O assessor Cristóvão Reis gravou fita em que o vereador recebe o cartão do banco e a senha do assessor para sacar dinheiro. Na denúncia encaminhada ao Ministério Público, Cristóvão conta que era obrigado a entregar parte do salário — de R$ 415,00 — a Ricardo Fried" (*O Dia*, 6 abr. 2005, p. 15). O resultado das investigações foi a manutenção do mandato do vereador porque seus pares não conseguiram ver nas filmagens uma prova forte o suficiente que justificasse seu afastamento (*Jornal de Hoje*, 27 jul. 2005, p. 5).

só acho que era melhor. Agora tem um governo melhor aqui, mas é agora. Antes era muito ruim. Ser pequeno não é garantia nenhuma não. Mesquita só tem gente. Tem um comércio pequeno e quase não tem fábrica. De verdade eu não acho que merece ser município não.

A opinião do senhor Antônio sobre a emancipação é minoritária, apesar de representar adequadamente um dos lados da questão, sendo os outros ocupados por aqueles que o líder chama de "políticos espertalhões", ou seja, diversos políticos que ocupavam a Câmara de Vereadores de Nova Iguaçu ou mesmo secretarias na prefeitura daquele município e percebiam na emancipação a possibilidade de diminuir a competição eleitoral e, ao mesmo tempo, aumentar as possibilidades de construir novas máquinas políticas devido exatamente ao fato insistentemente lembrado pelo senhor Antônio como o pior da emancipação: a necessidade de montar em um novo município prefeitura, câmara e diversos outros órgãos possibilitadores da "manutenção da roubalheira", à custa daqueles que ele chama de "bobos". Entenda-se como "bobos" aqueles que acreditaram, de forma ingênua, que um município "seria para eles" e não para "os políticos", e que se inspiravam no exemplo do distrito vizinho de Belford Roxo, que no início dos anos 1990 ganhou a emancipação e experimentou mudanças visíveis. Havia também aqueles que, semelhantemente a ele, percebiam no processo emancipacionista unicamente uma maneira de "melhorar a vida dos políticos", que poderiam se inspirar na emancipação dos distritos iguaçuanos de Japeri e Queimados, que apesar de terem se tornado politicamente independentes ocupavam posições muito fracas no cenário econômico do estado do Rio de Janeiro, dependendo totalmente da cidade de Nova Iguaçu e do município do Rio de Janeiro para sobreviver, e, finalmente, aqueles para os quais a emancipação era algo absolutamente indiferente.

Nesse ponto creio ser necessário verificar mais detalhadamente as relações entre as ideias expressas pelo líder comunitário e o processo emancipacionista de Mesquita. Porém detalhar tais relações sem conhecer a história do processo de surgimento de novos municípios no Brasil da década de 1990 talvez seja algo imprudente. Por isso abandono por ora a exposição das memórias do senhor Antônio e explico de forma rápida e despretensiosa como e por que, entre 1988 e 2001, 1.570 distritos, Brasil afora, se transformaram em municípios. Aviso que minhas reflexões visam unicamente criar as bases para que as ideias, tanto do senhor Antônio quanto dos demais mesquitenses, sejam contextualizadas.

A criação do município de Mesquita

Em 1952, Mesquita passou a ser o quinto distrito do município de Nova Iguaçu. Apenas cinco anos após esse momento surgiram as primeiras ideias de emancipação do lugar. Muito provavelmente, naquela época, a elite do distrito se inspirasse nos recém-criados municípios de Nilópolis, Duque de Caxias e São João de Meriti, que se tornaram cidades entre os anos de 1943 e 1947. Porém essa tentativa inicial não foi avante, lembrando-se dela unicamente alguns antigos moradores. Somente em 1987, realizou-se o primeiro dos três plebiscitos que tentaram alcançar o quórum mínimo para a obtenção da emancipação. Os outros dois ocorreram em 1995 e 1997.

A marca principal dessas consultas populares foi — apesar da mobilização política levada adiante por alguns líderes comunitários, vereadores iguaçuanos moradores do distrito, deputados estaduais, comerciantes etc., fundadores de duas frentes pró-emancipação — o desinteresse, não alcançando nenhuma das três consultas à população do distrito a quantidade mínima dos votos "sim" necessários à independência distrital. Segundo diversos dos membros das frentes emancipacionistas, as autoridades políticas iguaçuanas foram as responsáveis únicas pelos fracassos sucessivos, na medida em que se repetiu em Mesquita algo também presente nos processos emancipatórios de outros distritos iguaçuanos: a "prefeitura iguaçuana", contrária ao processo de esfacelamento municipal, interferiu ali através de manobras emergenciais, como a expansão dos limites do distrito para regiões muito próximas da sede, fato que prejudicava a emancipação porque os moradores dessas áreas percebiam que pertencer a um novo município seria prejudicial a eles, optando pelo "não" ou pela abstenção. Também a prefeitura promovia a transferência maciça de eleitores moradores da sede ou de outros distritos para aquele que desejava emancipar-se a fim de impossibilitar o alcance do quórum mínimo exigido por lei. Aliás, foi exatamente alegando irregularidades semelhantes a essas que o Comitê Pró-Emancipação de Mesquita conseguiu fazer com que o Supremo Tribunal Federal se decidisse pela emancipação do distrito, que se tornou município em setembro de 1999.[87]

Mesquita foi o último distrito a transformar-se em município no estado do Rio de Janeiro e também foi um dos últimos em todo o Brasil a conquistar

---
[87] *Jornal de Hoje*, 25 set. 1999, p. 1-5.

a autonomia que, entre os anos 1988 e 1996 era conseguida com bastante facilidade, principalmente porque a última Constituição brasileira liberalizou em demasia a abertura de processos destinados à criação de municípios ao transformar, de forma mais acabada, essas unidades administrativas em entes autônomos da federação[88] e ao transferir a questão da regulamentação final da repartição municipal aos legisladores estaduais, responsáveis a partir daí pela criação das regras para a realização dos plebiscitos emancipacionistas, significando isso, na prática, o surgimento de legislações diversas e quase todas destinadas a facilitar as independências distritais. Somente no ano de 1996, uma emenda constitucional instituiu normas mais restritivas, exigindo, por exemplo, que os plebiscitos somente se realizassem após um estudo da viabilidade econômica do potencial novo município e sendo ouvida toda a população residente nos locais envolvidos no processo emancipatório.[89] Essas duas novas exigências foram capazes de frear a disseminação de municípios que marcou os anos 1990, encerrando o processo disseminado de formação de novas municipalidades.

Estudiosos do fenômeno de criação de municípios no Brasil observam que tais episódios deram-se principalmente em épocas de maior abertura ou mudanças políticas radicais, evidenciando-se como épocas de emancipações municipais da nossa história o final do Primeiro Reinado, os momentos seguintes à proclamação da República, o início dos anos Vargas, o final da ditadura do Estado Novo e os anos seguintes ao final da última ditadura militar (Noronha, 1993:19).

---

[88] "O contexto político pós-militar, propiciando uma redistribuição de poder, notadamente a partir de 1985, favoreceu um novo processo de criação de novos municípios, acentuado com o reforço da Constituição de 1988, que deu base legal a esse movimento. Diz o seu artigo primeiro: '[...] A República Federativa do Brasil [é] formada pela união indissolúvel dos Estados e Municípios e do Distrito Federal [...]', ou seja, os municípios passam a ser membros da federação, com responsabilidades e deveres, mas também beneficiários de direitos e *status* de poder. O reconhecimento do município como unidade político-administrativa autônoma é, portanto, recente; sua inclusão como membro efetivo da federação em nosso país, ao lado dos estados e territórios, data da Constituição de 1988." (Silva, 2007:35).

[89] A partir da Emenda Constitucional nº 15, editada em 12 de dezembro de 1996, o surto de emancipações foi novamente estancado, impingindo medidas bastante limitadoras ao desmembramento de municípios, tais como: definir o período para que se inicie o processo de emancipação de um município; definir os critérios para a elaboração e divulgação de um "estudo de viabilidade municipal" que será requisito para a autorização de um plebiscito; envolver, na consulta plebiscitária, as populações dos municípios envolvidos no processo.

Mas pensando mais especificamente, quais motivos levaram tantas regiões a desejarem autonomia político-administrativa ao longo dos últimos anos? A verificação do conjunto de emancipações no Brasil conduz-nos a encontrar razões diversas, sobressaindo-se entre essas o descaso das autoridades da sede para com as populações dos distritos, o surgimento de atividades econômicas transformadoras do distrito em mais importante que o conjunto do município sede, a estagnação econômica que faz as autoridades municipais abandonarem um distrito, a distância muito grande entre uma região e sua sede e, finalmente, o desejo de elites locais de sobreviverem politicamente através da construção de novos organismos estatais.

Sustentando as aspirações da elite política distrital, geralmente elementos deflagradores do processo emancipacionista, esteve, em todos os casos, a política fiscal implementada a partir dos anos 1970 e consolidada nos anos posteriores à redemocratização do Brasil, sendo o FPM (Fundo de Participação dos Municípios)[90] o principal motivador fiscal das emancipações.

Formado por uma parcela dos impostos federais, os recursos disponíveis para a composição do FPM foi enriquecido, aumentando consideravelmente entre 1975 e 1993. De seu total, 10% são destinados às capitais dos Estados, 3,6% formam um fundo adicional para os municípios do interior com grande população (mais de 156.216 habitantes) e o restante, 86,4%, é destinado a todos os municípios do interior.[91]

Independentemente da motivação pela qual a população distrital desejava tornar-se político-administrativamente livre, não é difícil concluir que a região transformada em município, mesmo quando não possuidora de mínima

---

[90] A história do FPM começa nos anos 1940. A Constituição de 1946, no §4º do art. 15, determinou a transferência, "em partes iguais" aos municípios do interior, de 10% da arrecadação do imposto de renda (IR). A Emenda Constitucional nº 5, de 1961, ampliou a participação dos municípios nesse imposto para 15% e incrementou o fundo com 10% da receita sobre o imposto de "consumo de mercadorias". O regime militar, por meio da Emenda Constitucional nº 18, de 1965, instituiu uma nova ordem tributária, que criou o FPM, diminuindo a participação dos municípios para 10% do IR e do imposto sobre produtos industrializados (IPI), além de determinar a forma de aplicação da maior parte desses recursos. Em 1969, por meio da Constituição imposta pela junta militar, o FPM foi reduzido para 5% do IR e IPI. A partir de meados da década de 1970, a participação do FPM nesses tributos foi sendo paulatinamente aumentada, até atingir 22,5% em 1993, conforme norma estabelecida pela Constituição de 1988 (Barreto, 1971; Brasil, 1988).
[91] Essa divisão do FPM é determinada pela Lei Federal nº 5.172, de 25 de outubro de 1966, e pelo Decreto-Lei nº 1.881, de 27 de agosto de 1981.

estrutura econômica própria, sobreviveria principalmente devido ao FPM, sendo os impostos próprios do município incapazes, em grande parte das vezes, de garantir até os vencimentos dos funcionários públicos.[92]

Atentando para o caso fluminense, entre 1985 e 1999 foram 28 os distritos que se tornaram independentes (Bremaeker, 1991:5), salientando-se como motivo para os processos emancipacionistas desse estado a estagnação econômica de alguns municípios que passaram a privilegiar, na decadência, unicamente as áreas pertencentes às sedes ou, ao contrário, o destaque que algumas regiões obtiveram, desenvolvendo-se muito mais que as sedes ou os outros distritos municipais (Noronha, 1995:67-80). Porém os principais e mais densamente povoados municípios surgidos após 1988 localizavam-se na região da Baixada Fluminense, e os motivos para suas elites políticas terem desejado a emancipação não diferiram dos motivos de várias dessas elites municipais espalhadas pelo estado e mesmo de outras regiões do país, ou seja, por via de regra, as elites desejam a criação do novo município com a finalidade de "ganhar mais ar" e "explorar mais o povo", conforme relatou o senhor Antônio. Quanto ao "povo", suas razões na Baixada Fluminense pareceram passar longe da ingenuidade julgada pelo senhor Antônio:

Nosso povo é muito imaturo ainda. Vai atrás de qualquer conversa fiada. Não presta atenção no papo furado de político que só pensa em ganhar mais ar criando cidade em lugar que não tem fábrica mais e que tem só duas lojas boas e três bancos igual aqui. Político pensa só em explorar mais o povo e emancipação serve pra isso. Povo é ingênuo. Falta educação aqui. Isso preocupa só a gente. Quem manda no Estado não tá preocupado com isso não. Que se dane o povo. Se educar, vai ser mais difícil explorar mesmo. Melhor ficar assim e servir pra enriquecer eles.[93]

---

[92] A receita tributária própria é incapaz de sustentar sequer os cargos políticos gerados pela emancipação (prefeitos, vereadores, secretários municipais). Além disso, em geral, a atividade econômica nesses municípios é incipiente e sem fontes geradoras de impostos, tornando inexpressiva a participação direta nos tributos estaduais e federais. Em resumo, menos de 10% dos municípios emancipados recentemente são capazes de sobreviver com suas próprias receitas, sendo o FPM a garantia de sobrevivência da maior parte das unidades emancipadas (Gomes e Macdowell, [200-]).
[93] LEITE, Antônio Souza. Entrevista concedida em 21 ago. 1995.

Respondendo, ao longo do ano de 2005, à pergunta "Qual a razão para você ter votado sim no plebiscito emancipacionista do seu município?", os moradores de todos os municípios surgidos após 1988[94] alegaram principalmente que a sua escolha afirmativa deveu-se ao pequeno número de obras realizadas pelos antigos governos em suas regiões (85%) e, secundariamente, que fizeram isso para poderem ter um acesso mais facilitado a seus representantes, que passariam a ser elementos da própria comunidade e poderiam ser cobrados mais facilmente (10%), surgindo, em terceiro lugar — com respostas dadas preponderantemente nos distritos de Queimados e Japeri — a grande distância entre o distrito e o centro do município (5%) (Silva, 2001). Tais respostas conformam-se com as constatações de François Bremaeker (1996:118-128), que em 1996 verificou que os prefeitos de regiões emancipadas recentemente reelegiam-se muito mais facilmente que os prefeitos dos municípios originais, estando os habitantes das novas cidades mais satisfeitos com a qualidade dos serviços oferecidos pelos novos órgãos públicos, sugerindo esses cidadãos que a criação do município equivaleu à inauguração de outra época, em que é possível sentir a presença estatal diversa radicalmente dos tempos passados, quando, no máximo, o que se podia perceber era a "incompetência da antiga prefeitura":

> Virar cidade foi muito bom para Belford Roxo. Não é que aqui tudo tenha melhorado da água para o vinho. Nós temos muitos problema ainda. Um monte de problema. Só que a gente não é mais considerado estrangeiro aqui dentro. A gente não está jogado fora não. Você nem tem como saber porque você não é daqui e não é igual a gente, mas antes tinha gente em Nova Iguaçu que se espantava de saber que Belford Roxo era de lá. O contrário também. Tinha criança daqui e até gente adulta também que não sabia que Belford Roxo era de Nova Iguaçu. Ninguém sabia aqui quem era vereador. Ninguém sabia nem onde era a prefeitura e a câmara de vereador. Também a câmara ninguém sabe onde é mesmo, porque aquilo não é lugar de câmara ficar não.[95] Depois que o Joca morreu, não dá pra dizer que a

---
[94] Belford Roxo, 1990; Queimados, 1990; Japeri, 1991; Mesquita, 1999.
[95] O entrevistado chamou a atenção para o fato de que o Legislativo municipal iguaçuano localizava-se no centro comercial da cidade, ocupando os andares superiores de um prédio também ocupado por profissionais liberais e clínicas médicas, não existindo, no andar térreo ou na fachada do prédio, nenhuma referência de que ali se reúnem os vereadores.

gente teve governos muitos bons não. Mas mesmo quando era um cara igual o irmão do Zito que era um bêbado que nem morava aqui e que não fez nada mesmo, dava pra gente pressionar um vereador aqui outro ali e saía alguma coisa. Quer dizer, sem ninguém a gente não tava não mesmo assim.[96]

Contraria a opinião popular na Baixada o que quase unanimemente diz-se acerca do recente processo emancipacionista brasileiro. A partir dos depoimentos de moradores das novas regiões emancipadas da Baixada Fluminense, não é difícil visualizar tal processo como a

> [...] melhor forma dos pobres terem voz e obrigar os políticos só fazer o que a gente precisa. Antes, quando aqui pertencia a Nova Iguaçu, vivia tudo jogado fora, era um lixo só, nenhum lugar tinha asfalto, não tinha esgoto direito. Tinha pouca escola. Se eu disser que agora ficou tudo perfeito vou tá mentindo também, mas tem diferença demais e aqui é um município novo. Vê só: Nova Iguaçu tem mais de 100 anos e nesse tempo não mudou nada aqui. A gente ficou livre em 1990 [município de Queimados] e de lá pra cá melhorou bem. A gente sabe com quem reclamar. Antes nem tinha vereador que se elegia por aqui lá em Nova Iguaçu. Lá é muito longe. Tem pouca condução e é cara. Tem gente que não vai lá nunca. Não tinha sentido ser de Nova Iguaçu.[97]

Ao contrário disso, acadêmicos de áreas diversas, jornalistas e alguns políticos consideraram, com base em vários exemplos práticos, que a vulgarização das emancipações distritais contribuiu sobretudo para enfraquecer "o pacto federativo" ao criar cidades economicamente fracas e por isso impossibilitadas de promover a cidadania plena de seus munícipes.

Talvez uma visão menos ampla possibilitasse a separação dos novos municípios em categorias diversas, estando situadas as novas cidades da Baixada Fluminense entre aquelas em que várias das grandes necessidades amenizaram-se a partir de uma administração mais localizada. É provável que a opinião seguinte esclareça melhor a última ideia expressa:

---

[96] QUEIROZ, Jorge. Entrevista concedida em 9 ago. 2004.
[97] PEÇANHA, Álvaro Souza. Entrevista concedida em 15 jan. 2005.

> Dá pra ver agora que quando era de Nova Iguaçu os políticos tinha que olhar pra muito lugar ao mesmo tempo e também eles tinha preocupação que não tinha nada a ver com a melhora do lugar, por exemplo, eles tinha que preocupar com fazer maioria na câmara, ver quem ia ser o outro prefeito depois dele [...] se o cara fosse do lugar da gente até melhorava alguma coisa. Se não fosse... não dava nada pra cá. Agora você olha. A diferença é que eles continua brigando, mas as vez eles brigar até ajuda a gente, porque é tudo daqui e só pode fazer coisa pra cá. Aí mudou.[98]

Mesquita é um exemplo claro de emancipação ocorrida devido à junção das duas causas básicas de repartição administrativa na Baixada Fluminense. Se o distrito era muito próximo da sede municipal, não funcionando como razão a alegação da grande distância entre os bairros e a sede administrativa, sua grande população sentia-se preterida pelos políticos iguaçuanos e enxergava a emancipação como uma maneira de participar de uma forma mais direta da administração dos recursos através da abertura de novos caminhos entre população e autoridades públicas. Ali não houve a ideia de que o distrito deveria tornar-se independente por ser mais rico que o restante do município, tal como se alegou em Belford Roxo devido à existência de algumas empresas de grande porte em seu território. Ao contrário disso, os habitantes parecem ter percebido a sua insignificância econômica, repetindo-se nos relatos a constatação de que "Mesquita não tem muita coisa além de muita gente e muito problema"; entretanto enfatizaram constantemente, mesmo os contrários à emancipação, que a administração iguaçuana destacava-se por sua ineficiência, ao passo que a partir dos governos mesquitenses o acesso popular às autoridades públicas, principalmente através dos líderes comunitários, transformou-se em habitual:

> Depois que teve a emancipação ficou muito mais fácil conversar com o prefeito, secretário e com vereador. Não é que eles sejam outros não porque continua agora os mesmo políticos de antes da emancipação. Tá certo que tem uns novos, mas não é tanto assim. Continua quem já concorria antes pra Nova Iguaçu. Só que agora eles não pode mais dar desculpa que eles pede e não são atendidos. Agora eles é que tem que fazer mesmo. Uns ain-

---
[98] SOUZA, Jorge Martins de. Entrevista concedida em 30 de dez. 2005.

da coloca serviço comunitário aqui em época de eleição pra tentar ganhar. Não vou dizer que não ajuda eles eleger, só que quem é mais esclarecido não vota e prefere cobrar do político cumprimento das promessa feita nas eleição.[99]

Ouvindo-se mais detalhadamente moradores do novo município de Mesquita, não é difícil descobrir que é uma opinião geral aquela que considera os resultados da emancipação como compensatórios, principalmente porque passa a ser perceptível para o habitante do novo município alguma presença estatal, existindo uma tendência a diluírem-se as razões daqueles que, conforme o senhor Antônio, desconfiavam dos efeitos da independência do distrito à época da campanha emancipacionista:

Eu continuo achando que não deveria ter tanto município assim aqui na Baixada, acho que foi uma saída pra falta de respeito dos governo de Nova Iguaçu que foi deixando distrito crescer sem se preocupar em dar estrutura pra eles. Faltou visão pra prefeitura de Nova Iguaçu e aí os distrito foram se emancipando. Só que eu, mesmo achando isso, tenho que reconhecer que melhorou. Não é que a prefeitura de Mesquita seja melhor, é que agora tem a presença do governo aqui. Antes não tinha. Agora dá para chamar a atenção pra os problemas daqui. Antes não dava. Você falava e ninguém ouvia.[100]

Especificamente raciocinando sobre o processo de repartição municipal que se responsabilizou pela diminuição considerável do município de Nova Iguaçu entre 1990 e 1999, é possível dizer que as duas principais razões alegadas, ou seja, a despreocupação da prefeitura de Nova Iguaçu com a estruturação de serviços públicos nos distritos e a necessidade sentida pelos moradores de proximidade entre eles e os órgãos e agentes públicos oficiais, podem ser consideradas como faces de uma mesma realidade, a saber, a pequena percepção popular da presença do poder público nos municípios da Baixada Fluminense.

---

[99] SOUZA, Jorge Martins. Entrevista concedida em 30 dez. 2005.
[100] FELICIANO, Flávio da Costa. Entrevista concedida em 23 jul. 2005.

Seria incoerente afirmar que o Estado está integralmente afastado da Baixada Fluminense. Desde o momento da ocupação proletária, na primeira metade do século passado, foram diversas as iniciativas estatais direcionadas às cidades da Baixada Fluminense, destacando-se entre elas, além da construção da Fábrica Nacional de Motores e da instalação da Refinaria Duque de Caxias, pertencente à Petrobras, a constituição de uma secretaria estadual destinada originariamente a resolver especificamente demandas dos moradores da Baixada e a implementação de projetos de melhoramentos dos bairros, como o Baixada Viva, que saneou e pavimentou parte do bairro da Chatuba nos anos finais do século passado.

As interferências estatais, entretanto, não ocorreram na direção da integração da população às iniciativas econômicas, não se deslocando para a região iniciativas estatais destinadas a melhoria das condições estruturais de vida da população desses municípios que, previsivelmente, experimentariam, ao longo da metade final do século XX, uma verdadeira explosão demográfica, quadruplicando em poucos anos. A consequência imediata do não acompanhamento do crescimento da população e da não integração desses migrantes à vida das cidades materializada na manutenção de bairros não pavimentados e saneados, na não construção de escolas e hospitais etc. foi a manutenção dessas regiões como simples apêndices do município do Rio de Janeiro e a transformação das cidades em locais onde as carências superabundam, tal como o número de pessoas miseráveis.

O quadro 1, que relaciona os municípios da Baixada Fluminense segundo seus graus de carência na ordem inversa — ou seja, em primeiro lugar estão os municípios com maior índice de carências — deriva de um estudo desenvolvido por técnicos do Cide (Centro de Informações e Dados do Rio de Janeiro), que estabelece o índice de carências dos municípios fluminenses. O estudo baseou-se em dados fornecidos por diversos institutos de pesquisa e, para o cálculo, foram considerados indicadores relativos aos seguintes temas: educação, saúde, habitação, saneamento, mercado de trabalho, rendimento do trabalho, comércio, segurança, transportes, comunicações, esporte, cultura, lazer, participação comunitária e descentralização administrativa. O município de Mesquita não está relacionado porque não existia ainda na época de coleta dos dados.

Quadro 1
Classificação dos municípios, segundo o índice de carências

Classificação	Município	Índice de carências (%)
1	Japeri	64,0
3	Guapimirim	63,5
24	Magé	59,6
31	Queimados	58,3
45	Belford Roxo	55,0
46	Paracambi	54,8
59	Itaguaí	52,4
73	Nova Iguaçu	48,2
75	São João de Meriti	47,5
77	Duque de Caxias	45,9
81	Nilópolis	45,3

Há, portanto, como razão fundamental para o movimento emancipacionista na Baixada, o desejo popular de ser representado efetivamente, ou dizendo-se de outra forma, criar um Estado responsável pelo seu direito à cidade. O fato de na região ter permanecido aquilo que o senhor Souza chama de "poder popular" — em oposição clara e contrariada ao poder público — é algo incômodo e causador do anseio geral por parte das populações de bairros periféricos de finalmente serem substituídas pelos órgãos estatais inexistentes antes das fragmentações políticas:

Desde que eu cheguei aqui que a coisa continua a mesma. Quando eu cheguei tinha que fazer a minha casa e ajudar os outros na melhora da rua. Agora tudo foi evoluindo menos o governo. Quando a gente chegou, por exemplo, o esgoto ia pra rua igual saía lá do banheiro. Depois foi melhorando. Todo mundo foi botando fossa e só ia pra rua o esgoto líquido porque na fossa a sujeira se desfaz e só vai a água suja pra vala. Também foi melhorando porque a gente foi comprando tubo de cem e botando no lugar das vala. Aí, sem vala, o cheiro ruim que você sente em uns lugar mais atrasado daqui acabou. Mas do governo o que mudou? De verdade a diferença é que agora eles recolhe o lixo e tem uns posto de saúde, delegacia e mais escola. Só que não tem coisa assim básica, que nem mais ônibus, água todo dia, hospital, uma rua sem lama. Condição melhor pra gente. Você pensa bem, meus filhos tudo estudou em colégio particular porque não tinha colégio público. Hoje eles tá tudo formado, graças a Deus, mas eu penei. A gente aqui não é igual morador de favela não. A gente comprou o terreno. Pensou que ia evoluir e foi enganado.[101]

Solucionadores involuntários de problemas práticos surgidos ao longo do processo de ocupação proletária e provocados, quase todos, pelo não acompanhamento estatal da forma como a terra proletária foi colonizada, os moradores de Mesquita não negam as "razões políticas" da criação de seu município. O discurso mediado pelas falas dos entrevistados, no entanto, revela a percepção do processo de emancipação como a oportunidade de alteração de um *status* desfavorável que os transformou em uma espécie de cidadãos de segunda categoria, afastados da luz pelas "autoridades omissas" desde os momentos iniciais de chegada dos migrantes aos loteamentos da Baixada Fluminense. Surgem então as emancipações facilmente, como um dos lances do processo, continuado nessa região, de substituir o Estado. Lance radical, entretanto, porque se trata da própria reorganização desse Estado através da esperança de que "dias melhores" possam nascer através do descarte da realidade antiga representada pelo município de Nova Iguaçu.

Inexistem razões para considerar o processo de emancipação e a desqualificação do município sede, Nova Iguaçu, como uma causa para conflitos regionais. Na realidade, afora algumas manobras levadas adiante por prefeitos iguaçuanos governantes à época dos três plebiscitos, não ocorreu reação muito forte à independência político-administrativa de Mesquita por parte dos políticos iguaçuanos. Diversos deles consideraram até que era vantajoso livrar-se da concorrência de políticos distritais, alguns deles às vezes compartilhadores dos votos de eleitores dos distritos restantes de Nova Iguaçu.

Razões máximas para a pouca reação iguaçuana foram exatamente a pequena importância econômica de Mesquita, a grande quantidade de bairros repletos de moradores existentes ali e a pouca participação do distrito na arre-

---

[101] SILVA, João Breder da. Entrevista concedida em 9 jul. 2005.

cadação de impostos territoriais urbanos. Aliás, as administrações municipais de Nova Iguaçu nas últimas décadas distinguiram-se por não valorizarem o IPTU (imposto predial e territorial urbano), reconhecendo, algumas autoridades municipais, que menos de 15% das casas localizadas nas periferias dos distritos iguaçuanos existiam de forma oficial até os anos finais do século passado,[102] fato esse derivado da dinâmica de construção das casas populares nos loteamentos, parecendo, para os administradores, muito mais dispendioso manter a fiscalização das construções constantemente alteradas através da autoconstrução endêmica nos loteamentos da Baixada Fluminense. Parece terem optado, portanto, os representantes do poder público baixadense, pela desistência da legalização das construções diversas nas periferias dos distritos, restringindo-se a fiscalização e a legalização dos imóveis aos centros distritais e, em menor medida, às novas construções realizadas em periferias de distritos mais densamente povoados.

Tomando como exemplo especificamente a Prefeitura Municipal de Nova Iguaçu, os impostos sobre casas eram raros nos bairros periféricos de quaisquer distritos, restringindo-se os órgãos de arrecadação da prefeitura a emitir documentos de cobrança dos impostos sobre o terreno unicamente para aqueles moradores que procurassem a sede da prefeitura com o fim de retirá-los. Desnecessário é dizer que poucos eram os moradores que procuravam a prefeitura com a finalidade de pagar seus impostos territoriais ou prediais, e menor ainda o número de pessoas que procuravam os órgãos administrativos municipais para legalizar suas construções antigas ou mesmo recentes.

Provavelmente por tais motivos, não ocorreu uma reação enérgica de autoridades iguaçuanas aos lances determinados pelos comitês pró-emancipação de Mesquita, reduzindo-se as disputas àquelas provocadas por alguns poucos iguaçuanos e mesquitenses opositores políticos dos principais incentivadores da emancipação, inexistindo discursos favoráveis à unidade territorial. Isso porque não era difícil para as autoridades iguaçuanas apostarem na possibi-

---

[102] Em 10 de setembro de 1995, no jornal *Correio de Maxambomba*, o prefeito Altamir Gomes, de Nova Iguaçu, afundado no que ele chamou de "a pior crise vivida por Nova Iguaçu" desabafou: "A prefeitura não tem condições de sustentar-se. Nenhum governo até hoje se preocupou em verificar quantos moradores pagam os seus impostos. Nossos levantamentos apontam para uma inadimplência de mais ou menos 85%, e nesse exato momento estão construindo mais casas que nós sequer sabemos que existem. Com as emancipações ficamos com todos os funcionários e perdemos metade da receita. Não temos condições de sobreviver" (*Correio de Maxambomba*, 10 set. 1995, p. 3).

lidade de o distrito transformar-se em mais um de seus municípios satélites, principalmente, por não existir em Mesquita atividade comercial e industrial capaz de fazer com que a sua população deixasse de frequentar o centro comercial do antigo município para fazer compras ou trabalhar. Tal fato fazia da repartição municipal uma vantagem, uma vez que Nova Iguaçu deixava de ter responsabilidades sobre cerca de 200 mil pessoas, porém tanto seus comerciantes quanto os industriais podiam ainda contar com um aumento de seus rendimentos através da constante vinda dos habitantes de Mesquita para o centro de Nova Iguaçu. Em última análise, os valores arrecadados pela prefeitura iguaçuana através dos impostos pagos por comerciantes e empresários do setor industrial não sofreriam diminuição, não sendo tão desvantajosa a diminuição dos valores referentes ao FPM, mas sendo significativa a redução das demandas provocadas pelo conjunto de moradores não contribuintes do distrito de Mesquita.

Independentes administrativamente, restava aos moradores do novo município efetivarem a oportunidade de inaugurar um "novo estado de coisas", sendo finalmente substituídos, em sua prática cotidiana de gerenciar o espaço público, pelos órgãos estatais surgidos juntamente com o novo município. A começar pelas primeiras eleições, que também ali preponderantemente foram vencidas por políticos envolvidos com o longo processo emancipatório iniciado em 1987 e somente efetivado em 1999, repetiu-se ali um início semelhante aos primeiros tempos dos demais distritos da Baixada Fluminense nos anos anteriores tornados em municípios.[103] As primeiras ações do prefeito José Paixão, em janeiro de 2001, não foram tão espetaculares como aquelas levadas adiante pelo prefeito Joca, de Belford Roxo, cerca de 10 anos antes e relatadas, de forma tosca, no primeiro capítulo desse texto, porém variaram tais ações sobre os mesmos temas daquelas e também se caracterizaram pela preocupação imediata de "mostrar serviço", estendendo para os bairros mais carentes alguns serviços básicos, como a coleta de lixo, a iluminação pública, um serviço emergencial de aplainamento das ruas a fim de que veículos maiores pudessem transitar carregando botijões de gás, móveis, materiais de construção etc.

Paralelamente ao surgimento do cuidado com as periferias mais recuadas do ex-distrito, o centro de Mesquita começou a ser remodelado "para virar

---

[103] As primeiras eleições mesquitenses ocorreram no ano 2000, consagrando-se vencedor o deputado estadual José Paixão (*Jornal de Hoje*, 1 jan. 2001, p. 3).

cidade", e o natural esforço da nova prefeitura começou a ser feito, a fim de normalizar a ocupação do solo urbano bem como as atividades comerciais e industriais. O fim elementar era a criação das condições mínimas de o município sustentar-se através dos recursos advindos da voraz ocupação urbana e possibilitar o plano seguinte, que era a fuga da construção das obras de emergência e o início da estruturação do município a partir da montagem das escolas de ensino fundamental, das creches, dos postos de saúde, ou seja, daquelas "obras que ficam em cima da terra e que aparecem".

Se nesse novo município da Baixada Fluminense não se repetiu o fenômeno de sua transformação em um canteiro de obras, tal como ocorreu em Belford Roxo, isso se deveu não à ausência de pressões populares ou ao não entendimento dos apelos por parte do novo Poder Executivo. Efetivamente não existiam disponíveis os mesmo recursos que serviam ao prefeito Joca do vizinho município de Belford Roxo. Mesquita, na prática, assemelhava-se muito mais aos demais ex-distritos iguaçuanos, ganhando deles unicamente por atrair mais habitantes devido ao fato de estar encravado entre Nova Iguaçu e Nilópolis, cidades menos pobres que as que rodeavam Queimados e Japeri e também por estar não muito distante do centro do Rio de Janeiro.

Semelhantes nas razões de seus habitantes para se descontentarem com o município mãe, diversos nas suas características econômicas, Belford Roxo, Queimados, Japeri e Mesquita voltam a confraternizar-se tanto nas ações públicas iniciais de seus prefeitos quanto nas reivindicações e conclusões dos munícipes sobre seus novos governantes.

As falas seguintes do senhor Antônio e de um vereador iguaçuano atuante em uma região que reclamou também autonomia ao longo dos anos 1990 sem obter sucesso sintetizam diversas das ideias externadas por moradores vários dos distritos transformados em municípios na Baixada ao longo dos anos 1990:

> Sobre leite derramado não tem que chorar. Depois que passou a ser município, o que eu vi é que a bobeira do povo foi diminuindo cada vez mais e cada vez mais eles passaram a reclamar. Era até engraçado porque antes eles ficava meio desanimado de ir correr atrás dos direitos da gente e logo assim que passou a ser Mesquita e largou pra lá Nova Iguaçu passou todo mundo a exigir demais do prefeito novo. Eu não era favorável a ele e até achava legal aquilo, mas eu reconheço que devia ser difícil governar pra ele.

Todo mundo ia em cima, queria ver tudo pronto logo e ele se via numa embrulhada só, porque não tinha recurso que desse pra organizar as coisas da prefeitura e ainda fazer tudo que tava precisando. Mas como ele fez força pra emancipar, problema dele [...] vereador também sofria. Eu tinha contato com um monte deles e também era difícil porque o povo queria que eles resolvesse e eles pedia para o prefeito e quando não dava mais pra aguentar eles resolvia do próprio bolso. Esse defeito esse povo tem e não vai deixar de ter não. Eles é que sustenta este fisiologismo de político.[104]

Vereador de região igual esses distritos que virou município é muito solicitado mesmo e é mais atuante por isso. O povo chega junto mesmo. Você sabe como é que é. Você vê o cara toda hora. Você tá em casa ou no comitê ou na câmara e eles tão ali juntinho, pedindo. Tem muita coisa pessoal que é pedida, mas tem também muita coisa que é pra comunidade. Se o cara tem autoridade ele separa as coisas e atende mais aquilo que tem a ver com a comunidade. Aí o cara vira um vereador comunitário. O lance é este e estes vereadores de Belford Roxo, Mesquita e tal eles são mais comunitário. Não dá pra ser igual aqui em Nova Iguaçu que ninguém nem sabe quem é você. Eu mesmo sou conhecido mais lá onde eu moro que é o meu reduto. Aqui eu ando tranquilo porque ninguém nem sabe quem eu sou. Mas lá nego chega junto mesmo. Pra quem é conhecido assim porque teve serviço social até antes de ser político como eu não deve ser problema ser vereador assim nessas cidades novas da Baixada. Mas quem é mais de gabinete e coisa e tal que nem aqui em Nova Iguaçu acho que não dá pra se eleger lá não. Eu tiro isso pelo meu trabalho lá. Se eu não fosse um vereador de rua não ia dar em nada. Eu só ganho eleição porque atendo o povo. Se não fosse isso não ia funcionar não.[105]

Confirma-se, com as falas anteriores, a ideia de que a criação de novas cidades na região da Baixada por si só aproximou munícipes de autoridades locais, efeito esse que era uma pretensão dos habitantes dos distritos periféricos de Nova Iguaçu. O germe dessa aproximação, entretanto, não vai ser encontrado nesse momento excepcional em que o movimento emancipacionista fez se evidenciarem desde os diversos antigos políticos em atividade em Nova Iguaçu

---

[104] LEITE, Antônio Souza. Entrevista concedida em 21 ago. 1995.
[105] SOUZA, Marcelo. Entrevistas concedidas em 26 maio 2005, 16 jul. 2005, 19 jul. 2005, 6 nov. 2005, 15 dez. 2005.

ou no Legislativo estadual até vários líderes comunitários atuantes nos bairros periféricos dos distritos, ambos os grupos interessados nos futuros votos ou desejosos de tornarem reais as ambições de independência político-administrativa através da exposição provocada pelo processo de emancipação distrital que parece ter provocado, além do surgimento de novas lideranças políticas, a diminuição do que o senhor Antônio insiste em chamar de "alienação do nosso povo" e o surgimento de uma novidade, que é a esperança de validade das reivindicações:

> Antes eu pensava que não valia a pena reclamar nada com autoridade nenhuma de Nova Iguaçu não [...] Falam sempre que a gente é sem consciência e tal, mas não é isso não. Quem fala isso não vive a vida da gente. Geralmente a gente trabalha muito e ganha pouco demais. A gente já tá satisfeito se consegue morar no que é nosso e se não passa tanta necessidade. Ainda vai se preocupar com política, com reclamação. Ainda mais que reclamar não adianta mesmo. Você vai perder tempo pra não resolver nada [...] Isso continua assim? Eu acho que algumas coisas mudou. Se você reclamar e ver que isso muda alguma coisa, você passa a reclamar sempre pra tentar mudar. Isso passou a existir aqui. Tem sempre um cara que é líder comunitário, uns que quer ser político, outros que tem serviço comunitário aqui, vereador, e aí você reclama. Você vê que tem um monte de problema. Você pergunta e todo mundo vai responder que aqui falta tudo. Os problema é tudo grande e aí eles leva adiante e resolve alguns. Não vou dizer que tudo é resolvido, mas alguma coisa é e por isso reclamar agora pode valer um pouco pelo menos.[106]

A inexistência da noção de alguma reivindicação mais elaborada e a restrição dos apelos populares à resolução das carências públicas mais flagrantes parecem denotar existir, ainda em germe, um ideal reivindicativo, sendo mais comum, conforme constatado por líderes comunitários que planejaram em algum momento a construção de uma carreira política, que boa parte das reivindicações populares não visa ao atendimento de necessidades sentidas coletivamente, mas sim a amenização de algo relacionado à resolução de problemas pessoais. Aliás, para alguns líderes, impossibilitou tal realidade

---

[106] MARTINS, Sebastião. Entrevista concedida em 3 ago. 2005.

sua eleição, sendo a ansiedade popular pela resolução de problemas pessoais também uma garantia, para as "elites", de que somente podem ocupar o poder aqueles que possuem recursos para doar:

> Eu me candidatei uma vez só, pra nunca mais. Primeiro que eu fiquei sozinho. Falaram que iam me ajudar e depois me largaram sozinho, até pra fazer camiseta e panfleto ninguém ajudou. Eu tive que pegar dinheiro em banco. Depois, quando você é candidato, aparece gente de tudo quanto é lado achando que você pode dar emprego, material de obra, colégio, creche pra criança, manilha, comida e mais um monte de coisa. E depois é pior, porque se você é candidato você não tem mais o respeito daquelas mesmas pessoa que te ajudava antes. Uma comparação: antes você, como líder comunitário, você chega no sujeito que é um médico seu amigo e encaminha alguém da comunidade. Se você é candidato o médico já não atende mais, dá uma desculpa, não atende o telefone. Depois que você perde, ele também não vai te atender pensando que você tá pedindo pra depois voltar candidato. Você perde o respeito e perde a eleição porque não tem dinheiro pra bancar, porque você não se elege só com aquelas pessoas que você atende na comunidade, você precisa de outras pessoa e mesmo a sua comunidade as vez não ajuda você na eleição.[107]

As memórias dos personagens desse relato revelam as dificuldades de o morador de bairros periféricos de qualquer cidade baixadense conviver com a ideia de que é parte integrante de uma vida cidadã reivindicar para si e para os de suas comunidades direitos usualmente reclamados por pessoas componentes de outras classes ou mesmo por grupos subalternos habitantes dos demais locais da Região Metropolitana do Rio de Janeiro.

Talvez a convivência com problemas urbanos sérios e extremamente básicos tenha mantido as carências elementares, coletivas ou pessoais como únicas visíveis, sendo ainda pouco significativas para essas mulheres e esses homens quaisquer ideias e ações relacionadas com o atendimento de necessidades não tão imediatas.

---

[107] DAMASCENO, Daniel. Entrevistas concedidas em 20 jul. 2004, 24 jul. 2004, 19 jan. 2005.

Na Chatuba, por exemplo, ainda são poucas as vozes exigentes de melhores colégios, hospitais e espaços de lazer. Em lugar disso, é uma unanimidade a exigência de assistência às necessidades básicas, que em sua maioria dizem respeito a coisas como a eliminação da fome ou com o alcance de um nível de segurança capaz de colocar os populares a salvo de perigos sérios como "a falta de um teto" ou a obrigatoriedade de despender grande parte dos seus parcos rendimentos com habitação, saúde ou educação.

A valorização de uma ética do trabalho e da honestidade, assemelhada religiosamente ao alcance de uma vida casta, parece fazer parte dessa estratégia popular de convivência com diversas outras carências não tão essenciais, mas mesmo assim importantes, como aquelas ligadas à manutenção de algo como o autorrespeito, sendo bastante importante para esses homens que suas famílias sejam "estáveis", significando isso, geralmente, criar filhos "trabalhadores", que "odeiam drogados e bêbados".

Verificar como se vive cotidianamente na Chatuba pode servir como forma de entender melhor o ponto de vista dos habitantes dos bairros populares tão comuns na região da Baixada Fluminense.

Morar na Chatuba

Meu ponto de partida é a história de vida de um de meus entrevistados. Trata-se ele do senhor Flávio da Costa Feliciano. Nascido em 1958 no Rio Grande do Norte, ele chegou em 1980 ao bairro da Chatuba. Primeiramente morou na casa de parentes com os quais aprendeu a profissão de pedreiro. Em 1982, quando tinha 24 anos, "aceitou Jesus" na igreja Assembleia de Deus, segundo ele, para se casar com uma "moça" que conhecera na estação de trens de Edson Passos. Após o casamento, "desviou-se da igreja" mesmo antes do nascimento do primeiro de seus dois filhos. Nesse momento já possuía uma "casinha", trabalhava como pedreiro e começava a "pegar" as primeiras empreitadas, que lhe possibilitavam um padrão de vida superior ao de seus vizinhos, tanto que somente em dois anos conseguiu transformar sua "casinha" em uma confortável residência de vários cômodos e que até hoje apresenta com orgulho, enfatizando que é mais bem estruturada que as casas de seus vizinhos.

"Voltou para Jesus" em 1988, e de lá para cá se dedica basicamente ao trabalho como mestre de obras, a sua família, formada pela esposa e um casal de filhos "criados" que frequentavam — no momento da entrevista — cursos superiores, e aos cultos de um dos muitos templos da Assembleia de Deus presentes no bairro e onde exerce o ofício de presbítero.

Autônomo, responsável por empreitadas, o senhor Flávio ocupa um lugar privilegiado no universo dos trabalhadores habitantes da Chatuba, tanto pela quantia que ganha (mensalmente, em média, 10 salários mínimos) quanto pela qualidade de sua vida: sem vícios, sem problemas sérios de saúde, com um bom nível "de leitura", o que se deve, segundo ele, ao fato de ser professor da Escola Dominical de sua igreja e chefe de uma família estável.

Apesar de ocupar o alto da pirâmide social de seu bairro, o cotidiano do presbítero Flávio não é tão diverso daquele vivido por seus vizinhos. Ele sai muito cedo para trabalhar no município do Rio de Janeiro, onde até pouco atrás tempo seu destino principal eram os bairros da Zona Sul, acessados através do trem e de um ônibus. No momento da entrevista, a Zona Sul continuava sendo importante, porém os bairros mais ricos da Zona Oeste carioca, como Barra da Tijuca e Recreio, entraram no rol de locais onde chefiava obras para as quais levava seus pedreiros em um veículo de sua propriedade movido a gás natural.

A intensidade de seu trabalho não permite que lazer seja algo importante em sua vida, pois precisa "entregar a obra" dentro do prazo acertado, e grande parte do serviço mais nobre, que chama de "acabamento", fica por sua conta. Assim, com bastante frequência, parte das noites, feriados e finais de semana são usados para encurtar os prazos de entrega das obras. Mesmo assim considera que as horas que consegue passar na igreja diferenciam-se das que passa trabalhando e substituem a necessidade de lazer. A explicação para essa conclusão sua leva em consideração diversos aspectos "espirituais" fundamentais para o bem-estar pessoal do senhor Flávio. Atitudes como essa parecem compartilhadas pela maioria dos habitantes da Chatuba, o que é confirmado pela presença maciça dos moradores do bairro nos templos evangélicos ao longo de todos os dias da semana.

Além dos templos assiduamente frequentados, a população proletária da Chatuba parece divertir-se nas "barracas", onde muitos homens bebem, discutem sobre coisas quaisquer e jogam sinuca, e nos vários campos de futebol espalhados pelo bairro.

Espaços destinados preferencialmente a discussões políticas, como a associação de moradores do "seu Souza" somente recebem poucos visitantes, e mais em "épocas de emergências" e seu discurso de quem "tem o partido comunista como um filho", pelo qual ele já sofreu muito, é ouvido por pouquíssimos moradores que, quase sempre, estão interessados em comprovantes de residência expedidos pela associação ou em conseguir auxílio nas disputas frequentes que confrontam vizinhos próximos.

Tal fuga de uma situação ideal, representada pela presença dos moradores na associação, reforça a opinião ainda negativa possuída pelo senhor Antônio, que advoga para si a "consciência" e o espírito "coletivo" que não consegue descobrir em seus potenciais associados:

> Se tem uma coisa que eu tenho é consciência. Eu sonho com o que eu sei que não vou ver porque sou velho demais. Sonho com o dia que esse povo vai ter mais esclarecimento. Saber lutar junto, sem esse individualismo de resolver uma coisinha aqui e outra sua coisa ali e não pensar no coletivo. Eu passei a vida toda lutando pelo coletivo. Nunca pensei em nada pra mim e aguento essa gente querer coisa só pra eles. Eu sou conhecido porque estou há muito tempo aqui e porque ajudo do jeito que dá. O pessoal ouve a minha voz, me respeita. Nem bandido nunca mexeu comigo. Morar aqui pra mim é seguro, mas eu vou morrer descontente. Acho que ajudei um pouco, mas não foi grande coisa não. Acho que precisa de mais educação nesse povo. Isso ninguém vê.

Relativizando até mesmo "a maior conquista da Chatuba", que foi o asfaltamento de diversas das suas ruas e a canalização de várias valas negras e valões, o senhor Antônio defende-se das ideias contrárias às suas mostrando que

> [...] no máximo o que este asfalto fez foi ajudar você a andar pelas ruas daqui e permitir que os carros passem mais fácil. Ninguém tá melhor empregado ou tem mais saúde por causa dessa obra de maquiagem. Quando o Marcello Alencar [governador do Rio de Janeiro entre 1990 e 1994] veio aqui inaugurar essas obra do Baixada Viva eu subi no palanque. O Bornier [Nelson Bornier, prefeito de Nova Iguaçu entre 1997 e 2002 e a partir de 2013. Quando não era prefeito, foi deputado federal vezes diversas a partir de 1991] não queria deixar não. Mandou os policiais me segurarem, mas o Marcello Alencar mandou eles me deixar subir e me ouviu. Eu disse que tinha escrito um discurso pra falar em nome da comunidade e ele deixou eu

ler. Eu tinha operado o olho de catarata e gaguejava muito porque também tava nervoso e ele ficou por trás de mim me ajudando quando eu tropeçava, mas depois eu não conseguia ler mais nada e aí dei o papel pra ele ler e ele leu pra mim [...] eu falava contra eles. Falava que a gente ali precisava de coisa mais importante que não ter mais lama, que a gente não tinha água, que a gente não tinha saúde, educação que o esgoto dali tava sendo jogado no Sarapuí sem tratar e que isso ia dar mais doença ainda, falei demais. Ele leu pra mim e ficou tudo por isso mesmo [...] Mas eu tinha razão. Agora a gente tá aqui. Nem metade asfaltada. Esgoto entupindo, sem água, um monte de gente indo pegar água pra beber lá no cano que a gente naquela história de lutar contra a Cedae deixou lá em cima onde eu te levei, desemprego, tráfico pior que antes quando não tinha asfalto mas não tinha esse negócio de comando sei lá das quantas contra terceiro comando, sem educação direito. Asfalto cobre a lama e facilita pra esses político de direita. Mas aqui no Brasil cidadania é para rico. Pra pobre sobra enganação.

A leitura de que "no Brasil cidadania é para rico", presente no discurso do senhor Antônio, parece tomar como base as relações monologais estabelecidas entre poder público e população periférica da Baixada, aliás os monólogos parecem ter também como fruto a dubiedade que vários entrevistados moradores da Chatuba demonstram quando o assunto é sua imagem comparada com a daqueles que moram em locais diferentes dali, "onde existe asfalto, saneamento, policiamento ou qualquer outra coisa de lugar de gente rica".

Na Chatuba o *status* daqueles que "conseguiram sair" é sempre elevado, e se alguém "melhora de vida" parece ser obrigação sua mostrar isso ao "deixar de amassar o barro" indo morar em outro lugar, sendo diminuídas as conquistas daqueles que, apesar de "terem vencido na vida", continuaram morando ali. A fama de "barra pesada" há muitos anos acompanha o lugar e parece influenciar tanto que não somente uma vez foi possível ouvir depoimento semelhante ao que se segue:

Eu não entendo bem o filho da dona Zefinha. Ele fez faculdade. Formou médico e continua morando aqui. Um médico aqui? Ninguém que melhora de vida vai querer continuar aqui porque se você fala aí fora que mora na Chatuba todo mundo vai pensar que você é igual favelado. Aqui o pessoal é muito bruto, ninguém tem estudo direito não. Os que consegue alguma coisa e vence vai embora, porque o destino de quem fica aqui é virar coisa que não presta ou passar a vida ralando.[108]

Aqueles que saíram confirmam a "maldição" do lugar, ocupando os episódios violentos e as péssimas condições urbanas dali em suas lembranças um espaço destacado. A transcrição aqui da letra da música do sambista e ex-morador da Chatuba, Dicró, revela a maneira como este via o bairro do qual havia saído recentemente em 1979, época dessa composição:

[Trecho inicial narrado] É uma pena, é uma pena. Mas o que tem de policial perdendo emprego porque na Chatuba não tem ladrão não tá no gibi, meu irmão! Chatuba: cidade modelo!

Preciso morar no lugar que ninguém me perturba / Ah! Vou morar na Chatuba / Lá ninguém fecha janela / Porque não existe ladrão / A polícia anda desarmada, apertando mão em mão / Em todas as casas do bairro tem sempre um jardim florido / E as mulheres casadas têm muito respeito ao marido / Os crioulos da Chatuba quando vão para a cidade / vai direto na delegacia pra cumprimentar as autoridades / Um neguinho da Chatuba também saiu pra passear / achou um cordão de ouro e deixou lá no mesmo lugar... vou me mudar / Os caminhões de entrega quando calha de atolar / os crioulos com enxada correm logo pra ajudar / Por que lá só tem gente boa / Nunca deu mau elemento / Quando negro entra em cana: excesso de documento. Preciso morar.

[Trecho final narrado]. Parece brincadeira, mas não é. Acredita que até o camburão tirou a sirene e deu para um hospital? Não precisava usar mais! É uma tranquilidade. Nem banco precisa na Chatuba. Pode guardar o dinheiro em casa. Tá duvidando? Passa lá meia-noite pra tu vê! Que tranquilidade! É uma segurança total! O delegado que tinha lá foi aposentado por falta de serviço.

Não ironizando a situação, mas revelando aspectos do passado violento reconhecido por grande parte dos residentes, mas considerado hoje algo amenizado pela diminuição da ação dos grupos de extermínio, é este outro relato

---

[108] SILVA, João Breder da. Entrevista concedida em 9 jul. 2005.

de um ex-morador que inclui em suas lembranças da infância as disputas entre bandos de traficantes rivais:

> Recordo que em 1985 quando eu morava em um lugar muito pobre chamado Chatuba (uma região entre os municípios de Nilópolis e Nova Iguaçu, hoje faz parte de Mesquita), os traficantes rivais lutavam muito pouco entre si, mas havia conflitos seríssimos, como quando eles interditaram uma ponte que unia Nilópolis à Chatuba, uma ponte que passava sobre um dos veios do rio Guandu. [O autor se equivocou. A ponte em questão se estende sobre o rio Sarapuí, que não possui nenhuma relação com o rio Guandu, cruzando o Sarapuí, após servir de ponto divisório de Mesquita e Nilópolis, os municípios de Belford Roxo, São João de Meriti e Duque de Caxias, onde se encontra com o rio Iguaçu um pouco antes de eles desaguarem na baía da Guanabara, próximo ao Aterro Sanitário de Jardim Gramacho]. De um lado um grupo de traficantes defendendo o seu território, todos munidos de escopetas e revólveres, de outro, os invasores tentando tomar para si uma parte da região. O combate levou algumas horas nas quais uma farmácia e uma padaria foram incendiadas, com alguns dos funcionários dentro. Foi um choque na população que, de alguma forma, convivia com aquele clima doentio da disputa entre as quadrilhas. Ali ainda não havia o peso do Comando Vermelho, ou de nenhuma outra organização criminosa forte. Eram um bando de moradores que traficavam, estupravam, assassinavam e roubavam por ali mesmo, na Baixada Fluminense. Era a quadrilha da *Chatuba* contra a do *Buraco Quente*.[109]

A maldição do lugar violento habitado por "paraíbas ignorantes" e "pretos favelados" sobreviveu ao asfaltamento e saneamento de várias de suas ruas, ao sucesso profissional de alguns moradores e até à emancipação política de Mesquita, alimentando-se hoje dos 15 cadáveres[110] mensais gerados pelo bairro e pelas várias prisões de "elementos" dos bandos de traficantes que "infestam o bairro" hoje estratégico para bandidos interessados em abastecer a "Zona Sul da Baixada", que é Nilópolis, e a parte habitada pela elite iguaçuana no centro

---

[109] O PACHÁ URBANO. *O mal se alastra*. Disponível em: <www.transeuntes.blogspot.com>. Acesso em: 16 jan. 2006, grifos no original.
[110] Registros de ocorrências da 63ª Delegacia Policial (Mesquita) Títulos: Encontros de cadáveres — Homicídios/1995-2004.

daquele município. Tal sobrevivência faz com que a maior parte dos moradores conforme-se com o estereótipo ditado pela "fama do lugar", criando sobre si próprios imagens de tal forma negativas que imobilizam qualquer ação no sentido da mudança pessoal, parecendo o bairro e suas desgraças cotidianas serem as justificativas ótimas para fracassos individuais:

> Quando a gente mora num lugar igual esse aqui a gente tem pouca oportunidade das coisa. Geralmente a gente não estuda muito bem porque as escola daqui não dão muita base, depois você sem estudo vai trabalhar mais cedo pra ajudar em casa e depois de velho é que não vai estudar mesmo e então a gente não vai ter oportunidade de trabalhar num negócio melhor. A gente vai batalhar aí nas obra ou nos serviço tipo faxina e não vai ter outro jeito de ganhar a vida se não for ganhando salário.[111]
>
> Se você nasceu aqui você vai ter que ter muita sorte pra não ficar aqui a vida inteira ou pra não ir pra lugar pior ainda que aqui. Não dá pra ter muita coisa quem nasce pobre. As vez você começa a trabalhar cedo, seu pai e sua mãe não tem muita instrução aí não passa pra você uma ideia melhor da vida, é só trabalhar desde cedo e você cai na vida muito cedo e depois, como é que você vai arranjar alguma coisa diferente de serviço brabo? Aí vem família, filho e você vai só se enrolando mais e não dá pra sair dessa lama não. Fazer o quê? Acho que eu vou ficar aqui mesmo e fazendo esses serviços de burro a vida toda mesmo.[112]

Apesar dessa visão negativa sobre si mesmo, que parece decalcada da negatividade do próprio bairro, também são frequentes depoimentos diversos desses e relacionados todos com a percepção da Chatuba como um lugar de "gente pobre", porém como moralmente superior exatamente àqueles apontados repetidamente como "de gente rica":

> Eu não nego que aqui é um lugar ruim, que a gente aqui tem pouca coisa, que tem muita provação só que isso aqui tudo é lugar de gente pobre morar e tudo que é lugar de pobre morar é assim mesmo. Eu não conheço nenhum lugar de gente pobre morar que seja muito diferente disso aqui. Nós achava antes de

---
[111] PEÇANHA, Álvaro Souza. Entrevista concedida em 15 jan. 2005.
[112] SILVA, João Breder da. Entrevista concedida em 9 jul. 2005.

entrar asfalto e esgoto que quando entrasse ia mudar tudo só que não muda nada não. A gente que é pobre vai morar sempre assim do jeito que a gente mora mesmo. Tem asfalto, mas é o mesmo povo que mora aqui. Quando dá buraco na rua volta a lama, ninguém vem arrumar e aí você vê que quem mora aqui é pobre e pronto. Você não vai ser tratado igual rico mesmo. [...] só que eu não troco aqui por outro lugar não. Eu sei desses problema há muito tempo. Eu to aqui tem mais de 25 anos e eu sei que é assim, que não muda nada não, que é violento e isso e aquilo mais, só que é o lugar que eu criei filho que eu fiz casa, que eu tenho os meu amigo, que eu conheço todo mundo, que eu sei dos perigo, sei como é que vive. Eu não ia mudar pra outro lugar muito mais mundano que esse. Aqui o povo é mais pobre, mas conhece mais das coisa certa que os outro de lugar de rico. Você vê muita coisa errada aí, mas você vê as coisa certa também e fora daqui você vai ver coisa mais errada ainda. Violência você vai ver em qualquer lugar hoje em dia. Tem lugar que não é violento? Aqui ninguém nunca mexeu comigo e com a minha família e a maior parte dos povo daqui trabalha o dia todo e não tem nem tempo de fazer coisa errada. Eu mesmo to encostado, mas trabalho ainda e chego aqui tardão todo dia. Você vai ver muita molecada aí sem fazer nada, só que não é a maior parte do povo daqui. A maior parte tá trabalhando, chega tarde e nem tem tempo de ver as coisa errada que tem aí.[113]

Nesses lugar igual aqui as pessoas trabalha o tempo todo porque isso é obrigação de todo mundo. Quem é pobre vai viver direito como, se não trabalhar? [...] Quem trabalha muito não tem tempo de ficar vendo as coisas errada não. Eu não fico cuidando da vida de fulano e sicrano eu to trabalhando o tempo todo e quando eu não to trabalhando eu to na igreja me edificando. Aqui todo mundo é assim. Antes era mais os homem, agora as mulher também trabalha muito, tem vez que mais que os homem. Sobra pouco tempo pra outra coisa porque eu saio cedo e você leva muito tempo na condução tanto pra ir quanto pra voltar e você acaba chegando muito tarde. Tem vez que eu volto e vou direto pra igreja e ainda chego atrasado. Tem vez que nem dá pra ir pra igreja e outro irmão é que dirige o culto lá.[114]

A valorização do trabalho revelada nesse último depoimento do senhor Flávio surge em muitas falas nativas como marca distintiva de quem mora

---
[113] MARTINS, Sebastião. Entrevista concedida em 3 ago. 2005.
[114] FELICIANO, Flávio da Costa. Entrevista concedida em 23 jul. 2005.

na Chatuba, onde grande parte dos moradores ouvidos percebe estarem suas vidas unidas exatamente pelo fato de serem trabalhadores em oposição aos que são ociosos, vivendo "na miséria por causa da preguiça" ou, pior, "vivendo no mundo do crime", "fazendo coisa errada", que é a maneira usual de definir atos criminosos em geral, no bairro.

Dois mundos distintos parecem subsistir quando ouvimos os populares da Chatuba, e a fronteira entre esses mundos diversos é exatamente o trabalho, relacionando-se tudo que se considera como bom ao trabalho, que é sempre visto, além de meio honesto de sustentar-se, como uma espécie de atividade ordenadora do mundo, fato exemplificado pela audição dos sermões cotidianamente ministrados nos inúmeros templos pentecostais existentes na Chatuba. A interseção destes sermões é a exortação constante do envolvimento do crente com a "obra de Deus", "o serviço do Senhor" ou "a seara do Senhor".

Se a teologia popular pregada em modernas seitas evangélicas é marcada pela ênfase na participação direta do indivíduo como algo fundamental na "transformação" de sua vida, que somente ocorre através da "materialização do sacrifício" individual representado, em alguns casos, por algum valor monetário, vê-se que para a melhoria da "vida da comunidade" a atitude prática e individual é também fundamental quando ouvimos as falas dos moradores a fim de resolverem algum problema. Talvez por isso seu Souza reclame bastante de seus vizinhos que não participam efetivamente das reuniões de "sua" associação. Para o líder comunitário, é bastante incômodo o fato de as "pessoas na Chatuba irem cada uma resolver as coisa sem passar pela associação". Significa isso, para ele, que a "velha mania de não reclamar nada não acaba", o que faz com que os moradores sejam percebidos sempre como "pessoas que não reivindicam nada".

Não exatamente se defendendo dessa acusação, porém se justificando, falam os moradores que a convivência continuada com problemas muito sérios e que não se resolveram a não ser com a ação direta dos interessados, autoidentificados como construtores silenciosos de seu espaço urbano, a falta de tempo e as experiências traumáticas vivenciadas também por seu Souza e que motivaram suas disputas com o presidente da Cedae, explicam o silêncio e a atitude pragmática de aceitar a ajuda de qualquer candidato, tanto para o atendimento das necessidades individuais quanto no fornecimento de materiais para os mutirões ou na troca de seus votos por obras não tão essenciais, mas que diminuem as carências tão próprias desse lugar onde "falta tudo":

O seu Souza acha que a gente é alienado porque a gente não reclama. Eu até entendo ele porque ele tem lá o passado dele de partido e vem político aí de partido comunista pra falar com ele e tudo, mas eu não acho que ele tá certo de falar isso não. Ele nem vê que a gente aqui reclama sim e já reclamou muito mesmo, mas a gente aqui cansou de reclamar e nunca adiantou nada. A gente não tem voz não, porque a gente é pobre. Aí você vai ver que o que a gente faz é a gente mesmo arrumar as coisa errada e se a gente não tem dinheiro a gente vai procurar outros jeito, e se o cara chega aqui pra oferecer coisa pra você arrumar as rua você vai dizer que não? É claro que a gente vai aceitar qualquer coisa que é oferecida. Aí eu ia fazer assim: o cara chega aqui quer colocar manilha nas vala e eu ia falar assim: "Não coloca não cara, porque você não é do meu partido, porque você é de direita e eu sou de esquerda e isso aí é assistência e a gente aqui não aceita assistência de político não, se fosse de esquerda eu aceitava, mas de direita eu não aceito não". Não tem cabimento não. Ele vive aqui e ele mesmo sabe que não dá pra dispensar ajuda porque é assistência. Eu não voto porque é de partido esse ou aquele, eu voto porque o cara fez isso ou aquilo e eu pego sim o que eles dão e uso aqui na rua, no bairro.[115]

Eu não tenho tempo de ficar reclamando de nada não. Eu só trabalho e eu sempre ajudei os pessoal aqui da rua. Eu nunca fui de tomar a frente de nada não. Eu arrumo as coisa da minha rua e tudo, mas eu não sou líder de nada não porque eu nem tenho tempo. Eu pego obra e levo os cara daqui pra trabalhar comigo. Aí eu nem tenho final de semana não porque quando a obra tá atrasada eu tenho que dar conta que eu tenho prazo de entregar. Só que eu me preocupo com isso daqui sim. Eu vivo aqui há muito tempo mesmo. Isso aqui é meu, eu gosto desse lugar que todo mundo diz que não presta, só que eu acho que presta porque eu ando tudo quanto é lugar e eu não acho que é ruim porque se você vai olhar hoje é todo mundo morador de lugar perigoso e eu não sei de lugar mais barra pesada agora que lá no Rio. Só porque é lugar de pobre não quer dizer que tem que ser uma bagunça não. Se político não vai ligar pra você reclamar você tem mesmo que botar a mão na massa e mexer nas coisa errada. [...] agora esse é o único jeito das coisa ser aqui. Se você ficar só achando que vai reclamar e pronto você vai ficar rouco de pedir e ninguém vai vim aqui

---

[115] SILVA, João Breder da. Entrevista concedida em 9 jul. 2005.

te ajudar não. Aí você aceita a ajuda de qualquer um, é claro. Só que o cara vem pedir voto e eles pensa que vai dar e vai ganhar muito com isso, só que cansa de acontecer deles vim dar e depois ninguém votar neles.[116]

O pragmatismo parece ser uma regra para esses moradores desconfiados de políticos e que negam sua identificação como "sem consciência". Se acreditarmos em nossos entrevistados, concluiremos que sequer são significativas as ações assistencialistas, e o que existe de fato é uma utilização dos "políticos" em lugar do contrário.

Os vereadores de Mesquita são percebidos, então, como agentes a serviço da "comunidade" da Chatuba, confirmando a regra local de que as relações políticas se caracterizam pela sua pessoalidade, excentricidade e pela alteração de sentido na medida em que a ênfase no papel executivo do agente legislativo acelera a resolução dos problemas próprios dos locais populares, porém inviabiliza o surgimento do que seu Souza chama de "consciência".

Will Kymlicka e Wayne Norman (1994), ao apresentarem e discutirem obras recentes que tratam do tema cidadania, e exatamente após exporem o ponto de vista de teóricos segundo os quais a participação política deve compor o centro das preocupações de um verdadeiro cidadão, modelos dos quais seriam os homens da antiga Grécia, argumentam que esse pensamento está em perceptível desacordo com a forma como as pessoas vivem na atualidade, fato que não equivale a uma passividade característica dos cidadãos atuais e sim a uma mudança estrutural na forma de se viver, mudança que transformou a política em um campo profissional e a participação política em uma atividade ocasional e desvantajosamente colocada em relação a outras atividades, como aquelas relacionadas ao consumo de bens econômicos, religiosos, culturais, ao convívio familiar, profissional ou mesmo ao desprezo pelas disputas violentas e a valorização do individualismo.

Kymlicka e Norman argumentam que a vida pessoal, profissional e social em nossos tempos é muito mais rica que na antiga Grécia e que os atuais cidadãos provavelmente não estão equivocados em preferir atividades menos tediosas que a política, principalmente porque vivem de acordo com o nosso tempo.

Essas ideias, nascidas do comportamento de cidadãos anglo-saxões, se aplicadas aos habitantes da Chatuba casam-se com o ponto de vista exposto pelas

---
[116] FELICIANO, Flávio da Costa. Entrevista concedida em 23 jul. 2005.

duas últimas falas transcritas. Essas falas nativas expressam não que direitos são dádivas, que reivindicações são inúteis ou que os populares são partes de uma grande plateia. Antes, revelam que no bairro há uma posição ativa, valorativa do trabalho e estratégica, porém não se expressando através dos meios participativos clássicos, mas sim através da inserção das atividades políticas como ações importantes, mas não mais fundamentais que a convivência familiar, o desempenho de uma atividade profissional ou a busca do contato com a divindade. Por isso a aceitação do assistencialismo parece simplificada aqui, significando uma apropriação popular dos benefícios distribuídos por agentes políticos oficiais ou mesmo candidatos a cargos públicos e uma forma de dinamizar as maneiras populares já consagradas de serem resolvidas todas as questões relacionadas com o que seu Souza chama de omissão estatal provocada pela dificuldade que é para os moradores da Chatuba tornarem-se visíveis:

> O negócio aqui é que a gente, ninguém enxerga a gente pelo lado positivo. Todo mundo que olha pra gente só vê pobre que não sabe fazer valer os seus direito e que mora num lugar perigoso que ninguém quer nem saber de ir fora de eleição. Aí o que tem é um Estado que é omisso que é propriedade de um punhadinho de cara que não tá interessado em ver a gente daqui e de qualquer lugar de pobre. Agora qualquer um que olha pra gente só vê voto e pensa que este aqui é um lugar que não tem jeito, que é uma bagunça que não tem vida própria, só que isso não é verdade não. É que brasileiro só olha pra uns lugar e esquece de outros que na minha opinião é mais importante que esses que aparece na novela. Você imagina se tudo quanto é pobre morador aqui da Baixada fizesse uma greve um dia e não fosse trabalhar lá no Rio? Ia ter um problemão lá embaixo porque é a gente que move o Rio. Se a gente não fosse lá fazer esses trabalho mais bruto que é o que quem mora aqui faz, o Rio ia parar. Em troca o que a gente tem? Nada. A gente nem é visto. Ninguém nem sabe o que é um bairro igual esse. Quem é que sabe o que é Chatuba? Ninguém.

Serão as questões lançadas pelo líder comunitário e militante comunista, Antônio Souza Leite, ao falar em nome de seus vizinhos e ao reivindicar vida própria para a sua "comunidade", formas de afirmar que sobrevive sob a desordem urbana caracterizadora desse bairro um ideal de alcançar-se a visibilidade social própria daqueles que sabem fazer valer seus direitos através da luta pela cidadania?

CAPÍTULO 4

O caso Marcelo Souza

DIFÍCIL ANALISAR A violência do Brasil urbano sem que faça parte das explicações para a perturbadora situação desse início de século a intensificação do tráfico e consumo de drogas principalmente nas grandes metrópoles da região Sudeste, tornando-se o tráfico, principalmente de cocaína, o motivo mais visível de quase todos os nossos problemas (Leeds, 1998:233-276).

É elementar que fatos como a enorme diferença entre pobres e ricos, o crescimento exagerado e rápido de nossas principais cidades, as condições climáticas adversas da região Nordeste do país, a longa ditadura militar que colocou em contato, nas prisões, bandidos comuns e opositores políticos do regime de 1964 sejam elementos de fundo das explicações sobre a violência urbana brasileira. No Rio de Janeiro diversas explicações adicionam a esses elementos preexistentes a insegurança urbana deste início de século, a existência das favelas que, exatamente localizadas nos pontos para os quais a cidade se expandiu e teimando em crescer mais rapidamente que toda a região metropolitana (Valladares, 2005:139), inviabilizaram todas as medidas preventivas a seu desenvolvimento, possibilitando, desde o início do século passado, a criação de um universo social próprio nos morros e planícies vazias da cidade. Tal fato terminou por significar a sujeição de grande parte da população desses locais periféricos da cidade, transformados em reféns dos traficantes que hoje gerenciam violentamente seus negócios e a vida dos moradores populares com a finalidade de manterem o isolamento de suas áreas, fato que possibilita a ínfima estabilidade do comércio de drogas constantemente ameaçado por outros traficantes ou autoridades policiais (Alvito, 1998:181-208).

Mas quanto à Baixada Fluminense? Esse modelo geral, aplicável, com certas adaptações, a qualquer periferia urbana brasileira desse início de século XXI pode ser exemplificado por episódios ocorridos ali?

Sem dúvida, a aceleração geral da violência urbana refletiu-se na forma como tradicionalmente os próprios moradores da Baixada enxergam as relações entre sua região e os inumeráveis episódios violentos que marcaram tão profundamente a opinião nacional acerca da Baixada Fluminense. Para os moradores, entretanto, não existe a percepção desta como uma região violenta ao extremo. Ao contrário disso, o município do Rio de Janeiro é o local ao qual se deve temer:

> Você vê só como a coisa é: usar um banco aqui é f[...] Se fosse lá em baixo [Rio de Janeiro] tinha um monte de caixa, mas aqui é isso. Você tem que ficar nessa fila e só tem a caixa, mas nenhuma funciona. A única vantagem daqui é a violência que não tem. Pelo menos isso a gente é melhor que eles lá de baixo por enquanto.[117]

Decerto, não são muito precisas hoje as informações sobre como os moradores percebiam a região quanto à violência em tempos passados, na época mesmo da colonização proletária, porém o novo *status* da Baixada Fluminense como um local "tranquilo" parece dever-se tanto ao maior destaque que, a partir dos anos 1990, o município do Rio de Janeiro passou a ter na mídia nacional como um "cenário de guerra civil", quanto à desaceleração do ritmo de assassinatos na Baixada. As falas de moradores de bairros periféricos revelam quase sempre a crença de que violência é algo traduzível por número de corpos pelas ruas. Um menor número de cadáveres, aliado à inexistência de disputas cotidianas entre bandos de traficantes e a não ocorrência de vítimas de balas perdidas, parece opor o início do século XIX à época do encontro diário de muitos corpos pelas ruas dos bairros populares, muito embora os números oficiais continuem a informar que a região possui um alto índice de assassinatos.

Acerca da situação no início dos anos 2000, Ribeiro, Cano, Sento-Sé e Lázaro (2006), assim como Waiselfisz (2007), apresentam uma situação desalentadora, localizando vários dos municípios da Baixada entre os mais violentos

---

[117] ALMEIDA, Geraldo Magela. Entrevista concedida em 21 fev. 2006.

do Brasil, o que é expresso na tabela a seguir que contém também dados acerca do município do Rio de Janeiro.

Quadro 2
Ranking da violência no estado (2002-2004)

Posição do município	Nome do município	Número de assassinados por 100 mil habitantes
12	Itaguaí	92,7
19	Duque de Caxias	80,9
23	Nova Iguaçu	78,5
46	Seropédica	69,0
57	Nilópolis	65,9
62	Queimados	64,8
69	Guapimirim	63,4
71	Belford Roxo	63,1
107	Rio de Janeiro	57,2
173	Japeri	48,9
185	São João de Meriti	47,9
196	Magé	47,1
449	Mesquita*	32,8

* Os números positivos de Mesquita devem-se ao fato da fundação desse município ter ocorrido em 2000 e a coleta de dados sobre ele ter somente ocorrido em 2004. O município de Paracambi não entrou na tabela porque sua taxa de homicídio não se encontra entre os 10% mais violentos do Brasil.

Apesar dos números desfavoráveis, a percepção popular é de que o tempo mais recente é menos violento, sendo muito frequentes depoimentos semelhantes ao seguinte:

Se eu vejo diferença? É assim. Antes quando eu cheguei [1961] era muita tranquilidade. Com o tempo foi chegando mais gente e aí é que foi mudando. Foi aparecendo mais gente e aí foi aparecendo covardia. Gente morta aí por nada por uns animal que matava assim sem motivo mesmo. Depois começou a aparecer muito defunto desconhecido por aí. Você saía pro serviço e deparava com morto aí nas rua... era uns cara que ninguém nunca tinha visto aqui. Isso era em 1970, setenta e pouco. Agora não. Agora é tranquilo mesmo. Quer dizer, tem uns morto aí de vez em quando, mas tem mês que passa sem nenhum morto. Agora o que morre num ano é o que morria num final de semana. Num carnaval eu já vi morrer aqui uns 12 só nos dias da festa.[118]

No depoimento que se segue, a sequência "tranquilidade", "covardia", "tranquilidade" mantém-se, porém relaciona-se com o número de habitantes do bairro. A ideia parece ser a de que a pequena quantidade de pessoas em um bairro faz com que ele se assemelhe com o local de origem dos migrantes que tentam reconstruir suas vidas nesse novo e estranho local. Longe no tempo, esse momento pioneiro de ocupação surge como idealizado e oposto aos anos em que o bairro já possuía um número maior de moradores, mas em que sobressaíam ainda os terrenos vazios. Nesse momento — localizado pelo entrevistado nos anos finais da década de 1970 e em toda a década de 1980 —, a novidade surgida é a presença de grupos de homens ostensivamente armados e responsáveis pelos assassinatos constantes de ladrões que invadiam as casas pouco protegidas e furtavam objetos essenciais, como botijões de gás de cozinha, rádios e aparelhos televisores. O início do consumo de maconha aparece como a principal causa desses furtos, e todos os envolvidos nos episódios são moradores do próprio bairro, menores de idade ou indivíduos jovens geralmente chamados de "vagabundos":

> A minha família é a mais antiga desse bairro aqui. Quando a gente chegou não tinha nada ainda não, era tudo mato e não dava nem mesmo pra gente ver assim as ruas que tinha passado a máquina. Isso era em 1957, tem quase 50 anos. Eu tinha vinte e poucos anos... 24 anos. Como era tudo mato eu fui dando um jeito de plantar no meu lote e nos terreno do lado eu fiz horta grande, dava pra alimentar a gente tudo e também fui criando criação, assim, galinha, porco, tinha um cavalinho e umas vaquinha. Eu fazia de tudo um pouco, vendia verdura, leite e eu tinha uma carroça pra levar as coisa assim pra esses bairro aí de fora que tinha mais gente que aqui e dava o meu jeito [...] Nessa época aqui era tranquilo, era roça mesmo. Só dava de vez em quando um ladrão de galinha ou menino que roubava as fruta, mas era só. Depois foi aumentando muito o bairro, eu fui perdendo os terreno pra plantar, fiquei plantando só no meu e em outro aqui de per-

---
[118] FERREIRA, Carlos Luiz. Entrevista concedida em 11 jan. 2006.

to. Vendi as vaca, matei umas e passei a fazer frete com os cavalo porque não dava pra ninguém entrar aí dentro de carro e carreto só de carroça. Aí sim a coisa foi ficando violenta. Era muito malandro, tudo junto e fumando fumo e fazendo as covardia. Se não era as polícia mineira que tinha sempre, era difícil aguentar. Eles matava, mas aparecia mais, e aí aparecia muito defunto. Só foi melhorando mesmo quando foi crescendo mais e foi aparecendo mais coisa, assim asfalto, clube, posto de saúde, aí foi acabando os roubo demais e também foi normalizando esse negócio de extermínio. Agora morre, mas a gente nem sabe quem mata. Um dia desses eu fiquei bobo. Mataram um ali em cima do morro ali pra cima e botaram fogo. Eu só fui saber depois de uma semana pelo jornal. Não é mais que nem antes que a gente conhecia o matador, a gente sabia que era gente daqui mesmo, as vez trabalhador, pedreiro, que também matava. Agora eu nem conheço mais os morador, muito menos os bandido e os matador de bandido. Ficou mais inseguro, você pode ser assaltado a qualquer hora e nem tem pra quem reclamar. Antes não, você era roubado, ia reclamar e o seu bujão, sua televisão voltava. Agora você não vê nunca mais.[119]

As "polícias mineiras", ou grupos de extermínio, entram pela primeira vez em cena, segundo esse entrevistado, em finais da década de 1970. Perceptíveis são, nessa e em tantas outras respostas, as questões relacionadas aos grupos de extermínio e o entendimento de que os "matadores de bandidos" não são também bandidos. A visão dos corpos baleados, esfaqueados ou estripados e espalhados pelas ruas não pavimentadas, amarrados a mourões de cercas, queimados ou esquartejados em terrenos vazios habita ainda as memórias desses moradores mais antigos.

Os justiçamentos surgem, apesar das lembranças incômodas, como inevitáveis e a única maneira de controlar o estoque dos "ladrões" e "fumadores de maconha" que ameaçavam a tranquilidade do antigo microcosmo rural construído pelos migrantes. Se nos outros dois locais de moradia de populares — nas favelas e conjuntos habitacionais cariocas invadidos — as memórias dos mais antigos moradores sobre seu local de habitação relacionam-se com a luta contra os perigos da remoção e, portanto, com a presença incômoda do

---

[119] PRADO, Manoel da Silva. Entrevista concedida em 30 nov. 2005.

Estado, na Baixada Fluminense um mundo à parte formou-se desde a colonização proletária e o compôs a figura do "justiceiro matador de bandidos".

Enquanto nas décadas de 1950, 1960 e 1970 um favelado carioca preocupava-se com a invasão, queima ou derrubada de seu barraco — invariavelmente feito de papelão, resto de madeira ou folha de flandres — pelas forças policiais, em nossa região o proletário migrante construía sua casa precária — mas de alvenaria e sobre seu próprio lote — distante de quaisquer ações estatais e preocupado em não deixar seus filhos desviarem-se do "caminho do bem" fumando maconha ou praticando pequenos roubos, porque isso seria a senha para que "matadores da área" entrassem em ação eliminando o "mal pela raiz".

> Eu vim do Nordeste na década de 1960. Eu fui pra favela do Caju, só que me expulsaram de lá assim que eu cheguei. Eles botaram fogo no meu barraco quando não tinha ninguém lá, graças a Deus. Até hoje eu não sei quem foi o filha da puta que fez isso. Eu queria me vingar, levantar outro barraco e tudo, mas minha mãe me convenceu e eu vim pra cá. Aqui eu casei e tive os meus filho todos. Aqui era diferente demais de lá de baixo. Aqui eu vi muita covardia, mas também a gente vivia mais junto no início. Não tinha nada de ninguém querendo derrubar a sua casa, querendo te vender um pedacinho de terreno por um preção não. Aqui se você ocupava um terreno sem ter escritura, isso não dava em nada não. Você tinha seu direito respeitado e você só tinha que tomar cuidado pra não falar mal da vida dos outro e de não deixar seus filho se desencaminhar porque aqui se seu filho perde a linha e se desencaminha tem sempre um pra cortar o mal pela raiz. A vida é mais fácil aqui, mas você tem que tomar mais cuidado só com a criação dos seus filho.[120]

Presentes em todos os municípios da região, os grupos de extermínio ou justiceiros isolados contribuíram sobremaneira para dar à região, através de suas ações geralmente exemplares e, por isso, profanadoras dos corpos que deveriam mostrar o resultado da fuga ao "bom caminho" através das marcas de tortura, que fazem um cadáver equivaler a uma mensagem. "Matar é pouco." Um corpo precisa carregar em si "recados" para os outros "malandros":

---

[120] ALMEIDA, Geraldo Magela. Entrevista concedida em 21 fev. 2006.

Você não acha que eu ia matar alguém só por matar. Eu não sou nenhum monstro não. Se eu matava era pra livrar o lugar de malandragem, de safadeza. Por isso você tem que matar e botar fogo, abrir o sujeito, enfiar pedaço de madeira no c[...] do cara, ou arrancar o p[...] pra mostrar que ele era um filho da puta que não prestava. Estuprava criança e tal. Se você só dá um tiro você não dá recado pros outro e o serviço não tem o mesmo valor. Você tem que ver que matar é pouco. Eles têm que sofrer. Eu só dava tiro quando não tinha jeito, quando tinha gente por perto e não dava pra pegar o cara vivo pra fazer o trabalho, aí era só [imitação do barulho dos tiros] e pronto.[121]

Ana Lucia Silva Enne (2002) acompanhou as visões da imprensa sobre a Baixada Fluminense entre os anos 1950 e 2000, sendo a exposição de suas conclusões válidas aqui por coincidirem quase totalmente com as memórias dos populares mais velhos sobre a região durante todos esses anos de ocupação, as memórias e as notícias da imprensa carioca reforçando a opinião de que não há como visualizar de forma satisfatória a região da Baixada sem levar em conta a prática rotineira dos justiçamentos.

Segundo Enne, nos anos iniciais da década de 1950, a percepção dos jornalistas sobre a região era a de que a Baixada não passava de uma "roça" próxima ao Rio de Janeiro, confirmando os crimes ocorridos ali essa condição — poucas eram as referências à região, e todas elas diziam respeito a crimes passionais ou acidentes, como as quedas dos passageiros dos trens que transportavam a população até seus locais de trabalho. A ideia da Baixada Fluminense como microcosmo rural — que, aliás, surge em diversos relatos nativos impressos aqui — é perturbada rapidamente ao longo da década pela ocorrência de conflitos constantes pelas terras subitamente valorizadas através do surgimento da empresa loteadora. Desse modo, o surgimento de designações pejorativas na mídia carioca, como "faroeste fluminense" ou "Nordeste sem seca" iniciam o processo de desqualificação crescente da Baixada, desqualificação acentuada pelo surgimento da figura de Tenório Cavalcanti, que possuía como base eleitoral a massa de migrantes que inundava principalmente o novo município da Baixada Fluminense — Duque de Caxias. Ele, com a sua inseparável me-

---

[121] AZEVEDO. Entrevista concedida em 21 fev. 2006. Neste capítulo os nomes dos entrevistados diretamente envolvidos ou próximos dos grupos de extermínio serão suprimidos e substituídos por sobrenomes fictícios.

tralhadora Lurdinha, popularizou os tiroteios e atentados sofridos ou promovidos pelo político enquanto construía, defendia ou fazia crescer seu capital político, conforme mostrei no primeiro capítulo.

Percebido negativamente hoje por boa parte da população, Tenório Cavalcanti parece ter sido o responsável mais visível pela solidificação da ideia nascida na década de 1950 da Baixada Fluminense como um "faroeste fluminense", sendo a década de 1960 marcada — se acreditarmos nas manchetes dos principais jornais cariocas — como aquela em que a solidificação se processou tanto devido aos embates entre Tenório, seus capangas e seus inimigos políticos, às vezes protegidos pelas autoridades policiais locais, como pelo surgimento de grupos responsáveis pela segurança dos comerciantes que se sentiam ameaçados pelos saques promovidos pelos novos habitantes da região. É temerário afirmar que tais grupos se sofisticaram e transformaram-se nos esquadrões da morte típicos da Baixada Fluminense. Essa é, entretanto, uma hipótese sustentada por vários dos analistas dos episódios de violência na região.[122] Entretanto, sempre seguindo os órgãos principais da imprensa escrita carioca, a década de 1960 é marcada pelo surgimento de matérias que retratam de forma explícita a violência na região da Baixada Fluminense, transformada, a partir do final dessa década, principalmente em área de recebimento de cadáveres produzidos pelas ações repressoras das polícias fluminenses a serviço do governo de exceção atuante no país desde 1964. Manchetes relatando o aparecimento de dezenas de cadáveres na Baixada Fluminense passaram a ser comuns durante as décadas de 1970 e 1980.

A não discriminação da origem dos corpos pela imprensa carioca e a atribuição dos morticínios ao fato de a Baixada Fluminense possuir uma "fauna criminosa" e ser um "câncer vizinho" ou um local onde "a lei do gatilho é tão natural quanto a lei da gravidade [...]", parece possuir pouco embasamento real.[123] De fato as investigações policiais sobre os assassinatos não permitiram jamais alguma afirmação concreta, categorizando quase todos os mortos como "desconhecidos" e seus casos como de "autoria desconhecida".[124] Concreta-

---

[122] São trabalhos recentes sobre a história da violência na Baixada Fluminense além do já citado de Ana Lúcia Silva Enne: Alves (1998, 1999:10-35, 2003); Souza (1997); Souza (2000:36-66); Souza e Pires Júnior (1994).
[123] CÂNCER vizinho (1977).
[124] Chamo a atenção para alguns dos relatos presentes no capítulo "O caso Ilda do Prado", em que são vários os moradores mais antigos do bairro de Capivari que se lembram dos corpos que se decompunham em meio à vegetação sem chamarem a atenção de ninguém. Acompanhando

mente, o que se estabeleceu foi a associação entre Baixada e mortes violentas, levando-me a pensar que não houve hiato entre o momento em que a região era um depósito de cadáveres originados da repressão oficial dos anos de chumbo e o tempo em que os justiceiros de bairro começaram a "espalhar defuntos pelas ruas" ao eliminarem jovens criminosos comuns. Por isso, talvez, ao longo dos anos 1980, a exposição diária de cadáveres nas primeiras páginas de jornais populares cariocas e em alguns jornais locais tenha se consolidado sob a percepção de que "na Baixada Fluminense a coisa mais comum era encontrarem-se assassinados". Impossível saber quem morria, "mas se eram assassinados, alguma coisa deviam".[125]

Poucos dados podem ser analisados quando o assunto é determinarmos o começo da "cultura de violência" ligada aos grupos de extermínio na Baixada Fluminense. Certo é que os assassinatos se intensificaram na década de 1980, e tantos eram os cadáveres e matadores anônimos que personagens foram criados para representar os justiceiros que agiam na Baixada.

Entre esses justiceiros estilizados, o mais famoso foi, sem dúvida, o "Mão Branca", que, bem ao estilo dos justiceiros entrevistados por mim, entendia sua missão como pedagógica e higiênica, violando às vezes os corpos e sempre deixando recados que relacionavam o assassinado a algum tipo de crime. Sabe-se hoje que o personagem "Mão Branca" foi uma criação de profissionais da seção policial do jornal carioca *Última Hora* e que, a partir da criação do personagem, ele ganhou vida própria, passando os componentes de grupos de extermínio a escreverem cartazes que jogavam sobre suas vítimas, identificando o assassino e desqualificando o assassinado, além de ligarem para as redações de jornais populares informando sobre os locais onde corpos poderiam ser encontrados (Louzeiro, 1997).

O fato de o criador do personagem Mão Branca ter perdido o controle sobre sua criatura logo após as primeiras aparições do justiceiro anônimo no jornal *Última Hora* é bem evidenciado pelas inúmeras cartas que chegaram à redação ao longo do ano de 1980 — cartas em que os leitores apoiavam a ação do matador — e também pelas ameaças que os profissionais desse jornal passaram a sofrer quando decidiram não mais publicar manchetes referentes às ações do personagem ficcional que, de posse de um discurso "próprio", passou a sintetizar

---

dona Ilda pelo bairro, ela me apontava locais onde ossadas podiam ser encontradas e dizia que algumas estavam ali havia mais de 30 anos.
[125] PEÇANHA, Raimundo. Entrevista concedida em 1 dez. 2005.

a necessidade da "limpeza" da Baixada, povoando as conversas diárias sobre a violência na região que, durante os anos 1980, experimentava um crescimento populacional constante e acompanhado pelo aparecimento de justiceiros atuantes em bairros populares onde a oposição "vagabundos" *versus* "trabalhadores" aumentava a olhos vistos, funcionando o "justiceiro do bairro" como o substituto imediato do Estado nas questões referentes à segurança pública.

Nenhum "trabalhador" imaginaria reclamar por um assalto ou pela cobrança de "pedágio" aos policiais porque simplesmente não havia policiais. O primeiro e quase sempre único acionado era o "justiceiro do bairro", que atuando sozinho ou em grupo cuidava da "limpeza do lugar", não deixando "vagabundo se criar" e afastando dali "qualquer coisa errada, tipo maconha e estupro". Enfim, não é difícil perceber que para mulheres e homens da Baixada Fluminense a vida nos bairros sem a presença dos justiceiros seria "muito mais difícil" principalmente porque os "vagabundos" ameaçavam tanto os bens quanto a vida dos "trabalhadores" e a intermediação dos justiceiros sempre foi vista como "necessária". Não se trata, então, de uma relação de submissão da população, pelo medo, aos grupos de matadores, ou de uma relação em que, sem críticas, os moradores mitificaram seus "protetores". Bastante diversas são as relações quando o foco de observação é afastado das várias visões panorâmicas existentes sobre o fenômeno "justiçamento" na Baixada Fluminense.

Sob luzes mais fortes, algumas realidades são mantidas, porém surgem matadores percebidos de formas várias pela população. Surgem membros da própria comunidade que se notabilizam por eliminarem bandidos e que usam a notoriedade advinda dos justiçamentos para consolidarem-se como líderes comunitários locais preocupados em resolver questões mais presentes, como a improvisação de serviços básicos ou a criação de estratégias de resolução dos problemas diversos inerentes ao precário gerenciamento popular dos espaços públicos.

Percebi, ao longo dos anos de pesquisa sobre a Baixada Fluminense, que existe uma tendência de justiceiros (ou ex-justiceiros, segundo os envolvidos em justiçamentos entrevistados por mim que admitiam a prática, mas nunca no presente) transformarem-se em líderes comunitários ou, o costume de alguns líderes comunitários se aproximarem de justiceiros ou de se afirmarem como tal, mesmo que seus vizinhos não testemunhem afirmativamente sobre sua condição de matadores. Tais comportamentos surgiram para mim como sinais de que a grande reprovação aos grupos de extermínio não partia das próprias pessoas que conviviam com esses mesmos grupos ou com os justiceiros isolados, sendo muito comum que moradores de áreas subitamente atingidas por um excesso de opressão de bandidos lamentem a inexistência de justiceiros, agindo alguns deles no sentido de atraírem a ação de matadores atuantes em bairros vizinhos, como exemplifica o relato abaixo:

> De uma vez a gente passou aqui a ter muito assalto, invasão nas casa e teve uns vagabundo que passou até a cobrar pedágio em frente a padaria ali de baixo. Isso até acontece porque é sempre assim aqui: vem uns tempo ruim e depois morre os vagabundo e volta tempo tranquilo. Só que tava demorando e era bandido covarde, tinha tráfico e tudo no meio. De repente morreu seis dos malandro de uma vez só. Aí eu soube que o meu vizinho aqui foi falar com o Tião Medonho, que era um negão forte que cuidava da área de cima lá e que não deixava bandido se criar, e ele veio pra cá e matou um monte logo. Depois disso acabou esse negócio de maconha e de assalto por um tempo [...] Depois, sempre que tinha mais coisa aqui aparecia morto a balde e voltava o normal.[126]

Uma ligação tão estreita entre "trabalhadores" e "matadores" parece ser a chave para a compreensão do fenômeno do justiçamento na região da Baixada, onde os justiceiros não são exatamente percebidos como "bandidos sociais" conforme foram considerados os traficantes das favelas cariocas em algumas épocas, porém suas ações são desejadas, não interferindo tão fortemente na vida dos "trabalhadores" e utilizando o código moral dos próprios moradores, o que faz com que eles tenham em comum um grande ódio pelos "vagabundos" que "infestam" os bairros populares.

De "vagabundos", moradores e matadores chamam viciados em drogas, ladrões e estupradores. Esses últimos são os mais odiados, e a sua morte deve ser sempre exemplar, como relatou acima um dos justiceiros entrevistados por mim. Apesar do ódio, não é incomum, nos dias atuais, encontrarmos justiceiros envolvidos com traficantes, algo não encontrado em outras épocas, de acordo com relatos de moradores mais antigos:

> Agora é meio bagunçado esse negócio de grupo de extermínio. Você acha polícia no meio. Tem uns que é traficante. Tem até caso de matador que

---

[126] ALMEIDA, Geraldo Magela. Entrevista concedida em 21 fev. 2006.

é estuprador. Antes não. Antes era um cara que vivia aqui mesmo e que matava. Eu mesmo conheci um assim porque ele morou aqui do lado. O nome dele era Marinho, era pedreiro, trabalhava muito bem, era de Pernambuco e de repente deu a louca. Dizem que matou a mulher. Eu não sei. Ele batia muito nela, mas paraíba bate na mulher mesmo. Depois deu a louca e passou a matar bandido. Ele trabalhava de dia e matava gente de noite. Matava muito mesmo. Juntou uns cara com ele e eles não deixava bandido viver. Só que ele as vez matava inocente, mulher, garoto e todo mundo morria de medo. Quando ele virou matador mudou o nome. Todo mundo chamava ele de Maicon e ele passou a brigar com os bandido do outro bairro, se ligou com um comerciante daqui. Aí começou a ter muita guerra aí entre o grupo dele e o grupo dos traficantes, muita gente morreu dos dois lados, ele até foi preso e tudo, ficou muito tempo preso. Acho que ficou maluco e quando saiu os traficantes que já mandava em tudo aí mataram ele.[127]

Eu não conheço bem polícia mineira. Não conheci muito nenhum matador. Sabia quem era antigamente e eles falava comigo e tudo, sabia que eu não era vagabundo. Antes tinha menos gente aqui e eles matava quem perturbava o bairro que não tem polícia mesmo. Agora eu não conheço também ninguém, mas acho que tem gente que vende maconha aí mais do que antes. Antes era só o matador. Tinha maconha e tudo, mas não tinha o traficante igual agora. Tem menos morte e tudo agora, mas tem mais maconha e cocaína agora.[128]

O fenômeno dos justiçamentos da Baixada Fluminense parece surgir para os moradores como um sinal claro da ineficiência do Estado, incapaz tanto de evitar o ataque aos populares por parte da "vagabundagem" quanto de efetuar a prisão desses bandidos locais praticantes de pequenos delitos, principalmente, mas mesmo assim punidos com a morte:

Como eu escolhia quem vai morrer? Assim, eu vivo aqui mesmo. Eu sei quem é o que aqui. Eu sei quem se mete com o que não presta. Eu vejo o jeito do cara e aí eu aviso pra ele, pra família se eu conhecer bem eles. Às

---

[127] CARVALHO, Márcio Monteiro. Entrevista concedida em 9 jan. 2006.
[128] SILVA, Elias. Entrevista concedida em 4 fev. 2006.

vez eu mando sair daqui, às vez eu dou umas porrada só, tiro na perna, mas quando eu não conheço direito, mas o cara tem jeito de malandro eu mato de uma vez. Eu sempre ouço gente me falando de coisa errada e vou seguindo os boato e acabo sempre achando os malandro [...] teve um garoto aí que me disseram que tava mexendo nas coisa dos outro. Eu não conhecia ele direito. Ele vivia numa avenida de casa ali. Aí eu fiquei vendo, ele não trabalhava, só ficava soltando pipa e jogando bola aí, perguntei pra ele o que ele fazia, se trabalhava, aí ele disse que era camelô em Nova Iguaçu, na passarela, depois fui ouvindo mais reclamação dele e não deu outra. Quando eu reparei que ele tava todo arrumadinho, com tênis de marca e tudo e vi que tinha aumentado o roubo aí no bairro. Matei ele um dia quando ele tava jogando bola. Depois parou os roubo.[129]

Ao contrário de uma favela ou de um conjunto habitacional popular carioca, o Estado não é percebido como opressor. Talvez porque aqui os moradores não tenham experimentado ações como a remoção, o incêndio de casas ou o controle governamental das associações populares (Valladares, 2005:22-73). A presença tão pequena do Estado, entretanto, favoreceu o surgimento de controles internos da criminalidade através dos justiçamentos. As tentativas de enquadramento dos grupos de extermínio ou dos matadores individuais da Baixada Fluminense sob um mesmo modelo parecem não resultar em sucesso devido ao fato de serem variadas as origens, composição e formas de atuação desses grupos, cujos membros se entendem substitutos das forças policiais.

Mas evidente hoje é a participação de policiais e bombeiros militares nos grupos. Suas motivações são várias, mas geralmente se entende que eles agem a partir da solicitação de comerciantes que contratam policiais com a finalidade de coibir ações de ladrões e assaltantes nos estabelecimentos comerciais. A "limpeza da área" através dos assassinatos surgiria para esses policiais como forma de facilitar seu trabalho extra como seguranças das lojas de um bairro ou mesmo do centro de alguns municípios da Baixada. Policiais e bombeiros são também utilizados por políticos da região em busca de reforço da sua segurança pessoal. O grande número de atentados a políticos locais pode possuir como razão a facilidade desses políticos de lançarem mão dos grupos

---

[129] VIEIRA. Entrevista concedida em 3 fev. 2006.

de assassinos formados por policiais e bombeiros que atuam como guardas privados.[130]

Os grupos de extermínio que atuam nas periferias das cidades da Baixada Fluminense possuem configuração diversa. Nesses bairros populares, os matadores fazem parte da comunidade e não são profissionais da área de segurança. Isso não quer dizer que não existam policiais envolvidos; a maior parte dos justiceiros, entretanto, é composta de populares transformados em matadores sem abandonarem suas atividades regulares, conforme relata um depoimento localizado acima. Assim, não é raro encontrar justiceiros da Baixada Fluminense ocupados como pedreiros, motoristas ou mesmo pequenos comerciantes. Sua atuação dá a eles alguma notoriedade, principalmente quando passam a ouvir os apelos dos moradores atingidos pela ação dos "vagabundos". Quando são percebidos como benfeitores, é possível aos justiceiros de bairro transformarem-se em líderes comunitários, porém dificilmente um desses indivíduos conquista a confiança de seus vizinhos somente ostentando a fama de eliminar bandidos.

Como é muito tênue a separação entre matadores e aqueles tidos pelos "trabalhadores" como criminosos, o caráter de mal necessário transforma mesmo os justiceiros considerados líderes comunitários em potenciais inimigos. Isso faz com que tais indivíduos, ao se transformarem em agentes políticos oficiais, se apressem em tomarem distância física das práticas de justiçamento e iniciem a escalada rumo à construção da imagem de benfeitor e "amigo da comunidade".

Ser um líder comunitário identificado com grupos de extermínio constitui-se até em uma vantagem, porém não parece factível a hipótese de que as eleições na Baixada Fluminense sejam vencidas através do medo dos justiceiros, sendo exemplo disso a campanha política fracassada de um famoso matador atuante no município de Queimados.

No ano 2000, o policial militar conhecido como Beto Capeta apresentou-se perante seus potenciais eleitores fazendo uma propaganda singular em

---

[130] Entre janeiro de 2004 e julho de 2006, segundo o *Jornal de Hoje* (8 jul. 2006), o número de vereadores que sofreram atentados na região da Baixada Fluminense foi de 18. Somente em Duque de Caxias, foram atingidos por tiros oito vereadores. Nem todos os atingidos morreram, e diversos deles foram atingidos perto de seus centros sociais, alegando alguns deles que foram atacados por seus opositores porque esses centros incomodavam seus adversários. Um vereador mesquitense sofreu nesse período duas tentativas de assassinato, levando 15 tiros, porém continuando vivo. A hipótese de policiais participarem desses atentados é reforçada pelo fato de nenhum atirador jamais ter sido capturado.

que se aproveitou do apelido para confeccionar panfletos destinados a sua eleição ao Legislativo municipal. Nesses panfletos, o candidato — fantasiado de demônio — segurava um tridente sobre o qual havia uma mensagem que o apresentava como "protetor dos trabalhadores queimadenses". Menos de 100 eleitores acreditaram ser necessária a proteção oferecida pelo folclórico matador que, até seu assassinato, ocorrido alguns meses após a sua tentativa de ser eleito, foi sempre temido por ser considerado extremamente violento.

O caso tratado neste capítulo envolve diretamente dois indivíduos. Um é vereador por um município da Baixada Fluminense desde meados da década de 1990. Ele também é comerciante em um bairro periférico do município e admite sua participação em grupos de extermínio no passado. O outro é um militar, líder comunitário e, embora não afirme categoricamente, participante ativo de grupos de extermínio, segundo moradores do seu bairro. Chamaremos aqui o vereador pelo nome de Marcelo Souza e o militar pelo de Eduardo Silva. Desnecessário é dizer que, tal como os participantes de grupos de extermínio entrevistados, esses dois homens tiveram seus nomes alterados. Os bairros onde os fatos ocorreram não serão nomeados, porém mesmo as características que não permitirem alguma identificação, tanto dos bairros como dos personagens, serão apresentadas. Quanto aos demais entrevistados, eles serão identificados corretamente, a não ser nos casos em que pediram para que seus nomes verdadeiros fossem omitidos.

Constitui a essência do caso uma disputa ocorrida em 1998 em uma das partes mais pobres de um grande município da Baixada Fluminense. A disputa surgiu porque o militar resolveu criar um movimento comunitário destinado inicialmente a manter a limpeza do conjunto de bairros onde o vereador morava, possuía comércio e atuava politicamente, controlando postos de saúde, colégios e serviços sociais que funcionavam como comitês eleitorais permanentes. A criação do movimento comunitário "Roça Limpa" surgiu para o vereador Marcelo Souza como um desafio, uma vez que o militar Eduardo justificava seus atos como resultantes do abandono dos bairros pelo vereador. Ameaçado politicamente, o vereador iniciou seus ataques através da imprensa, informando que o líder comunitário, na verdade, não era visto assim pela população dos bairros e que se tratava de um justiceiro que pretendia candidatar-se a um cargo público e, por isso, o atacava. Por sua vez, o militar dizia-se ameaçado pelo vereador, este sim, participante de grupos de extermínio. Para reforçar essa afirmação, o criador do movimento comunitário "Roça Limpa" registrou queixa contra o vereador na delegacia policial da região, informando as ameaças sofridas. Na imprensa regional, o vereador Marcelo Souza contra-atacou informando que o militar constrangia os moradores dos bairros ao pagamento de taxas que seriam usadas para levar adiante as obras emergenciais que não eram feitas, segundo o militar, devido ao fato de o "vereador da área" ser "omisso".

Em comum, os dois contendores possuíam a acusação de serem justiceiros, defeito que ambos imputavam ao adversário, e informação que quem morava nos bairros confirmava. Também os moradores confirmavam a existência das cobranças feitas pelo militar aos membros da comunidade como maneira de remunerar trabalhadores encarregados da desobstrução dos cursos d'água abundantes na região, vizinha de uma serra onde nascem alguns dos rios que cortam a Baixada Fluminense, a fim de eliminar as constantes enchentes que ocorriam nos bairros.

A descrição do caso dos embates, que duraram alguns meses do ano de 1998, e as entrevistas com os dois envolvidos permitem, nesta obra, a exposição e análise da forma como se entrelaçam a prática dos justiçamentos na Baixada Fluminense e o surgimento, desenvolvimento e consolidação de algumas lideranças comunitárias.

Porque um militar e um vereador protagonizaram o caso, surgiram os incidentes, para mim, como a oportunidade ótima de testar algumas hipóteses acerca das circunstâncias em que surgiu e se tornou comum o fenômeno dos justiçamentos, também presente em outras áreas da Região Metropolitana do Rio de Janeiro, porém mais comum na Baixada Fluminense, onde a ação dos justiceiros assegura a sedimentação de algumas carreiras políticas, seja de forma direta, quando alguns deles transformam-se em candidatos bem-sucedidos, ou indireta, quando justiceiros são contratados com a finalidade de eliminação dos oponentes políticos em ações de pistolagem.

Talvez por sua própria natureza criminosa, o fenômeno dos justiçamentos da Baixada Fluminense tenha sido extensamente abordado sem, entretanto, ser identificado em sua essência. Assemelhar um justiceiro de bairro a um matador profissional de aluguel não é algo difícil de fazer, até porque o resultado da ação é a eliminação de pessoas consideradas indesejáveis por alguém. A indistinção, se permite boas visões panorâmicas, produz conclusões difíceis de serem admitidas, como a de que personagens políticas importantes eleitoralmente na Baixada Fluminense, como Joca ou Zito, foram eleitos ao acionarem suas máquinas repressivas, intimidando seus eleitores ao ponto de serem aceitos.

Considerando o culto político do qual esses dois ex-prefeitos, considerados justiceiros por grande parte da população da Baixada Fluminense, são objetos, julgo insuficientes as explicações fornecidas por aqueles que enxergam a Baixada como um local onde a cultura política caracteriza-se por conter, em sua base, a prática planejada da violência como estratégia.

O medo dos justiçamentos deve ser levado em consideração, mas a personalização dos justiceiros, de suas vítimas e dos "trabalhadores" provavelmente é algo necessário para a montagem de um retrato menos genérico sobre a vida política dessa parte da região metropolitana fluminense. Mas devolvamos a voz aos nossos personagens.

"Roça Limpa"

O bairro onde o militar Eduardo mora é parte de um dos locais mais pobres do município. Apesar de ser uma região antiga, ou seja, pertencer às primeiras áreas ocupadas na Baixada Fluminense, permaneceu essa região, desde finais do século XIX até os anos 1980, pouco povoada, o que pode ser entendido como consequência de esses bairros estarem muito próximos da serra do Mar, correndo pelas planícies sobre as quais esses bairros surgiram diversos cursos d'água que partem da serra e que, no passado, serviram como pontos de desembarque ou embarque de mercadorias que seguiam daí para as regiões das Minas Gerais ou para o porto do Rio de Janeiro.

Hoje esses cursos d'água são os responsáveis por um grande problema que afeta o conjunto de bairros, invadindo, em épocas chuvosas, muitas casas e desvalorizando os lotes vazios, existentes em grande quantidade em virtude de a ocupação ali ter se originado de loteamentos pouco procurados pelos migrantes, principalmente por serem escassos os meios de transporte até o centro do município ou da capital.

A dinamização econômica da Baixada Fluminense no final do último século e o aumento das pressões por novos locais de moradia terminaram por viabilizar a ocupação efetiva da região, antes considerada prioritariamente rural e também destinada ao lazer devido à existência de sítios cujos proprietários aproveitam-se da abundância de água para manter piscinas que servem aos moradores de alguns municípios da Baixada Fluminense.

Em 1998, quando Eduardo criou o movimento comunitário "Roça Limpa", esses bairros experimentavam uma aceleração de sua ocupação, fato constatado por moradores mais antigos que vinculavam a aceleração da ocupação ao surgimento de novos problemas:

> Antes aqui tinha sítio só. Você tinha os centro dos bairro que tinha umas lojinha e tudo, e rapidinho acabava as casa, as loja e começava os sítio. Depois de uns 10, 15 ano pra cá é que começou a encher de gente de fora assim. De repente foi chegando cada vez mais gente e foi até aumentando as condução lá pra cidade e tudo. Você vê que agora tem muito sítio ainda aí pra dentro, mas você vê que tem também muito mais casa e muito mais loja [...] De um lado é bom ter esse monte de gente aqui porque tem umas facilidade que antes não tinha, por exemplo, agora tem bem mais ônibus e também tem mercado e tudo. Antigamente tinha ônibus de três em três horas para o centro, agora é toda hora e ainda tem as van. De outro lado é ruim esse monte de gente. Agora tem coisas como crime, tem mais lixo, os rio tão poluindo porque não tem esgoto, e por causa do hospital tem muito engarrafamento lá perto da Dutra. Mas tá progredindo e tem gente que pensa até em emancipar isso daqui.[131]

As circunstâncias de criação do movimento comunitário "Roça Limpa" relacionam-se exatamente com o surgimento das modificações provocadas pelo repentino povoamento da área. O que inspirou o militar Eduardo quanto ao nome de sua associação foi a percepção de que crescia, em seu bairro, a quantidade de lixo espalhado pelos lotes vazios e no leito de um riacho que o corta, fato que provocava inundações inexistentes nas épocas anteriores ao processo de chegada dos novos moradores, sendo a primeira ação do militar a distribuição, por pontos estratégicos do bairro, de vasilhames grafados com o nome da associação e destinados todos eles a receberem o lixo das casas. A providência seguinte do líder comunitário foi alugar um caminhão destinado a conduzir os detritos oriundos dos vasilhames e da limpeza das margens do riacho e dos lotes vazios até um vazadouro de lixo localizado na vizinhança do bairro.

Isto posto, restava ao líder comunitário, para atingir seus objetivos imediatos, estabelecer um valor que cada morador deveria pagar a fim de manter o

---
[131] LIMA, Paulo Souza. Entrevista concedida em 15 nov. 2005.

bairro limpo, e também convocar órgãos da imprensa regional para mostrar o trabalho realizado e, de alguma forma, chamar a atenção para os problemas que afetavam o local e que inspiravam movimentos de emancipação distrital desde finais dos anos 1980.

Segundo o líder comunitário Eduardo, sua convocação da imprensa provocou os problemas iniciais, na medida em que ele foi questionado sobre o papel do "vereador da área", e então falou sobre Marcelo Souza e sua falta de ação efetiva sobre os problemas. Isso iniciou a "guerra":

> Eu não comecei guerra nenhuma não. Ele ficou ofendido porque eu mostrei os problema. Eu nem lembrava dele não. O repórter que lembrou dele e me perguntou se o vereador da área era omisso. Eu nem sabia direito quem era vereador de área. Eu sei que ele tem comércio aqui dentro e que ele tem esses serviço social também, mas que ele é que tinha que fazer obra aqui eu não sabia direito não. Depois do primeiro jornal veio mais um monte, até *O Globo*, e aí é que o caldo entornou porque ele foi ficando com ódio e me ameaçou aqui de cara. Eu não sabia direito da vida dele de político, só que eu sabia que ele matava. De bobeira é que eu não ia ficar. Ser pego de surpresa não ia dar não. Ele é covarde. Até o prefeito resolveu falar no jornal. Disse que só bobo ia dar dinheiro pra mim, que a obrigação das obra e da limpeza era da prefeitura. Engraçado, era da prefeitura, mas eles nunca fez.[132]

Para o líder comunitário Eduardo, o "ódio" de seu oponente era injustificado também porque suas intenções não diziam respeito "à política". Afirmando nunca ter querido exercer cargos públicos, o militar chama em seu socorro sua vida anterior e posterior ao episódio, quando sequer filiou-se a qualquer partido, tendo somente mantido o que já fazia antes:

> Eu, depois disso, continuei fazendo tudo que eu já fazia antes, porque você pode achar que eu comecei a me preocupar com o bairro assim desse jeito só nessa hora aí do Roça Limpa, mas não foi não. Eu sempre agitei aqui dentro, sempre dei uma mão pra comunidade aí. Se governo não faz nada, o jeito sempre foi esse aí. Você pode perguntar aí que você vai ver que eu era alguém preocupado com o bairro antes disso. Depois eu não concorri

---

[132] SILVA, Eduardo. Entrevistas concedidas em 26 maio 2005 e 21 jul. 2005.

a nada não. Eu nem sei direito o que é isso. Eu nem parte de associação de morador faço, imagina política, partido. Eu não sou ladrão não. Eu tenho muito defeito, mas ladrão não.[133]

Às suas próprias ações no sentido de "limpar" o bairro, Eduardo junta, como forma de justificar sua liderança, a alegação de ser honesto, o que equivale a não ser político. A necessidade dessa afirmação talvez tenha nascido do fato de esse morador ter se lançado por si mesmo à condição de líder comunitário em um local onde sequer existiam associações de bairro e onde os habitantes cuidavam de uma forma improvisada, e quase sempre solitária, da manutenção das condições urbanas mínimas que um recente local proletário de habitação possui. Ouvindo os demais moradores do bairro, não é difícil concluir que eles desconfiaram dos esforços do militar em "ajudá-los":

> Em primeiro lugar, o que ele estava fazendo e mandando a gente fazer era coisa que a gente fazia já desde a hora que chegou aqui. Aqui ninguém nem lembra que tem prefeitura. Aqui todo mundo limpa a frente da casa, arruma as vala, capina quintal vazio do lado de casa.[134]

Tal desconfiança era maior porque:

> [...] tinha esse negócio de pagar pra ele. Você pensa bem, por que que eu ia pagar pra alguém fazer o que eu já estava cansado de fazer? E não era nem pagar pra ele fazer, porque a gente ia ter que trabalhar do mesmo jeito. Não era igual pagar o imposto e o governo vim e fazer não. Você ia ter que ajudar do mesmo jeito. Um negócio igual mutirão. Não tinha porque pagar não.[135]

As tentativas de impor sua liderança não eram bem-sucedidas, provavelmente porque faltava ao currículo do militar uma trajetória comunitária; seu reconhecimento nascia de uma atividade útil, porém não confiável segundo os moradores, ou seja, os justiçamentos:

---

[133] Ibid.
[134] BASTOS, Fernando. Entrevista concedida em 2 nov. 2005.
[135] ELIAS, Joaquim da Silva. Entrevista concedida em 21 out. 2005.

Ele queria arrumar tudo, mas ele não tinha tradição. Eu nem sei se ele é antigo aqui. Porque aqui a maior parte de morador é de novo morador. Agora tem gente muito nova aqui, a gente nem conhece mais o pessoal dos bairro. Ele é conhecido do pessoal aí porque diz que ele corre atrás de ladrão aí e mata. Só isso que o pessoal diz dele aí. Quando ele começou a correr aí atrás de gente pro negócio do serviço comunitário, quem ficou com ele foi o pessoal que tinha medo dele. Ele forçou, sabe. O cara chega e fala pra fazer o serviço aí de limpar, aí o cara é matador, os vizinho sabe. Se ele chegar na sua casa, falar pra você ir limpar a rua e você sabe que é perigoso, você vai fazer o quê? Você fica com medo e segue. Só que você não vê porque fazer nada, você tá forçado com medo, é só isso.[136]

Enfim, a liderança do militar pareceu sempre negativa. Carecia de sustentação da "comunidade", tanto porque exigia pagamento por aquilo que os próprios moradores já faziam e continuariam a fazer quanto porque se baseava no medo. Principalmente, não havia uma trajetória do militar na direção de serviços normalmente realizados pelos moradores, ou seja, em momento algum sua carreira se assemelhava àquela que se deveria atribuir a um líder comunitário, não tendo ele se destacado no auxílio aos moradores que há muitos anos buscavam meios de amenizar a ausência de ações oficiais através de atos mais contundentes, sendo o mais importante deles a tentativa de emancipar o conjunto de bairros que compunham aquele distrito, cujos moradores foram ouvidos em novembro de 1995, optando a maior parte dos cerca de 18 mil votantes[137] pela não emancipação, devido ao fato de esses mesmos moradores não conseguirem visualizar estrutura nos bairros sequer para a criação de um centro administrativo:

Quando teve o plebiscito eu fui contra porque a gente nem sabia onde ia ser a cidade. Você conhece esses bairro? Não tem nada! Nem comércio, nem banco, nem mercado direito. Vai todo mundo para o centro pra fazer tudo. Ia adiantar o que, emancipação? A gente ia continuar tudo indo para o centro porque não dá pra fazer nada aqui.[138]

---
[136] LIMA, Paulo Souza. Entrevista concedida em 15 nov. 2005.
[137] Pouco mais da metade desses eleitores compareceu aos locais de votação, sendo o total de votantes efetivos 10.748 (*Jornal de Hoje*, 21 nov. 1995, p. 1).
[138] ALMEIDA, Geraldo Magela. Entrevista concedida em 21 fev. 2006.

Os que acreditaram na possibilidade de criação de um novo município atribuíram o fracasso à pouca capacidade de organização dos moradores, sempre percebidos como "sem consciência", e culpados por serem "novos no lugar" e por serem "fáceis de manipular":

> Quando teve o movimento de emancipação esse povo não teve consciência não. Eles não votaram porque eles não são consciente da nossa situação daqui. A gente aqui é abandonado de tudo. Mas eles são tudo gente nova aqui. Eles não importa com nada ainda não e eles não viram que ia ser bom pra gente ser uma cidade. Eles foram fácil de manipular porque eles não tinha amor por isso aqui.[139]

Se os habitantes do conjunto de distantes e pobres bairros da Baixada Fluminense foram fáceis de manipular por aqueles que eram contrários à independência distrital, foi o medo que fez existir, por diversos meses do ano de 1998, um grupo de moradores que consumiram parte dos seus dias de folga na reabertura de valas, limpeza das margens dos riachos e recolhimento do lixo e até a formação de um grupo de homens responsáveis pela escolha de mulheres e crianças em pontos de ônibus durante os horários de chegada do trabalho e da escola:

> Você pensa só, eu tenho família e já fazia aquilo mesmo aqui na rua. Eu limpava meu quintal e o do lado porque era vazio naquela época e tinha vala que você tinha que limpar. Eu ou meu filho ia buscar a mãe e a irmã quando voltava do colégio tarde porque tem muita covardia aí. Aí chega o cara todo valente e chama pra ajudar as coisa que ele tava organizando. Eu não gostava daquilo, só que ele tinha fama e ameaçava os outro. Ele não falava assim: "Eu mato", mas você ficava na dúvida. E se fosse mesmo? Era melhor não arriscar. Ele era amigo de uns polícia e falava tanto de bandido que você ficava com a pulga atrás da orelha.[140]

A existência de justiçamentos constantes na região por si só fazia as insinuações do militar parecerem reais, ainda mais porque se juntava às ameaças o

---

[139] SILVA, Flávio Moreira da. Entrevista concedida em 19 dez. 2005.
[140] COSTA, Edmundo da. Entrevista concedida em 12 jan. 2006.

temor gerado pelo encontro frequente, nas diversas áreas desabitadas vizinhas aos bairros, de cadáveres desconhecidos, provavelmente originados do que os moradores chamam de "desovas":

> Aqui sempre teve muita desova. Acho que porque aqui tem muito mato, o pessoal ripa em outro lugar e joga aqui mesmo. Desde que eu moro aqui, que tem uns 30 ano, que aparece defunto [...] você fica assustado com os morto. Você não conhece e tudo. Você vai ver os corpo que até apodrece no mato aí, mas isso fica na sua cabeça, você tem medo assim de morte. Você sabe que não é com você o negócio. Mas você também não sabe quem matou os cara e por que morreu. Sabe lá se era um trabalhador?[141]

Na memória desses "trabalhadores" de uma área caracterizada tanto pela atuação de grupos de extermínio sobre os "bandidos da área" quanto pelo encontro de cadáveres, provavelmente originados de justiçamentos ocorridos em bairros mais urbanizados da região metropolitana, não seguem as certezas acerca da origem dos mortos a consideração geral sobre assassinados na região da Baixada, aquela que apresenta os mortos sempre como "devedores":

> Se o cara morre desse jeito, alguma coisa ele devia. Não tem essa de alguém levar um monte de tiro e não dever nada não. Eu já vi muito morto nessas rua aí e no mínimo o cara tava fumando maconha na porta dos outro.[142]

Os corpos de "bandidos do bairro" confirmam a regra geral e facilitam a generalização que faz "devedores" todos os assassinados por exterminadores. Dúvidas, entretanto, entram em cena quando o assunto extermínio aproxima-se mais do cotidiano dos trabalhadores e dos cadáveres desconhecidos encontrados nos matagais, caso em que esses anônimos podem ser percebidos como "inocentes":

> De verdade você não sabe quem é que é jogado aí nos mato. Pode muito bem ser inocente. Ainda mais que eu já vi mulher e criança morto aí no mato. Pode ser que seja inocente. Você não sabe. Pouca vez aparece quem

---
[141] SILVA, Flávio Moreira da. Entrevista concedida em 19 dez. 2005.
[142] COSTA, Edmundo da. Entrevista concedida em 12 jan. 2006.

era eles. Uma vez eu vi um que foi morto aí e só acharam podre. A família veio com a polícia e ele era trabalhador. Tinha pegado dinheiro de férias na fábrica dele, foi seguido, roubado, arrancaram a cabeça dele e jogaram aí. Uma mulher apareceu lá pros lado de Adrianópolis quando só tinha esqueleto. Ela tinha sumido no Natal e apareceu agora no início de março só. Ela era inocente. Disseram que ela foi estuprada e jogada lá pro urubu comer.[143]

Na mentalidade popular, os assassinatos são, portanto, quase sempre "obra" de justiceiros "que são pelo certo", porém, admitido está que algumas vítimas podiam não merecer o destino que tiveram, o que significa não entender os justiceiros como todos eles "pessoas que são pelo certo". A inexistência de apurações mantém as dúvidas sobre as razões dos assassinatos e facilita a permanência dos matadores na linha tênue que os divide dos "vagabundos", sempre odiados pelos "trabalhadores".

Mais até do que a ausência de tradição comunitária, e do que um efeito das ameaças veladas de Eduardo, o insucesso do movimento comunitário "Roça Limpa" deveu-se à identificação de seu criador com os grupos de extermínio e à percepção popular de que os contatos com ele eram algo perigoso:

Não tinha como a gente ficar tranquilo com ele. Todo mundo sabia que ele matava. Ele diz pra você que não matava, mas diz pra você. Pra gente ele sempre falava que fazia e acontecia e corria atrás de malandro. No bairro todo aí ele é conhecido por isso. Tudo bem, se ele matasse só bandido tava bom, mas se ele ameaça a gente, você fica cabreiro. Mesmo se ele não ameaça, a gente desconfia. O cara tem arma e tem coragem de matar. Quase ninguém tem coragem disso não. Se o cara vai matar ele pode matar gente ruim, mas gente boa também pode ser morta. Ele tem coragem. Quem que garante que ele não vai matar você só porque está com raiva de você?[144]

Fadado ao fracasso antecipadamente por ser liderado por alguém reconhecido unicamente como justiceiro, o movimento comunitário "Roça Limpa" agonizou definitivamente quando seu líder aprofundou os contatos com os

---

[143] MOTA, Eduardo Pereira. Entrevista concedida em 12 jan. 2006.
[144] COSTA, Edmundo da. Entrevista concedida em 12 jan. 2006.

órgãos regionais de imprensa e deixou-se fotografar dentro de riachos recolhendo lixo ou ajudando a encher caminhões com os detritos antes depositados nos vasilhames espalhados pelo militar por diversos locais do bairro. Tal estratégia acendeu a ira do vereador Marcelo Souza, sempre chamado de omisso nas notícias de jornais em que o militar Eduardo era personagem.

A partir dos depoimentos dos dois oponentes é difícil concluir o que provocou efetivamente a rusga, alegando o vereador que se sentiu obrigado a interferir porque precisava defender os moradores ameaçados pelo militar, indo ele procurar Eduardo para mostrar que aquele seu procedimento era criminoso e ele, como "representante do povo", agiria contra a "situação" procurando a polícia para denunciar tanto a cobrança de "propina" quanto as ameaças sofridas pelos moradores.

Concretamente é possível afirmar que durante umas poucas semanas alguns dos jornais regionais da Baixada Fluminense trouxeram matérias em que o vereador relatava o caso, chamando a atenção para os "abusos" praticados pelo militar, relacionando Eduardo com grupos de extermínio do local, defendendo-se das acusações de ser omisso como político e afirmando que Eduardo criou aquele movimento para atacá-lo "[...] porque esse era o único jeito dele se candidatar a vereador e ganhar algum voto".[145] Para provar que não era omisso, o vereador Marcelo Souza mostrou nos jornais regionais o grande número de obras que "fez" na "área", frisando sempre ele que a maior parte das obras foi realizada diretamente com seu dinheiro, que seu salário de vereador era todo usado para "servir ao povo", o que na opinião dele era algo também comprovado pelo seu grande índice de aprovação em todas as eleições das quais participou.

Em nenhum de seus depoimentos, o vereador deixou de enfatizar a criação do movimento comunitário "Roça Limpa" como algo solitariamente levado adiante pelo militar como uma maneira de ocupar espaços até então aceitos por todos como pertencentes a ele, "vereador da área". A aparição em jornais e a pressa em mostrar as "coisas ruins do bairro" seriam, então, modos de o militar Eduardo "cortar caminho para virar político". A estratégia, entretanto, "não deu certo" porque "o povo percebeu a armação" e preferiu acreditar no vereador, que prometia, na época, continuar aumentando o número de serviços sociais para poder "atender o seu povo". Não se tratava de o vereador negar

[145] SOUZA, Marcelo. Entrevista concedida em 26 maio 2005.

a existência de problemas sérios no bairro. Ocorria que ele "era sozinho pra resolver tudo" e isso exigia a paciência dos moradores que o escolheram para ser o "vereador da área".

Do ponto de vista do vereador, as ações de Eduardo Silva significaram uma "invasão injustificada da sua área", ideia que exige que procuremos saber qual o papel de um vereador baixadense e determinar exatamente o que ele considera como "sua área".

O "vereador da área"

O comerciante Marcelo Souza conseguira eleger-se vereador de seu município em 1996 pela primeira vez e, desde então, em todas as eleições municipais foi escolhido por "seu povo". Proprietário de algumas lojas do setor de alimentos em bairros diversos do distrito mais pobre de seu município, caracterizou-se ele, desde o início de sua vida pública, por entender que a proximidade com a população é fundamental no cumprimento de sua "missão". Tal proximidade foi efetivada pela construção de um número bastante grande de serviços sociais que visaram atender a "população carente" garantindo desde alimento para aqueles que estão "passando necessidade" até profissão para os jovens da região:

> Os meus centros social são variados. Nuns eu mantenho médico, dentista, em outro eu recebo o povo que vai pedir coisa igual comida, material de escola, melhoria pro bairro deles. Tem um que é só pra ensinar os menino a mexer em computador. Lá tem quadra também e o pessoal usa pra salão de festa. Nas loja eu também atendo e ajudo aqueles mais necessitado dando comida. Eu não posso ajudar muito dando comida porque senão eu quebro, mas eu faço o que dá.[146]

Tentando traçar para si um perfil diverso daquele que o militar Eduardo Silva desenhou durante as disputas de 1998, o vereador define-se sempre como "atuante", orgulhando-se de ser o único que, naquela região, "faz o serviço social" e definindo-se como "vereador da área", portanto, querendo

---
[146] SOUZA, Marcelo. Entrevistas concedidas em 26 maio 2005; 16 jul. 2005; 19 jul. 2005; 6 nov 2005; 15 dez. 2005. Todas as falas seguintes de Marcelo Souza originaram-se desses documentos.

isso dizer que ele, além de morar ali junto com seus eleitores, também atua na região, mantendo seus "serviços sociais sempre de portas abertas"[147] e conseguindo levar "melhorias para a área" através de seus contatos com a prefeitura ou com algum deputado estadual ou federal, o que o obrigou a sempre estar atento aos "movimentos políticos", a fim de manter-se "próximo do prefeito" para "conseguir obra". As constantes mudanças de partido político teriam como causa essas necessidades de se conseguir obras através das negociações com a prefeitura ou com o que ele chama de "grupo político":

> Aqui não tem outro jeito não, se você não tá ligado num deputado ou no prefeito da época você tá f[...]. Você não consegue obra nenhuma pro povo e você não tem jeito de se eleger se não dá satisfação pro povo com obra, porque não dá pra usar só o seu dinheiro pra fazer as obras e pra dar a assistência. [...] Partido? Não faz diferença se você tem um partido A ou um partido B não. Você vai para aquele que tem a ver com o seu grupo político, com o movimento político na época e aí você vai vendo como conseguir as coisa do seu grupo político.

A "área" corresponde a um conjunto de bairros de tamanhos diversos dentro dos quais vivem eleitores do vereador mantidos fiéis devido a suas ações diretas, como a distribuição de comida, roupas, emprego, obras ou favores àqueles atendidos na rede de serviços sociais que têm como principal finalidade compensar, na região, a inexistência de postos de saúde, formando-se nas proximidades deles, em dias de atendimento médico, uma grande fila, que diminui nos dias em que médicos não comparecem. Mantém-se, entretanto a grande presença de moradores principalmente nas horas em que o vereador lá se encontra com a finalidade de ouvir as reclamações ou cumprir promessas feitas.

Invariavelmente esses serviços ou centros sociais funcionam em casas ou galpões, alguns de propriedade do vereador, outros alugados, sendo administrados por pessoas chamadas "líderes comunitários" unicamente pelo vereador. "Líderes" que, em épocas de eleições, mostram sua verdadeira função, que é a de cabos eleitorais do "grupo político" a que pertence Marcelo Souza. Recebem eles um salário por seus serviços e, em alguns casos, são também administradores de pos-

---

[147] Segundo o vereador, é muito comum, na região, serviços sociais serem abertos por candidatos somente em épocas de eleição e depois serem fechados.

tos de saúde construídos pela prefeitura, diretores de escolas municipais, funcionários públicos comissionados, as coincidências entre a administração dos centros sociais do vereador e a ocupação de cargos públicos revelando a participação do prefeito e deputados na política de trocas de favores em que o "vereador da área" é considerado "dono" dos órgãos públicos contidos em sua região:

> Se eu sou o vereador dessa área, o prefeito me dá os colégio, creche, posto de saúde que tem aqui. Aí eu coloco aqui pra trabalhar aqueles que me ajuda nas eleição. Os médico, dentista, enfermeira, professora tudo eu indico pra o prefeito e ele nomeia o meu pessoal aqui. Uma mão lava a outra. Isso me ajuda e isso ajuda ele a se eleger. Geralmente os pessoal que trabalha no meu serviço social são os que me ajuda na campanha e eu chamo eles pra administrar os meus colégio e posto de saúde. Isso é aqui tudo igual. Você vê, quando fez a guarda de trânsito não fez concurso porque a gente que indicou. Eu fui indicando os pessoal que me ajudava nas campanha.

Sua escolha contínua é atribuída — além de a seus esforços no sentido de melhorar a vida da "comunidade" — ao fato de sempre ter conseguido manter-se em evidência política através da formação de um "grupo forte que se dá bem usando os meus centro social". Procura o vereador Marcelo Souza demonstrar que não é ele "o lado mais fraco da corda", na medida em que todos se beneficiam de sua figura, porém é ele que garante "fidelidade do povo da sua área", sendo importante, em qualquer aliança, sua participação. A existência de seus centros sociais é também algo estratégico, protegendo-o de qualquer mudança política repentina:

> Aqui é assim: se eu vejo que não vai dar pra fazer acordo com ninguém, eu continuo tendo voto porque o povo não enxerga prefeito, deputado se não for por mim. É eu que indico e falo em quem eles vai votar e eu uso os meus centro social pra fazer isso. Se eu não faço aliança com quem vai ganhar, eu assim mesmo ganho porque o povo tem medo de eu sair daqui da área e não dar mais assistência porque o povo sabe que eu penso nisso aqui 24 horas. E eles ia se arriscar votando em outro?

A "área" da qual o vereador Marcelo Souza é "dono" possui cerca de 10 bairros habitados por cerca de 65 mil pessoas distribuídas de forma não uniforme em 31 km², exercendo ele influência também nos dois distritos vizinhos, habitados por cerca de 70 mil pessoas. Seu eleitorado potencial localiza-se, então, em uma população de 135 mil pessoas espalhadas em uma região bastante grande para ser dominada unicamente pelo vereador Marcelo Souza, fato que leva à interrogação de como ele consegue evitar a penetração de políticos adversários.

Ao responder a tal questionamento, o vereador é obrigado, pela primeira vez em seu longo depoimento, a lembrar-se do início da carreira política, recuando mais ainda até o momento em que chegou ao bairro vindo de outro ponto da Baixada Fluminense para — aproveitando o dinheiro recebido como resultado de uma indenização trabalhista — abrir o "primeiro comércio", que o tornou tão conhecido a ponto de seu nome político ser formado pelo seu prenome seguido pelo tipo da casa comercial do qual é dono.

Era essa época o meado da década de 1980, e os bairros do distrito para o qual se mudou experimentavam uma rápida ocupação provocada pelo surgimento ali de um número bastante grande de novos loteamentos cujos terrenos eram vendidos por valores baixos o suficiente para atrair populares de vários outros locais da Região Metropolitana do Rio de Janeiro, geralmente desejosos de possuir uma casa própria. Tal necessidade da fuga do aluguel também atraiu Marcelo Souza, que aproveitou sua indenização para construir sua casa e comprar diversos outros terrenos, sobre um dos quais edificou a primeira casa comercial.

A saga da transformação do "trabalhador" filho de migrantes nordestinos em comerciante não se diferencia demasiadamente das diversas histórias de superação de dificuldades que os migrantes relatam em seus depoimentos. O que chama a atenção em suas aventuras são as confissões de envolvimento com grupos de matadores logo após a montagem da primeira loja:

> O que eu vou dizer pra você eu só to dizendo porque você está me falando que não vai escrever que foi eu que disse. Isso é uma coisa que as pessoa mais antiga daqui sabe, os mais novo não sabe, só sabe de ouvir os outro contar. Eu, quando abri a primeira loja, fui assaltado um monte de vez. Aqui era muito perigoso e os comerciante reclamava muito porque não tinha nada de segurança aqui. Aí eu e outros comerciante daqui de perto pagamos uns cara que fazia a segurança daqui. Uns era polícia, outros não. Eles ficava por aqui bebendo, ficava sabendo das coisa e depois matava os malandro que vinha aqui assaltar.

Não admitindo de início uma participação direta, o vereador justificou o financiamento dos grupos de extermínio como única forma de manter sua loja em uma época marcada pela aceleração da violência contra os comerciantes:

> Naquela época não tinha segurança nenhuma manter um comércio. A gente era assaltado toda semana, três quatro vez às vezes. Eu não tinha outro jeito não. Eu até passei a andar armado pra assustar, porque era muita bandidagem. Eles matava os malandro e isso ajudava tanto eu quanto os morador que era assaltado também aí nas rua que não tinha luz nenhuma e também em casa que eles era covarde e entrava na casa dos pobre pra carregar o pouco que eles tinha. Era covardia pura.

O uso da arma e o discurso contra os bandidos parecem ter dado notoriedade ao comerciante em seu bairro, pois foram exatamente pedidos de extermínio de bandidos feitos por moradores que conduziram Marcelo Souza a se sentir útil à comunidade:

> Eu passei a ter fama de matador, acho que por causa das arma e porque eu andava com os cara que matava e que vinha aqui. Aí os morador começaram a trazer caso pra mim: "Olha, tem um cara assim assim. Ele tá fazendo isso e isso. Você podia dar um jeito". Eu ouvia, via quem era e tinha vez que mandava eles ia lá e fazer o serviço.

A execução dos "serviços" fez sucesso e transformou o comerciante em alguém respeitado como aquele que faz a "área ficar limpa", não demorando muito para que o futuro vereador percebesse que a fama repentina poderia ser politicamente útil:

> Assim uns dois anos depois da loja tá aberta as pessoa vinha me procurar pra resolver esses problema de segurança, mas os pessoal vinha também pra tentar resolver outras coisa, tipo ajuda pra arrumar rua, emprego e mais coisa tipo alimento e roupa pra os mais necessitado. Eu não fiz nada pensando em política não. Eu só fui fazendo as coisa pra ter segurança no meu comércio. Os morador foram me procurar e eu fui ajudando do jeito que dava. Eu mesmo não tive a ideia de ser candidato não. Conforme eu ia ajudando é que os outro ia dizendo que eu podia ser político, que eu era

bom pra isso. Aí eu fui vendo que dava pra ser isso e aceitei candidatar pra vereador em 96 e ganhei da primeira vez.

Seu *status* de matador serviu como forma de afastar os demais competidores ao mesmo tempo que fez dele alguém conhecido como aquele que "auxilia o povo". A aceitação da ligação com os grupos de extermínio e a negação, pouco enfática, de participação direta nos justiçamentos muito provavelmente vinculem-se ao desejo de que alguma dúvida persista sobre seu real papel, sendo muito mais vantajoso, do ponto de vista eleitoral, arriscar-se a ser conhecido como matador que se misturar ao conjunto de candidatos indistintos que buscam eleitores às vésperas dos pleitos:

Se eu fosse um político que é conhecido só porque eu sou justiceiro eu não tinha me elegido sempre. Eu só sou escolhido porque faço serviço social daqui desses bairro pobre. Mas se eu sou conhecido como matador, eu prefiro isso, porque isso ninguém pode provar nada e eu não desminto os boato porque isso faz os político aventureiro não chegar perto de mim. Faz eu ficar mais esperto também porque aqui tem muita covardia e eu tenho a segurança pra evitar as covardia daqui. Só que tem o seguinte: se você for perguntar as pessoa daqui, ninguém vai te falar que tem medo de mim porque eu sou matador. Todo mundo sabe aí do passado pelo menos porque ouviu dizer, só que o pessoal sabe que o que eu sou mesmo é o cara que ajuda o povo. Meus centro social são exemplo de que eu sou lembrado mais porque eu ajudo. Eles tão sempre cheio e ninguém vai lá hoje me falar dos bandido porque isso tá resolvido aqui. O povo vai lá pra pedir porque tem esperança na minha ajuda. Eu fui eleito pra ajudar e eu ajudo mesmo.

A legitimação do vereador Marcelo Souza, portanto, não ocorreu porque ele era matador, porém devido ao seu grau de comprometimento com o auxílio aos necessitados do bairro e com a substituição do poder público, exemplificada pela expansão da rede de seus serviços sociais, e ao fato de, por todos os bairros, existirem obras cujas placas de anúncio apresentam seu nome como aquele que indicou:

Eu não sou conhecido porque sou matador. Eu sou conhecido por ser trabalhador. Eu corro atrás e atendo todo mundo. Eu perco muito mais com isso do que ganho. Se eu tivesse me dedicando para os meus comércio eu tava rico, só que eu tive que largar muita coisa minha pra ajudar os outro. Se você andar por aí vai ver que as obras foram tudo indicada por mim. Agora eu nem ia ter sossego se eu visse o monte de covardia e coisa errada aqui e não fizesse nada pra ajudar.

Elevado à categoria de líder comunitário antes de transformar-se em vereador, Marcelo Souza provavelmente baseava-se em sua experiência comunitária para opor-se a Eduardo Silva, que em sua visão era um oportunista na medida em que "[...] queria imitar um líder de verdade só que do jeito errado, forçando a barra e só querendo ficar na aba do povo". Torna-se evidente, tanto pelas palavras de Marcelo Souza como pelos depoimentos dos moradores do conjunto de bairros, o fato de não ser possível para alguém na região alçar-se à categoria de líder comunitário a partir unicamente da fama de matador.

A convivência do potencial líder com a sua comunidade, ao contrário, dá autenticidade a suas ações, mesmo que estas incluam os justiçamentos, uma vez que esses líderes não são assemelhados em nenhum momento ao que o vereador Marcelo Souza denominou "políticos aventureiros", que são bastante comuns na Baixada Fluminense e não podem ser reconhecidos por seus "serviços prestados em prol dos eleitores de sua área", sendo familiar aos moradores dos bairros periféricos da região a convivência com candidatos a vereador ou com vereadores em busca de um novo mandato, que em vésperas de eleições municipais surgem "do nada" com a finalidade de "proteger" bairros que passarão a ser "seus". Eleitos, quase sempre esses "estrangeiros" decepcionam os moradores após algum tempo e perdem eleições futuras, devido ao que eles próprios chamam de traição dos moradores.

Um exemplo típico de uma dessas aventuras políticas malsucedidas envolveu o vereador iguaçuano Maurílio Manteiga ao tomar "posse" de uma "área" doada para ele pelo prefeito de seu município durante os anos 1990. Cabos eleitorais locais, escolas, uma creche e um posto de saúde foram doados a ele na condição de que, gerenciando-os, ganhasse a confiança dos moradores e os votos necessários para a eleição sua e dos membros do grupo político do prefeito. Tudo funcionou bem para o empresário nas eleições de 1996 no conjunto de bairros iguaçuanos denominado Jardim Nova Era, época em que se deu a conhecer pelos 12 mil moradores da "área", pela qual passou a circular juntamente com alguns "líderes comunitários", fornecendo manilhas destinadas a eliminar algumas das várias valas negras do bairro cujas ruas não eram saneadas e pavimentadas.

O empresário conseguiu, fazendo desaparecer algumas valas negras, reformando as escolas e colocando em funcionamento o posto de saúde e a creche do bairro, eleger-se vereador, principalmente com os votos dos habitantes desse antigo bairro periférico localizado a cerca de 6 km do centro de Nova Iguaçu e às margens de uma estrada que liga esse município à Zona Oeste do Rio de Janeiro. Após as eleições daquele ano, o empresário, agora vereador, não visitou mais o bairro e seus moradores, que não foram mais ouvidos diretamente e passaram a comunicar-se com o "dono da área" somente através dos "líderes comunitários" locais. Todos esses líderes eram administradores de escolas, creche e do posto de saúde do bairro, até o momento em que o vereador Maurílio Manteiga deixou de apoiar o prefeito, vinculando-se a outro grupo político. Esse fato significou, em primeiro lugar, a destituição dos "líderes comunitários" que chefiavam os órgãos públicos localizados no bairro e, logo depois, a entrega da "área" para um novo vereador, este fiel ao prefeito e a seu grupo político, mas que não precisava de votos naquele momento e, por isso, não se importou com a manutenção do funcionamento da creche e do posto de saúde ou com o fornecimento de alimentos para as escolas municipais do bairro.

A consequência dessa mudança de "dono" entre 1996 e 2000 significou, para os moradores, a manutenção das ruas do bairro "sem saneamento e pavimentação" e a confirmação de que "o problema de Nova Era é não ter um vereador morador daqui" e, portanto, estar sempre sendo "entregue" aos vereadores "de fora". Em 2000, as eleições municipais em Nova Era transcorreram sem a presença de um candidato oficialmente considerado "dono da área", sendo diversos os candidatos que criaram serviços sociais ali e que reivindicaram o posto de vereador da "comunidade". Maurílio Manteiga foi um desses, e o número de votos conseguidos por ele foi ínfimo, levando-o a afirmar que em "Jardim Nova Era existiam somente traidores".

Casos como esse são bastante comuns em bairros periféricos da Baixada Fluminense e revelam aspectos microscópicos do mundo político da região onde, segundo o vereador Marcelo Souza, somente é possível "ser político sendo amigo do grupo do prefeito", a quem interessa contato unicamente com aqueles vereadores vistos positivamente pelos moradores dos locais onde se encontram seus eleitores. Quais métodos de sedução e fidelização dos votos populares são utilizados, isso não interessa ao prefeito, que sempre troca a fidelidade pelos recursos que são direcionados à manutenção dos órgãos públicos sob a administração dos vereadores de área.

A relação descrita antes e existente entre vereadores e prefeitos da Baixada Fluminense torna bastante instável a carreira política do vereador, que passa a depender excessivamente da vontade dos prefeitos, sendo a manutenção dos centros sociais uma forma de estabilizar a carreira. São esses centros sociais também uma forma de tornar independente o vereador que, naquelas épocas em que acordos políticos afastam-no da órbita do prefeito, utiliza seus centros sociais como locais estratégicos para manter seu estoque de votos. Isso é perceptível no depoimento do vereador Marcelo Souza quando revela o desconforto de depender completamente da vontade do prefeito de seu município:

> Os meus centros sociais me deixam tranquilo como político. Você não precisa se preocupar com as coisa de política que isso dá volta toda hora e você não é fraco se tem serviço social. Se você não tem mais o grupo do prefeito a seu favor, você não vai ter obra sua feita e o pessoal daqui vai ver isso, só que sem isso de obra da prefeitura você continua fazendo as coisa, atendendo as pessoa do povo, ajudando. Não vai ter rua sendo asfaltada porque você pediu, mas vai ter o pessoal do povo sendo atendido por você, e qualquer candidato a prefeito que vim depois vai querer compor com você se você faz trabalho social. Não dá certo ser político aqui na Baixada se você não faz serviço social. A gente é assessor do povo desses bairro mais pobre. Não tem esse negócio de fazer lei só não. Você pede pro prefeito e ele te dá as obra, só que o povo não tá interessado só nisso, você tem que fazer você mesmo o seu trabalho social seja ele lá qual for.

O microcosmo político baixadense revelado nos relatos do vereador Marcelo mostra que é importante, nas estratégias dos políticos envolvidos nos esquemas eleitorais da Baixada Fluminense, a sedução do eleitor através de práticas assistencialistas claras, aparecendo os serviços sociais dos vereadores como elementos fundamentais na distribuição da assistência imediata necessária ao atendimento do sem-número de problemas enfrentados cotidianamente pelos moradores da grande quantidade de bairros que circundam os centros municipais da região. Logicamente não são unicamente os centros sociais as molas propulsoras do esquema apresentado em detalhes pelo vereador Marcelo, não sendo nem sequer necessário que um candidato possua tais centros, limitando-se, em alguns casos, o candidato a fazer a manutenção de aparelhos públicos de alguns bairros; em outros, distribuir comida em caminhões, apresentar programas radiofônicos em que a ênfase é o atendimento das necessidades básicas dos ouvintes eleitores etc. Comum a todas essas práticas, encontramos o atendimento direto das necessidades dos moradores, não sendo uma surpresa que o justiçamento de bandidos possa compor uma lista de "serviços sociais" oferecidos por políticos na região da Baixada Fluminense.

"Matar bandido não é serviço social?"

Revelando o problema de como se eleger sucessivamente vereador de seu município, seguindo o que ele visualiza como uma prática política comum na Baixada Fluminense, Marcelo Souza sente-se relativamente à vontade quando o assunto é extermínio de bandidos. Afirma o vereador que oficialmente sua opinião sobre tal assunto é a de que os justiçamentos são crimes e que, como tal, eles devem ser combatidos não importando se os mortos são ou não bandidos. Dentro de "seus bairros", entre a "sua gente" sua opinião sobre os justiçamentos e sobre os bandidos difere radicalmente daquela expressa através dos discursos, programas televisivos destinados à população baixadense, jornais e rádios regionais, justificando sua aceitação das mortes de bandidos como algo necessário e entendido pelo "povo" como correto:

> Eu sou parte do povo mesmo. O povo aceita essas morte tranquilamente. Eles não se espanta com bandido morrer. De verdade eles até espera que os bandido morre porque não tem outro jeito [...] eu penso igual eles. Eu sou a favor das morte também. [...] esses cara chega no bairro ou nasce ali mesmo e vira vagabundo. Aí eles passa a atacar os morador, rouba, estupra, mata. Você vai fazer o quê? A gente não tem polícia mesmo, não tem prevenção. O jeito é esse remédio de matar mesmo. Você não tem o que fazer mesmo.

Compartilhando suas ideias com o que diz que é a ideia de "todo mundo que mora na Baixada", o vereador consegue visualizar dois tipos distintos de justiçamento, enfatizando que o que geralmente a imprensa noticia como eliminação por grupos de extermínio é o resultado das ações de policiais que atuam em suas horas de folgas como seguranças. Esses matadores podem "agir" em qualquer lugar porque eles não são diferentes de um matador de aluguel, "eles matam quem é apontado pelos patrões deles", não fazendo diferença se o morto é ou não um "vagabundo". O ataque sucessivo a vereadores da Baixada Fluminense e os assassinatos aleatórios ocorridos em 2005 na "chacina da Baixada" constituem parte das ações de pistolagem disso que a imprensa chama de grupo de extermínio:

> Que tem cara que se junta com outros e faz quadrilha pra matar, isso todo mundo aqui sabe que tem. Nessa Baixada toda tem pouca polícia. Você anda aí você vê que tem muita gente, mas tem quantos batalhão de polícia? Tem um em Mesquita, outro em Caxias, um em Magé e agora querem um em Belford Roxo. Esses polícia se junta e faz quadrilha pra fazer segurança. Só que eles não faz só segurança. Eles mata quem é apontado pelos patrões deles. Eles não têm moral assim de saber quem é quem não, eles mata por dinheiro e só. Você vai ver que eles não tão procurando só vagabundo não. Pra eles, se você pagar, eles vai lá e faz o trabalho, e se alguém ficar na frente eles mata também. Vai mulher, vai criança, vai trabalhador, que se dane quem é. Pagou, eles mata. Aí os outro de lá de baixo vai falar que aqui é violento, que a política daqui é assim e tal. Os vereador daqui morre de medo porque você pode morrer a qualquer hora. Um inimigo seu chega e paga pra te matar. Você vai fazer o quê? Você faz inimigo na política mesmo e se você trabalha, tem serviço social, nego te inveja, nego quer invadir a sua área. E chamar um matador desses é fácil, aí vem um monte num carro passa por você e te fuzila. Você vai fazer o quê? [...] se alguém não sabia que grupo de extermínio é formado por polícia, descobriram isso naquela chacina do ano passado. Por que que fizeram aquilo? Matar qualquer um na rua à toa. Eles tava revoltado porque o comandante deles tava dando em cima. Se antes eles não mataram desse jeito deve ser porque os chefe da polícia aceitava que eles matassem do jeito que eles mata.

Em seus bairros, matadores assim também existem, sendo o criador do movimento comunitário "Roça Limpa", segundo o vereador, um dos componentes de tais grupos de policiais e bombeiros. Mais "autêntico", entretanto, é o que o vereador chama de "matador de bairro". Quase sempre esse é um morador do local, pode ser um policial ou bombeiro, mas pode também ser um "trabalhador normal revoltado com a bandidagem". Diferentemente do primeiro tipo de justiceiro, este último é um "agente social" porque, de acordo com o vereador, matar um bandido é um serviço social, surpreendendo-se ele quando se contesta a validade desse pensamento:

> [...] matar bandido não é serviço social? Você tem que ver como as coisa funciona aqui! Aqui não tem lei não! Aqui você é obrigado se virar pra tudo e você tá na mira de marginal mesmo porque não tem ninguém por esse povo não. Se aparece alguém entrando nas casa e barbarizando os pobre daqui, você não acha que é certo um deles se revoltar e sair matando os malandro antes dele tá na sua frente te sacaneando? [...] se eu te falei que até pra gente que é vereador a situação é de ninguém te garantir e você ficar aí por conta de qualquer matador, você imagina como é que é pra esse povo todo daí de dentro. Os malandro chega e eles não tem como se defender. Agora vai dizer que se eles mata pra se defender, que isso é crime? Crime é o governo não proteger o cara e a família dele e deixar acontecer esse monte de covardia que tem aqui. Se o morador mesmo não se defender ele é que dança porque aqui não tem dono igual tem em favela não. Aqui se não tem o matador era cada um por si mesmo.

O tom irado ao falar dos "bandidos do bairro" e a defesa de seus opositores diretos, que são os "matadores de bairro", devem-se, talvez, à convivência íntima que Marcelo Souza experimentou com "as covardias dos vagabundos". Vítima direta das ações de ladrões que assaltavam seus estabelecimentos comerciais, ele tentou, em sua narrativa, justificar a ação dos moradores que resolvem "fazer justiça com as próprias mãos", usando-se como exemplo de alguém que "nunca deixou de ser do bem", mas que participou de justiçamentos como forma de proteger-se da "malandragem". Afirmando que fez o que fez no passado junto com mais alguns outros "trabalhadores", mas que nunca participou de grupo de extermínio, o vereador reforça a sua crença de que grupos de extermínio são "coisas de policial, segurança e bombeiro". Nos bairros existem "de verdade anjos da guarda que vigiam todos, separa o joio do trigo e limpa o lugar":

> Não é a mesma coisa de sair matando os outro porque disseram pra você que fulano é bandido e te pagaram pra matar. Eu aqui e todos os justiceiro

que eu conheço em bairro eles não fazem nada disso não. Eles vive aqui, eles vê o que acontece e aí eles mata só aqueles que sai da linha. Porque o certo é você ser um trabalhador. Pra ser sincero, você nem mata tanto assim. Você chama a atenção e coisa e tal e na maioria o pessoal sai daqui, se emenda e você as vez só dá um susto. O cara para porque sabe que a gente não tá brincando. Eles [grupos de extermínio] não tão nem aí pra comunidade. Eles são mercenário. Paga, eles ripa e pronto. Não tem essa dele ver quem eles tá matando não. Taí porque eu te falei que matador de bairro faz um serviço social e justiceiro de grupo de extermínio não. As pessoa de fora não sabe das coisa e aí fala demais.

Falar demais para Marcelo Souza é confundir grupo de extermínio com justiceiros de bairros. Os "anjos da guarda" dos bairros não formam grupos fixos dispostos unicamente a matar. A ação deles é restrita a alguns bairros ou parcelas de bairros e não são capazes sequer de acabar com toda a covardia que separa a Baixada das favelas cariocas, lugares que possuem donos definidos e onde tanto os bandidos quanto os trabalhadores sabem como se conduzir a fim de não infringir "as leis" do lugar. Reagir às covardias protegendo "trabalhadores" é a única função dos justiceiros da Baixada Fluminense, dos quais o vereador Marcelo aceita ser porta-voz.

Sua lembrança idealizada da estrutura de poder nas favelas cariocas repete-se demasiadamente e permite-nos comparações, sobressaindo dessas o fato de não serem os "matadores de bairro" um grupo à parte, tal como os traficantes que "comandam" as favelas. Nesse microcosmo que é a Baixada Fluminense, a cultura dos matadores não equivale à cultura dos traficantes, que se impõe ao conjunto dos habitantes de uma favela, determinando regras e norteando comportamentos através da força, conforme nos mostra Marcos Alvito (2001) em um estudo antropológico realizado durante a década de 1990 na favela de Acari.

Ao tomar contato com o mundo retratado por Alvito, é possível verificar que o tráfico e seus chefes e soldados não controlam somente militarmente a "comunidade". A economia da favela e de sua área de influência depende da saúde do comércio de drogas existente ali, significando uma ocupação policial a falência de pequenos comerciantes e o desemprego de grande parcela da população. Não é possível participar da direção de algo como uma associação de moradores ou pastorear uma igreja evangélica sem que os chefes do tráfico interfiram, não sendo uma questão recente essa que retornou aos jornais às vésperas das eleições do ano de 2006, quando os candidatos ao governo do estado do Rio de Janeiro discutiam a viabilidade de se fazer campanha nas favelas da capital, uma vez que tal somente é seguro através de negociações com os traficantes.

Na região da Baixada Fluminense, nem o esboço de algo semelhante existe nas relações entre "matadores" e "trabalhadores", sendo possível que um ou mais matadores se imponham ao conjunto de habitantes de um local, determinando regras, como horário de circulação pelas ruas, velocidade máxima dos veículos ou até mesmo o pagamento de alguma taxa ou a participação em algum mutirão. Todo morador sabe, entretanto, que é essa uma situação extraordinária e, portanto, passageira; nenhum deles considera que a troca do "matador" significará a manutenção dessas regras "estranhas" ao local:

> As vez acontece de um cara querendo aparecer virar matador aqui e querer criar regra dele. Aí ele diz que você não pode chegar em casa depois de tal hora, proíbe baile, diz que você daqui não pode passar para o bairro de lá e teve um até que fez umas faixa e pendurou aí pelos poste dizendo que ninguém podia chegar depois de nove da noite. Só que a gente aqui tudo sabia que primeiro não ia dar pra seguir essa regra estranha, que ia ter que ser na base da conversa porque você não pode dizer pro peão que ele não pode fazer hora extra e chegar em casa meia-noite. No início, as rua ficou vazia, só que depois foi ficando difícil e terminou o pessoal saindo. Quando ele [matador] morreu ninguém mais respeitou isso.[148]

Não se assiste, então, na Baixada Fluminense, a uma relação em que os gestos dos matadores são respeitados e imitados pelas "comunidades", sendo mais próprio pensarmos, com o vereador Marcelo, que seus atos refletem o que "o seu povo pensa", atribuindo ele aos moradores de seus bairros a responsabilidade final pelas mortes de bandidos através dos "matadores de bairro", tanto porque os justiceiros, tal como ele, seriam membros da própria comunidade — algo de difícil comprovação documental, uma vez que são poucas as detenções de componentes de grupos de extermínio — quanto porque as mortes são provocadas pela própria população de um local, hábil em pré-se-

---
[148] MOTA, Eduardo Pereira. Entrevista concedida em 12 jan. 2006.

lecionar, através da "fábrica de fofocas", aqueles que merecem a morte (Elias, 2000:121-133):

> Como eles [matadores] chega a saber quem é vagabundo? Isso é assim: se você vive aqui, você ouve falar das coisa. Tem aqueles caso de cara que vem de fora perturbar e que não precisa ninguém dizer nada. Eles tão ali pra tocar o horror e você já sabe que o jeito é matar. Só que na maior parte das vez é cara daqui mesmo que faz as merda. Aí você vai ouvir falar deles, das coisa que eles faz e você procura se informar porque você não vai aceitar qualquer boato, né? Você vai ver e tudo, e então vai decidir. Não é assim alguém falou eu acreditei não, porque tem muita gente maldosa. Aqui mesmo [em um dos seus centros sociais] vem sempre gente falar dos outro aí assim: "Fulano tá fazendo isso, o filho de fulano faz aquilo". Só que as vez é só fofoca. Vizinho que briga e inventa pra se vingar. Você tem que prestar atenção, se não roda inocente.

Levados a reboque pelos "trabalhadores", os justiceiros de bairros não se impõem, até por não habitarem um universo exclusivo, tal como os traficantes de uma favela. Seguem eles a cultura nascida dos próprios bairros, sendo percebidos como um "mal necessário" e ocupando um limbo que talvez explique a rápida derrota do "matador" Eduardo Silva pelo "ex-matador" Marcelo Souza. Então, por que eles são eleitos vereadores e até mesmo prefeitos na região da Baixada Fluminense? A resposta a tal questão talvez se torne mais fácil quando lembrarmos que a primeira providência de alguém evidenciado politicamente na Baixada Fluminense devido ao fato de ser percebido como matador é construir para si a história de ter iniciado sua carreira "limpando o bairro dos vagabundos", porém em algum momento ter se redimido, abandonando ou mesclando a prática dos justiçamentos com os serviços comunitários mais comuns, como aqueles prioritariamente levados adiante pelos demais líderes da região, não sendo incomum encontrar "ex-matadores" presidindo associações de moradores ou liderando habitantes de bairros periféricos em seus protestos ou na autorresolução dos incontáveis e costumeiros problemas imediatos.

Falta, a fim de completarmos esse quadro, entender como os personagens principais desse jogo o vivenciam. Os moradores dos bairros da "área" do vereador Marcelo Souza percebem-no não tão essencial às suas vidas como o próprio vereador parece pensar ao afirmar que o medo de seus centros sociais se fecharem move todos a votarem nele e em quem ele indica. Um caráter bastante utilitarista domina os discursos populares, parecendo para os moradores que vereadores e candidatos a quaisquer cargos públicos são simples viabilizadores do atendimento das demandas presentes de forma crônica nos bairros periféricos, sendo muito comum, ainda, a compreensão de que qualquer candidato ou político em campanha tem a obrigação de resolver problemas pessoais, importando pouco a melhoria do bairro, o que faz com que o vereador Marcelo faça bastante sucesso nos locais mais pobres dos bairros de sua área, provavelmente porque ali a quantidade de moradores pessoalmente atendidos seja superior à dos que são diretamente atendidos em outras partes dessa área. Nesses locais, o vereador parece ser lembrado sempre pelos mesmos serviços assistenciais, sendo auxílio em operações de esterilização feminina, fornecimento de alimentos, remédios, materiais de construção, roupas, passagens, vestimentas, uniformes para times de futebol os itens mais lembrados pelos moradores que têm nos postos de atendimento do vereador o primeiro local para "onde correr quando a coisa aperta". Todos admitem, porém, que não é somente o vereador Marcelo que atende às necessidades várias dos moradores e do próprio local, afirmando que políticos e candidatos possuem como função a diminuição das agruras diárias de "quem é pobre":

> A gente aqui precisa demais das coisa. Quando você não vê um jeito de resolver, você vai recorrer pra político. Tem coisa que você só consegue na época da política. Se você procurar em outra época, você não vai conseguir nada, só que na época da política você tem mais chance porque o político serve mesmo pra resolver problema da gente. Se a gente procura em outra época, só consegue com uns que vêm mais aqui, mas na época da política vem um monte e você pode conseguir coisa difícil, tipo operação pra mulher, vaga no colégio de perto de casa. [...] a gente vai procurar aquele que pode ajudar. Você não fica preso nesse ou naquele político. Qualquer serve. Eles vêm fazer campanha e se você não pedir você é bobo, porque se ele quer voto tem que ajudar mesmo.[149]

As partes habitadas por pessoas mais pobres da área do vereador, onde depoimentos semelhantes a esse facilmente são ouvidos, são também aque-

---
[149] ALMEIDA, Geraldo Magela. Entrevista concedida em 21 fev. 2006.

las onde um número muito pequeno de aparelhos urbanos existe, parecendo serem as moedas eleitorais unicamente os serviços assistenciais oferecidos por candidatos e vereadores. Se essa forma de os eleitores se comportarem não incomoda de forma definitiva o vereador Marcelo, não parece ser esse o tipo de eleitor que ele considera como ideal, uma vez que sua experiência determina que somente importa aos eleitores mais pobres o oferecimento dos serviços pessoais, entendendo ele que é mais fiel o morador dos locais onde não residem pessoas muito pobres, vinculando aos moradores das regiões menos pobres preocupações com o próprio bairro como mais importantes que aquelas que dizem respeito às necessidades pessoais:

> Eu acho que fazer política nos lugares mais pobres aqui da área é bem mais complicado porque aí você não pode contar com ninguém. Você tem que tirar dinheiro do seu bolso e dar pra essa gente. Você tem que ficar pedindo pra médico favor, tipo operação, falar com polícia que as vez você não conhece pra liberar alguém e você fica na dependência de muita gente quando vai atender esse povo. Mas aí eles não vota em você assim mesmo. Quando eu vou olhar os voto eu vejo que lá eu tenho menos voto e gasto muito com atendimento o ano todo. Só que quando eu deixo de atender alguém, se eu digo um "não" eles não lembra tudo que eu fiz antes. Lá qualquer um é votado porque não dá pra controlar lá quem entra e faz campanha. Ninguém bota serviço lá, só que qualquer um procura voto lá e não dá pra controlar.

Relações ideais com os eleitores pressupõem, então, que esses exijam principalmente o atendimento às necessidades coletivas relacionadas com modificações nas condições urbanas dos bairros. O investimento, nesse caso, não é todo ele feito pelo vereador, que pode amalgamar seu papel de executivo com o de interlocutor entre a população e a prefeitura, e algum deputado integrante de seu "grupo político". A fidelidade eleitoral desse segundo tipo de morador é acentuadamente maior, confirmando a percepção do vereador de que seus investimentos devem beneficiar principalmente aqueles que habitam os locais mais "antigos":

> Nos lugares mais antigos aqui da área quem mora é geralmente gente que tem uma profissão, que trabalha todo dia, as vez mais um da casa. Eles são

pobre, mas tem uma casinha deles mesmo e tem tudo dentro. Eles também procura a gente quando eles tem um problema tipo desemprego, uma operação deles e tal, mas eles te procura mais porque tem um problema lá na rua deles e aí eles diz: "Isso aí é um problema da prefeitura, só que a prefeitura não vai vim fazer. Tem que falar com o Marcelo que eles ele ouve". Aí eles vem falar, eles liga e eu vou ver, e tem vez que eu resolvo sozinho ou eu falo lá com um secretário ou com o prefeito e a obra é feita [...] Quando eu vou ver os voto desses lugar, é muito pra mim, aí eu vejo que tenho que continuar ajudando porque o trabalho que eu faço é mais bem recebido nesses lugar aqui e é mais fácil fazer trabalho social onde você pode contar com o morador que ele não tá só interessado numa sopa ou no tijolo que você vai dar pra ele. Ele tá querendo ver como é que você vai ver o problema da rua dele.

Se o vereador prefere os moradores "mais antigos", a visão destes sobre o político é também mais seletiva, sendo tais moradores responsáveis pela distinção entre os candidatos que atuam na "área", assumindo o vereador Marcelo a posição de alguém identificado com os moradores e responsável direto pela transformação da "área" de uma roça para um bairro onde existe "luz" e "asfalto":

Tem muita diferença entre o Marcelo e outro candidato qualquer. Aqui era uma roça mesmo. Tinha muito mato, mais do que tem agora, e não tinha nenhum político aqui que ajudava. Você toda eleição tinha um monte que vinha aqui, pegava o nosso voto, prometia tudo e ia embora sem fazer nada. Depois do Marcelo, não. Você vê as coisa que vai aparecendo, o bairro vai mudando e vai ficando diferente da época que não tinha nem luz. Agora tem lugar com asfalto, esgoto. Tem mercado até.[150]

De forma geral, os moradores da "área" do vereador Marcelo não se distinguem da maioria dos populares da Baixada Fluminense em suas opiniões sobre "os políticos". Revela, entretanto, a percepção destes sobre o "ex-matador" transformado em líder comunitário e depois vereador, que existe uma pessoalidade grande o suficiente para que Marcelo Souza distinga-se a tal ponto que

---

[150] ELIAS, Joaquim da Silva. Entrevista concedida em 21 out. 2005.

se afasta da opinião comum de que os políticos interessam-se somente pelo seu enriquecimento.

Para seus vizinhos, Marcelo Souza é também alguém que está pensando em si quando exerce seu cargo político, porém ele é também o único do município interessado "nas coisas do bairro", importando pouco se ele ficou mais rico após ser eleito vereador. O sentimento prevalecente é o de que ele "pertence ao lugar", sendo isso um indício da solidariedade não percebida nos demais políticos e fomentador da certeza de que as condições do lugar continuarão se alterando na direção da transformação da "área" em algo diferente da "roça" que ela era até há pouco tempo.

Parece surgir, para o habitante da "área" do vereador Marcelo Souza, ele como uma espécie de herói salvador, semelhante ao primeiro prefeito de Belford Roxo — Joca — ou ao ex-prefeito Zito, de Duque de Caxias?

A resposta a esta pergunta é "não", devendo-se a negativa ao papel não tão extraordinário desse pequeno comerciante transformado em vereador, porém não possuidor do carisma pessoal detido por Joca, que em sua época de vereador iguaçuano, além de espalhar centros sociais inúmeros por todo o distrito de Belford Roxo, conseguiu vincular a si e a sua figura a marca de organizador do mundo caótico que era seu antigo distrito.

Tão semelhantes em suas origens e práticas, Marcelo e Joca distanciam-se consideravelmente se percebermos que o primeiro carrega em si a marca da normalidade. Nenhuma proposta de revolucionar a Baixada partiu das palavras e práticas de Marcelo, que se conformou, até o momento, em somente concorrer à Câmara de Vereadores de seu município, apesar de seu considerável sucesso eleitoral. Ser vereador parece ser uma nova profissão para o comerciante agora, completamente enredado pela profusão de pedidos que atende em seus centros sociais ou em seu gabinete de vereador. Para alguém que acompanha um dia de trabalho desse vereador, escolhido por mim exatamente pelo seu caráter médio, ordinário, é difícil não surgir a impressão de estar lidando com alguém que parece ter se transformado em uma espécie de Sísifo preso à resolução impossível de serviços quase todos eles de responsabilidade dos órgãos do Poder Executivo, porém desde muitos anos realizados pelos próprios moradores e agora sob a responsabilidade do "vereador da área", que possui como obrigação primeira fugir da acusação de ser omisso e levar para "o seu povo" tudo que a proximidade com o Estado pode proporcionar.

CAPÍTULO 5

O caso Adriano Vianna

Um efeito?

NO DIA 6 de julho de 1999, os policiais militares do 15º Batalhão, localizado em Duque de Caxias, surpreenderam-se ao receberem telefonemas anônimos informando que os moradores da favela de Nova Jerusalém, armados com paus, pedras e ferramentas de trabalho, como foices, enxadas e cavadeiras, haviam expulsado dali um grupo de bandidos.

Responsáveis pelo policiamento de boa parte da Baixada Fluminense e localizando-se na área de atuação do batalhão uma grande quantidade de favelas e uma miríade de bairros populares com elevados índices de violência, era inédito para os policiais deslocarem-se até uma favela para verificar a veracidade de uma informação daquele tipo. Aquilo, na visão dos policiais, nem sequer constituía uma verdadeira ocorrência. O usual é a "população carente" compartilhar suas vidas com os bandidos, o que faz com que policiais entendam ser o "malandro" e o "trabalhador" duas faces de uma mesma moeda. Aliás, acreditando-se em depoimentos de praças e oficiais lotados no batalhão de Duque de Caxias, "a lei do silêncio" é imposta muito mais pela "amizade com a bandidagem", por uma espécie de "solidariedade entre vizinhos de infortúnio" do que pelo medo de alguma repressão "marginal". Exceções sempre existem, porém, na maior parte dos casos, bandidos e "populares" não se estranham, sendo sutis as diferenças entre eles. Isso porque, em bairros carentes e em favelas, o crime não é unicamente um meio de vida. Trata-se de um "estilo". Espero não quererem dizer com isso os policiais que o crime é algo pelo qual se opta. As pessoas são "transformadas em bandidos" invariavelmente respondendo a necessidades materiais extremas, porém passam a se constituir em algo distintivo o uso das armas e a possibilidade de alcançar poder e afirmar-se através da violência. No final de tudo, o crime, ou a vida criminosa, passa a ser "algo invejado", e por isso manifestações populares são comuns quando os principais "meliantes" são mortos ou por policiais ou por "malandros estrangeiros".

Mas o fato é que os bandidos daquela favela, ao contrário do que era considerado normal, "atormentavam" a vida de todos os moradores através de atividades como cobranças de "pedágios" para a entrada e saída do local, de comissões pela venda de barracos, criação de "taxas" destinadas à compra de munições pelo bando, expulsão de moradores que se negassem a auxiliar aqueles elementos não desejados que também organizavam um serviço de venda de drogas e providenciavam, com uma certa frequência, o incêndio de barracos e a eliminação de moradores aparentados com crianças ou adolescentes que se recusassem a manter relações sexuais com os bandidos.

Para alguns policiais, o fato detonante daquela "revolta inédita" era provavelmente o assassinato de uma das moradoras da favela e de um de seus filhos. Os dois foram mortos por ordem de alguém que ocupava o posto de chefe do bando desde o ano de 1998, quando expulsara o antigo "dono do lugar", ao qual era subordinado, passando a impor "o terror". A troca de "dono" na favela revelara-se um verdadeiro desastre. Não que o antigo chefe dos bandidos fosse um aliado dos moradores, mas pelo menos não era considerado tão "prego"[151] por eles. O novo chefe, Pedrinho (Pedro Moura Cardoso), diferentemente de diversos anteriores a ele, especializou-se em oprimir sem justificativa e cruelmente os moradores de Nova Jerusalém.

Conviver com bandidos era algo "naturalmente" enquadrável no cotidiano daquelas pessoas extremamente pobres. Enfrentar um "gigolô", entretanto, correspondia a algo inusitado no elenco de precariedades diárias. A eliminação de uma mulher sozinha e indefesa unicamente porque ela se negara a ceder aos "instintos animais" de Pedrinho e, fato fundamental porque mais traumático, a eliminação do jovem filho dessa mulher, que além de "inocente" era "débil

---

[151] Na linguagem típica do mundo criminoso fluminense, é considerado "prego" o bandido que não auxilia a comunidade onde ele vive.

mental", e o posterior despejo dos dois cadáveres em um canal infecto que delimita um dos lados da favela, onde esses corpos decompuseram-se até serem resgatados posteriormente, significou para os moradores de Nova Jerusalém a confirmação de algo até então não percebido como normal, porém aceito como parte do cotidiano de incertezas de uma população pobre e desassistida.

Era bastante clara, para qualquer morador de Nova Jerusalém, a impossibilidade de existirem regras fixas para o comportamento daquelas pessoas que direcionaram suas vidas para a prática de crimes. Justiceiros, ladrões e traficantes são elementos minoritários, porém destacados dentro de uma favela miserável como Nova Jerusalém. É óbvio que os elementos expulsos pelos moradores não eram os primeiros bandidos gerados ou recebidos pela "comunidade". Relatos de moradores deram conta de que, nos poucos anos de existência daquela favela, diversos foram os bandos ou elementos isolados que interferiram na vida dos habitantes. Alguns desses grupos e elementos isolados beneficiaram o conjunto dos moradores, e a sua saída de cena — sempre através de assassinato ou expulsão — transformou-se em motivo de pesar e apreensão. Outros grupos e, principalmente, elementos isolados, sempre foram vistos como desagregadores e, portanto, como perigosos.

A fala de algumas das moradoras da favela revela essa relação recheada de admiração, medo e respeito:

> [...] viver perto de marginais não é uma coisa ruim ou boa. Depende muito de como é o marginal. Sendo cria daqui mesmo ele geralmente respeita todo mundo e ninguém se mete com eles. Faz os negócios deles e a gente vivemos nossa vida sem se meter nas deles. Uns até ajuda quando temos precisão [...] tem uma vez... um caso que eu lembro que foi de uma parenta minha... dois filhos dela bebia, se drogava e batia nela. O dono daqui na época era o Beto Baiano que era um sujeito bom. Ela reclamou com ele que foi até os dois filho e avisou que aquilo tinha que parar. Quando um dos filhos bateu nela, o Beto nem foi avisado, foi até a casa e deu uma surra no filho dela.[152]

Olha só, quem mora aqui desse jeito que nós mora não dá pra não dar com bandido não. Eles é normal nesse lugar todo daqui, nessas favela. Eles

---

[152] Não creditei os vários depoimentos aqui presentes devido ao risco que isso representaria para grande parte dos entrevistados.

não são ruim não. É gente igual a gente mesmo. Ajuda quem precisa aqui e só ataca aqueles que vacila no lugar. Eu não reclamo não porque é tudo mesmo assim e quem faz covardia aqui com a gente é muito mais polícia que ladrão. Eu não acho que tem por que fala[r] mal de bandido daqui não. A gente respeita e tudo porque quem manda é eles, mas não tem medo deles não. Às vez não dá pra viver bem com eles quando uns fica maluco, mas mais certo é não dar problema com a gente não.

O depoimento seguinte revela, ao contrário da admiração e gratidão, o medo e o desprezo que um morador da favela demonstra ao relembrar episódios antigos envolvendo um justiceiro isolado que atuou na favela durante algum tempo:

[...] foi anos de horror. Era difícil viver com aquele sujeito aqui. A gente não tinha ideia de por que ele era tão ruim e vivia o tempo todo com medo de ser morto pelo monstro. Às vez ele banhava cavalo com gasolina, botava fogo e ficava rindo da dor dos bicho correndo e derrubando barracos enquanto morria desesperado. Isso era direto e matava qualquer um sem razão. O negócio dele era mostrar que era ruim e para isso atirava sem motivo e sem olhar quem passava. Aqui naquela época era quase tudo barraco feito de madeira e papelão. Quando começava tiro era um Deus nos acuda. Enfiava minha família embaixo da cama e ficava esperando passar. Não lembro de tempo pior. Tinha que chegar em casa antes das nove da noite porque ele escreveu em tabuleta e pendurou aí a ordem de chegar cedo. Depois das nove corria o risco de levar tiro.

Inútil procurar nas falas de moradores de Nova Jerusalém indícios da existência de organizações criminosas assemelhadas àquelas existentes em favelas cariocas. Na realidade, tanto os depoimentos de habitantes da favela quanto o testemunho de policiais civis e militares conhecedores de ocorrências criminosas que possuíram como cenário aquela favela, revelaram que os bandidos dali sempre se caracterizaram pelo uso extremo de violência, fosse contra inimigos — o que se constitui em um comportamento regular — fosse contra os componentes da própria "comunidade favelada". Para alguns entrevistados, é muito provável que o pequeno tamanho de Nova Jerusalém e o fato de aqueles bandidos atuarem muito localmente e não correrem riscos dentro do lugar os tenha levado a não refrearem seus atos animalescos:

> [...] você tem que ver que isto aqui é muito pequeno quando compara com outras favelas daqui de Caxias mesmo. Bandido daqui nem tem muito pra fazer não e uns acaba querendo sacanear a gente mesmo que mora aqui e que não tem como se defender. O difícil é que você não tem pra quem reclamar, mesmo porque se um começa a fazer covardia, os outro não liga e sua família fica assim sem amparo de ninguém porque não adianta mesmo chamar polícia porque ninguém nem entra aqui. E aí a gente fica sozinho aqui esperando não enfrentar bandido maluco. É um inferno e já foi pior quando aqui era menor porque nem sabia quem era dono daqui. Chegava um matava o que tava mandando e sobrava pra gente sempre. Vai fazer o que, né? É tudo tão ruim e não tem mesmo pra onde ir. O jeito é ir vivendo aí com medo das covardia deles.

O assassínio da mulher e de seu filho surgiu, para os moradores de Nova Jerusalém, como a confirmação de algo até então percebido, porém não admitido: era insuportável continuar a viver dentro daquele clima de horror. Ainda mais que aquela situação não era recente. Pelo menos há três anos os bandidos da favela se aproveitavam da fragilidade de seus habitantes, e mesmo sendo parte integrante da vida dos moradores de áreas pobres da Baixada Fluminense a íntima convivência dos "trabalhadores" com traficantes, ladrões e justiceiros e não existindo, na maior parte dessa região, preceitos muito bem definidos para regular tal convivência, para as "comunidades" sempre existem maneiras de antecipar o comportamento dos bandos e a ação individual de seus componentes. A vida pode se transformar em um "inferno" quando um desses bandos ou alguns indivíduos isolados resolvem fugir das tênues regras estabelecidas e se aproveitar da situação de vulnerabilidade que é inerente à vida das pessoas de regiões pobres.

Em uma vida marcada por carências extremas, a impossibilidade de possuir pelo menos "paz" é algo desesperador, e apesar de todas as crises que circundam a vida dos moradores dos bairros periféricos e das favelas da Baixada, é possível observar que na maior parte do tempo existe a "paz" característica das áreas controladas por um bando ou por um protetor, seja ele um morador policial, bombeiro, segurança particular, traficante ou um exterminador de bandidos. A exacerbação da inversão das relações existentes entre "trabalhadores" e bandidos na comunidade de Nova Jerusalém preparou lentamente o terreno que permitiu o surgimento da revolta aqui descrita.

Entretanto não poderiam ser consideradas como totalmente previsíveis as ações contrárias aos bandidos "pregos". Sem alguns fatos catalisadores, o processo de expulsão dos traficantes da favela e a formação dos grupos armados que passaram a circular pelas ruas a fim de impedir a volta dos componentes do bando de Pedrinho provavelmente não teria ocorrido. É preciso descobrir o que catalisou a revolta.

No dia anterior àquele em que os policiais do batalhão da PM receberam a denúncia acima citada, um jovem chamado Adriano Vianna deu entrada na condição de "conduzido" na 59ª Delegacia Policial. Fora ele levado até ali porque confessara, horas antes, ter sido o assassino de dois indivíduos que também eram moradores de Nova Jerusalém.

A história do crime se iniciara na madrugada de sábado para domingo, quando Adriano e alguns outros favelados pararam em uma "barraca" no interior da "comunidade" para beber cerveja e chegaram dois homens que passaram a comentar, em voz alta, a intenção de eliminar um cunhado e algumas sobrinhas de Adriano. Reconhecendo aqueles homens como bandidos que "infernizavam" a vida dos moradores dali e percebendo que se encontravam bêbados, Adriano e seus acompanhantes aproveitaram-se da oportunidade que surgira inesperadamente e atacaram os "elementos", tomaram a arma que estava em posse de um deles, levaram-nos para um terreno baldio e revezaram-se nos disparos contra os corpos dos dois. Logo em seguida, encarregaram-se todos de arrastar os corpos sem vida até as margens do canal Sarapuí, tendo sido os dois bandidos arremessados sobre a vegetação que cobre as águas fétidas e quase imóveis.

Logo após liderar o duplo homicídio, Adriano, agora sozinho, correu para a casa de Pedrinho, o chefe do bando de traficantes a que pertenciam os dois mortos. Invadindo a casa e sendo atendido por uma menina, Adriano terminou sua aventura noturna tendo uma das pernas atingida por um tiro que partiu do bandido refugiado sob a cama. Avistou-o fugindo pela janela do barraco e logo em seguida escondeu em um matagal a arma com a qual matara e caçara traficantes. Só após encaminhou-se para o Hospital Geral de Duque de Caxias, onde confessou aos policiais militares os crimes que cometera durante aquela madrugada. A arma foi recuperada com facilidade, pois estava exatamente onde Adriano disse que a deixara. Os corpos não foram imediatamente encontrados, uma vez que o leito do canal Sarapuí se constituía em uma espécie de depósito lamacento de lixo, sendo impossível, em alguns pontos, descobrir a água que o formava, tal o grande volume de galhos, garrafas plásticas e restos de móveis e animais que assoreavam o canal, que possuía águas totalmente enegrecidas devido ao grande volume de esgotos domésticos e industriais despejados nesse "afluente" do rio Sarapuí.

No meio do dia em que Adriano foi preso, a delegacia foi informada da presença de dois corpos presos na lama que margeia o canal do rio Sarapuí exatamente na parte em que esse limita a favela Nova Jerusalém. Eram dois homens de cor negra, aparentando o primeiro 40 e o segundo 35 anos. Os dois foram identificados por moradores da favela como sendo os bandidos mortos entre sábado e domingo por Adriano e seus acompanhantes.[153]

Na mesma ocasião em que esses dois corpos masculinos foram encontrados, os policiais e homens do Corpo de Bombeiros localizaram outros dois cadáveres. Um deles pertencia a uma mulher e outro a um jovem. Os populares presentes ao resgate dos cadáveres, além de auxiliarem os soldados bombeiros na localização de todos os corpos, ainda informaram que eles pertenciam a mãe e filho assassinados alguns dias antes pelos componentes da quadrilha de Pedrinho. Os habitantes de Nova Jerusalém disseram que o nome dessa mulher era Iracema, que ela era confeiteira e que o nome de seu filho era Cleomar. Eles foram esfaqueados e atingidos por tiros após a mulher ser estuprada.[154]

A polícia ocupou a favela no dia 9 de julho de 1999. Apesar disso, os moradores não desmontaram seus grupos de patrulha. Armados de paus, foices e facões continuaram circulando pelas ruas escuras onde os policiais não andavam. Na verdade, o termo "ocupação" não é totalmente adequado. Para "garantir a segurança dos moradores" o comando do 15º Batalhão de Polícia Militar escalou 10 militares que se revezariam em duas viaturas durante todo o dia. Uma das viaturas deveria simplesmente circular pela avenida Presidente Kennedy, que delimita a favela, e a outra teria como posto fixo a entrada do

---

[153] Todas as informações anteriores foram retiradas dos seguintes documentos: Registro de ocorrência de número 0035672/0059/99 da Metropol XI (Título: flagrante 689/99 — bem arrecadado); Registro de ocorrência de número 003590/0059/99 da Metropol XI (Título: encontro de cadáver — duplo homicídio); Auto de prisão em flagrante número 689/99 da Metropol XI — 59ª Delegacia Policial.
[154] Jornal *O Dia*, 7 jul. 1999, p. 10.

lugar, tendo os ocupantes desta segunda viatura ordens expressas (e desnecessárias) de não circularem pelas ruas de Nova Jerusalém.

De fato, seria estrategicamente inviável para uma viatura policial patrulhar as ruas estreitas, esburacadas e enlameadas da favela. Sendo impossível manobrar naquelas vielas, em uma emergência a ação policial ficaria comprometida, por isso a natureza cosmética da ocupação.

A presença policial não fez com que as ameaças de Pedrinho e de seu bando cessassem, e moradores eram avisados, quando saíam do local, que o bando retornaria reforçado e colocaria fogo em todos os barracos e mataria aqueles que ainda insistissem em viver por ali.

Em junho de 1999, a recordação dos três últimos anos e, principalmente, dos três últimos meses fazia com que qualquer habitante da favela entendesse não serem somente bravatas os avisos. Vivo na memória estava o conhecimento dos nove assassinatos de "trabalhadores" ocorridos na favela durante os três últimos meses. Dois dos assassinados estavam sendo retirados do "valão" naquele momento. Os outros sete nem sequer seriam enterrados, uma vez que foram também lançados ao canal ou rio, mas devido ao longo tempo que permaneceram ali provavelmente já não poderiam ser resgatados.

As lembranças do terror, o medo desesperador e a certeza de que os policiais, "mesmo se quisessem", nada poderiam fazer para protegê-los, convenceu aqueles moradores — sem que existisse a necessidade de nenhuma reunião formal — de que o único meio de defesa era representado pela reação violenta contra o que profissionais do jornal carioca *O Dia* chamaram de "ditadura do pó".[155]

A reação popular não era encabeçada por qualquer organização existente dentro ou fora da favela. A associação de moradores não possuía formas de ação contra os bandidos, algo comprovado pelo fato de um de seus líderes também estar ali no "valão", assassinado pelos bandidos meses antes daquele momento e jamais resgatado.[156]

---

[155] Jornal *O Dia*, 7 jul. 1999, p.8.
[156] A história do líder da associação de moradores assassinado é confusa e se repete de formas diferenciadas em muitos dos relatos que ouvi. As narrativas mais comuns apresentam um líder comunitário — que era também pastor de uma igreja neopentecostal — que, ao subir no telhado de sua casa para verificar a antena da televisão, foi mal interpretado pelos bandidos, que já não gostavam dele e que pensaram tratar-se de espionagem. Foi atingido por tiros, seu corpo quebrou as telhas de um barraco ao cair. Arrastado pelo bando teve sua cabeça arrancada e transformada em bola de um jogo macabro de futebol.

A inexistência de lideranças catalisadoras não tornava menos efetivas as decisões populares. Ainda mais que tais decisões inspiravam-se em um exemplo de reação que ocorrera naquele mesmo local no dia anterior. A expressão daquele exemplo constituía algo tão forte que se tornava difícil não o seguir, mesmo que tal significasse colocar em risco a própria vida:

Não é que a gente não tivesse o que perder. É claro que todo mundo lá tinha o que perder. Por mais miserável que a pessoa é tem pelo menos parente, família [...] se arriscar é difícil quando você é pai, filho, esposo. Ninguém com consciência deixa mulher, mãe, filho em casa e sai pela rua caçando malandro que não tem o que perder. Só maluco ia fazer isso sem ter motivo, e mesmo tendo esse motivo eu pensei muito antes de participar daquilo. Só me envolvi quando percebi que se não fizesse isso ia seguir o mesmo caminho dos outro e sair da favela. Só que sair era ruim também. Pior que esse lugar é, eu gastei aqui, e deixar família sem ter onde morar é difícil. Eu não tinha pra onde correr e passei a participar do negócio porque não dava de encontrar outro jeito de resolver. A única esperança é que os bandido morresse logo porque bandido morre cedo. Mas naquela hora não tinha o que pensar. O jeito era vigiar rua e torcer para não acontecer nada [...] pra eles não voltar, porque eu não sei como ia ser enfrentar eles com revólver e nós com pau e pedra. Ia ser um massacre dos dois lado e ainda bem que o pior não aconteceu.

Já não era possível a impassibilidade frente ao que ocorria, e a partir da madrugada do dia 4 para o dia 5 de julho, a explosão tornou-se impossível de ser contida.

Conhecer as circunstâncias possibilitadoras do surgimento de Nova Jerusalém é fundamental para a compreensão dos fatos aqui descritos.

Nova Jerusalém

A história da ocupação de Nova Jerusalém dificilmente poderia ser contada tomando como ponto de partida a maneira como ocorreu a colonização proletária da Baixada Fluminense. Em primeiro lugar, essa favela surgiu muito recentemente, sendo a própria existência de favelas algo relativamente novo na Baixada.

Somente a partir de meados da década de 1980, tal forma de agrupamento popular começou a surgir nessa periferia de forma mais explícita. As exceções a tal regra são algumas favelas razoavelmente antigas e localizadas em alguns municípios vizinhos ao Rio de Janeiro, como Duque de Caxias, São João de Meriti e Belford Roxo. Nova Jerusalém não pertence a esse grupo mais antigo.

As razões para as favelas não serem típicas da Baixada prendem-se à ocupação da região através do loteamento de terras agrícolas fracassadas; portanto, a partir da compra do lote e não da apropriação de áreas geralmente públicas que se constitui na maneira principal de formação das favelas cariocas.

É algo difícil reconstruir passo a passo e desde seu início o processo de formação da favela de Nova Jerusalém. As informações são fragmentadas e não é possível localizar moradores muito antigos dali, onde as pessoas sequer sabem por que esse nome foi escolhido para o conjunto de miseráveis barracos de madeira, restos de metais e alvenaria que ocupam um corredor localizado entre o rio Sarapuí e o canal que corre paralelamente a ele.

Sendo mais preciso, as favelas contidas no bairro de Gramacho localizam-se sob as torres de alta tensão da companhia elétrica que abastece a maior parte da Região Metropolitana do Rio de Janeiro (Light), próximas dos tubos condutores de combustíveis pertencentes à Refinaria Duque de Caxias da Petrobras e praticamente dentro do rio Sarapuí que, nesse trecho final de seu curso, apresenta-se totalmente contaminado pelos esgotos residenciais e industriais de parte da Baixada Fluminense e da Zona Oeste do município do Rio de Janeiro. Nova Jerusalém margeia a principal avenida do município de Duque de Caxias (avenida Presidente Kennedy), localiza-se a poucos passos dos trilhos de um dos ramais da Estrada de Ferro Leopoldina e está praticamente dentro do centro comercial do bairro. Não é essa uma favela solitária. Um pequeno "complexo" de "comunidades" há ali, margeando o rio Sarapuí, a avenida Presidente Kennedy e os trilhos de trens urbanos, sendo componentes desse complexo o Dique II, a Paraopeba, a Vila Fraternidade e a Teixeira Mendes.

O rio e o canal (tanto um quanto o outro chamados pelos moradores de "valão") estão de tal maneira tomados pelo lixo que mal correm e, principalmente em dias de calor, transformam o ar em algo um tanto desagradável para narizes não acostumados ao mau cheiro. Aliás, a insalubridade do local é provavelmente uma das causas para não existirem moradores de longa data ali.

Apesar desse aspecto de campo de refugiados, é impreciso dizer que Nova Jerusalém é um lugar provisório de moradia. O fato é que inexistem ali pessoas que desejem manterem-se habitando por muito tempo a favela, o que significa, em outras palavras, que não parece haver sinais de apego àquele local de moradia, o que não chega a ser uma surpresa, principalmente após visitarmos os barracos miseráveis ou mesmo circularmos pelas vielas daquela favela.

O interior dos barracos, quase sempre edificados com sobras de materiais de construção, possui no máximo três pequenas repartições, sendo mais comuns aqueles com dois cômodos, estando a cozinha, o quarto e a sala em um mesmo lugar. Sobre um chão de terra batida, móveis doados ou retirados do aterro sanitário de Jardim Gramacho servem aos moradores, que cozinham seus alimentos, em alguns casos, em recipientes de lata transformados em panelas.

Quanto às vielas, são de tal forma estreitas que impossibilitam duas pessoas caminharem uma ao lado da outra. Apesar disso, metais retorcidos, latinhas de alumínio e materiais restantes da construção dos barracos se acumulam nas portas, impedindo a passagem em alguns pontos até mesmo de uma pessoa sozinha. Para completar o cenário, em todos os pontos desse lugar caótico pequenas valas recebem a água da cozinha e os detritos dos banheiros das habitações, o que transforma os espaços destinados à passagem das pessoas em uma pista de obstáculos vencida unicamente através de pequenos e escorregadios saltos.

Informações acerca do início do processo de ocupação das áreas próximas ao rio Sarapuí variam conforme a fonte. A Prefeitura Municipal de Duque de Caxias, o 15º Batalhão de Polícia Militar, a 59ª Delegacia Policial e os moradores dos bairros circundantes discordaram bastante ao fornecerem dados. O primeiro órgão apontou o início da década de 1990 como o momento inicial de ocupação; já o segundo considera que em meados da década de 1980 já existiam barracos construídos ali. Quanto aos moradores mais antigos do bairro de Gramacho, dizem que pelo menos há 30 anos existem barracos à beira dos cursos d'água que atravessam o bairro a caminho da baía de Guanabara. Dizem eles também que tais barracos eram pouquíssimos, "10, 15, 20 barraquinhos". De um momento para o outro as margens do rio foram sendo mais ocupadas até se tornarem favelas:

> Não lembro bem não, mas acho que isto começou a ter barraco no primeiro governo do Brizola. De lá pra cá foi só aumentando até ficar do jeito que é. Mas começou devagarinho. Um barraquinho aqui outro ali e depois foi fechando assim e enchendo mais ainda, e parece que foi aumentando quanto mais o Gramacho progredia. Aumentou mais porque aqui era final dos

trens [a estação de Gramacho até pouco tempo atrás era a última no ramal de trens elétricos. A partir dali o passageiro migrava para trens puxados por locomotivas a motores *diesel*], que daqui pra frente tem menos e se o cara quiser ir para a cidade fácil é melhor parar aqui mesmo porque lá pra *dentro* tem menos recurso e é mais difícil pra ir trabalhar lá pra *baixo* [*dentro* e *baixo*, para vários entrevistados, designam respectivamente lugares mais afastados do município do Rio de Janeiro e o centro da capital fluminense].

Segundo dados da 59ª Delegacia de Polícia Civil, as primeiras ocorrências policiais surgiram naquela área no ano de 1988,[157] o que sugere que as margens do rio Sarapuí abrigaram favelas mais complexas em finais dos anos 1980. Essa última informação, completada pelos relatos de moradores de Gramacho, faz com que consideremos o início dos anos 1980 como aquele em que pessoas iniciaram construções de barracos em torno dos rios e estradas da região.

Quanto aos motivos que conduziram habitantes para os núcleos de habitações miseráveis e à origem desses homens e mulheres, há informações menos imprecisas que a datação de surgimento da favela. Somente com base nas entrevistas era possível supor que em boa parte os habitantes dali derivavam de bairros periféricos da própria Baixada. Geralmente emergências conduziram as pessoas até ali. A fala seguinte sintetiza o caráter dramático da chegada a Nova Jerusalém:

> [...] tem uns dois anos que mudei pra cá e o motivo foi a morte de um filho. A gente morava no Lote XV [bairro localizado no limite de Duque de Caxias com o município de Belford Roxo], numa casa construída num terreno que foi doado pra nós [...] o mais novo se envolveu com o que não presta e um dia invadiram e quebraram tudo na casa. Procuravam ele que quase nem ia mais em casa [...] ameaçaram e deram um dia pra gente mudar. Na mesma noite acharam e mataram ele e a gente nem pôde fazer o enterro direito. Continuaram ameaçando e no dia seguinte a gente veio parar aqui. Fizemos uma cabana com plástico de obra mesmo e ficamos

---

[157] A primeira referência da imprensa carioca à favela de Nova Jerusalém é do *Jornal do Brasil* de 25 de janeiro de 1988 (PM prende "King Kong" por desacato em Caxias, 1º caderno, p. 10a). Em 1991, a favela foi palco de uma chacina de menores que chamou a atenção de diversos periódicos cariocas e fluminenses. No episódio, seis menores foram mortos pelo chefe local do tráfico de drogas (*O Fluminense*, 17 e 18 nov. 1991, p. 9).

dentro da cabana mais de 15 dias. Nesse tempo juntamos resto de obra lá no lixão e fizemos esse barraquinho em que a gente até hoje mora.

Não se constitui exatamente em uma exceção a situação anterior. Vítimas de atos violentos, fugitivos de locais onde se tornou impossível viver "em paz", miseráveis absolutos, recicladores de lixo que diariamente "trabalham" no lixão de Jardim Gramacho, serventes de pedreiro, empregados domésticos compõem o conjunto de habitantes dos barracos e casebres que fazem parte da favela. Muito raramente encontramos trabalhadores formais dentro dessa espécie amorfa de comunidade.

Guiando-se unicamente pelos depoimentos, é fácil pensar a favela caxiense como algo assemelhado a um depósito de rebarbas produzidas no processo desorganizado de urbanização da região da Baixada Fluminense, e o fato de localizar-se em Duque de Caxias reforça mais ainda tal ideia, na medida em que aquele município foi o que experimentou de maneira mais explosiva a ocupação popular. Na realidade, é possível encontrar ali, em Nova Jerusalém, práticas semelhantes àquelas presentes ordinariamente nos bairros periféricos da Baixada. Entretanto, ocorre nessa favela o que considero como agudização dos problemas típicos da região, sendo tal intensificação de problemas agravada pela completa ausência de instituições ou ações que representem o Estado. Mesmo a polícia, como já vimos, visita Nova Jerusalém somente em uma emergência extrema. Circular através da favela, na visão de um oficial da PM, seria algo infrutífero por uma série de motivos:

> Por que eu deslocaria patrulhas para lá? O máximo que existe naquele lugar é bandido que utiliza os barracos como esconderijo. Não tem ninguém com dinheiro por lá. Você poderia pensar que nós deveríamos ir até lá para prender bandidos escondidos. Mas isso é perda de tempo. Nosso efetivo não é grande e o que não chama a atenção geralmente não é verificado. Parece insensível isso que eu falo, mas é a realidade. Precisamos oferecer resultados, e nessas pequenas favelas e bairros pobres só pode existir deslocamento em caso de alarme. Do contrário, consideramos as nossas ações perda de tempo.

Mesmo o assistencialismo político, comum em qualquer região pobre, ali não é praticado, muito provavelmente por significar uma ação inútil. Espera-se que o beneficiado pelas doações dos agentes assistencialistas comprometa-se e retribua através do voto. Ocorre, entretanto, que carências tão extremas são acompanhadas ali de descompromisso eleitoral, sendo poucos os moradores de Nova Jerusalém preocupados em participar de eleições mesmo quando possuem títulos de eleitor:[158]

> [...] ninguém faz nada sem interesse, e pra que vim aqui se o povo daqui não vota? Às vez aparece uns políticos aqui e dão sopa pro povo daqui, mas parece que desiste porque não dá resultado vim aqui e gastar dinheiro com quem não vota e não faz eles ficar mais rico do que já é [...] a gente tem que se conformar com o que a gente é e não é por político que esse povo vai ter alguma coisa. Todo mundo daqui tem que ver que está abandonado e ninguém vai se preocupar com esse povo que não pode ajudar político a enriquecer.

De certa forma, a última fala conduz-nos a pensar que a favela transformou-se em um caso extremo de esquecimento estatal dentro de outro caso de esquecimento, que é a periferia das várias cidades que circundam o Rio de Janeiro. A própria ocupação dali deu-se de uma maneira crítica: entre dois cursos d'água, a favela goza do infeliz *status* de ser marginal duas vezes.

Acompanhar a trajetória errática do jovem catador de lixo Adriano Vianna parece-me essencial na compreensão do contexto originador da revolta aqui descrita.

Penso não ser possível assemelhar Adriano Vianna ao conjunto dos bandidos da favela. Mesmo a polícia reconheceu a diferença entre suas ações e os assassinatos levados adiante pelos traficantes. Seus atos não foram planejados e afiguraram-se, em todos os momentos, como gratuitos. O fato de não ter fugido, de procurar um hospital público por causa de um ferimento não muito grave, contar aos policiais, com riquezas de detalhes e despretensiosamente, cada um dos passos de sua ação justiceira, revelou ingenuidade e conformismo com as consequências que adviriam de seu comportamento. Poder-se-ia pensar que para o catador de lixo sua conduta não era criminosa. Esse pensamento não é corroborado, entretanto, pelas impressões dos dois policiais que o conduziram até a delegacia:

> Em nenhum momento ele demonstrava arrependimento e de início eu pensei que ele não tinha consciência do que fez [...] só que ele sabia exata-

---

[158] No quadro 3 (p. 209) apresento dados acerca da porcentagem de votantes em Nova Jerusalém.

mente que consequência teria aquilo e tinha medo de ficar com bandidos. Pedia para a gente colocar ele separado dos outros porque ele ia ser morto por bandidos se ficasse em cela comum. Me pareceu muito assustado e admirado por ter feito aquilo. Não dizia que fez sem pensar, mas achava que não tinha outra saída. Se não fizesse, seus parentes iam morrer. Via em nós dois não policiais, e sim amigos dele. Parece que achava que a gente podia proteger ele dos outros bandidos da favela.

[...] ele não aparentava arrependimento, mas parecia estar morrendo de medo. Podia muito bem dizer que foi vítima de bala perdida que naquela época era moda todo malandro dizer que era vítima disso. O mais engraçado é que ninguém forçou ele a contar nada. Chegou lá nem tão ferido assim e foi logo dando o serviço como se matar dois era uma coisa normal. Explicou direitinho onde os corpos e a arma estavam e ainda nos disse onde estava o corpo do rapaz excepcional e da mãe dele ["dele", "rapaz excepcional"]. Não tinha jeito de bandido e parece que não tinha nenhuma experiência. Voltou na favela com a gente no dia seguinte e não se negou a ajudar ao máximo. Eu pelo menos achava que ele nem tinha que ir preso. Mas cumpria meu papel tranquilo porque sabia que ele não fugiria. Na minha opinião, ele era verdadeiro em tudo que contava e era mais vítima que os mortos.

O que Adriano não podia imaginar era o alcance de seus atos daquela madrugada. Era impossível para ele imaginar-se um exemplo e o incentivador de uma estranha, porém competente revolta popular.

Alguns detetives da 59ª Delegacia Policial consideraram que o caso Adriano somente tomou um rumo favorável ao rapaz porque "a favela se revoltou". Desde o início eles perceberam que aquelas mortes não eram "exatamente assassinatos", porém se os favelados não tivessem se revoltado, Adriano não teria chamado a atenção da imprensa, e as chances de sua sobrevivência à prisão seriam muito pequenas. Segundo os policiais, justiceiros são muito malvistos dentro das celas de delegacias e mesmo ficando isolados em locais separados, acabam sendo perseguidos e mortos quando soltos. Aliás, a situação de Adriano já era bastante complicada independentemente de sua categoria de justiceiro.

No mundo do crime, a solidão não é bem vista, e Adriano, embora tenha recebido ajuda para matar os bandidos, era o único preso e não era um dos dentes de nenhuma engrenagem criminosa. Antes, era um elemento isolado, e por isso mesmo um marginal entre marginais. A falta de companhia o transformava em uma vítima algoz completamente indefesa. Contra ele, um ódio muito parecido com o ódio que existe contra policiais passaria a existir caso fosse colocado juntamente com os demais presos.

É claro que tudo que ele praticou durante aquela madrugada não poderia ser obra de qualquer membro da comunidade. Entretanto, as lembranças e sentimentos dele enquanto cometia os atos da madrugada eram pertencentes não somente a Adriano Vianna, porém a todos aqueles que dividiam a favela de Nova Jerusalém.

> Qualquer um de nós podia ter feito o mesmo. Ele não era diferente de ninguém, teve a chance, era novo e tinha disposição e aí se livrou dos bandido. Tá certo pensar que ele começou as coisa pra gente, mas não dá pra pensar que ele é herói. Ele teve chance de matar e matou. Só acho que ele foi burro porque se ficasse na dele ninguém ia nem saber de nada. Só que foi falar e acabou preso e depois sumiu.
>
> Acho que ele só fez o que todo mundo daqui queria fazer. Eu lembro direitinho porque tanto o Maninho quanto o seu Boneco abusaram da minha filha e ameaçou me matar e todo mundo da casa também. Ele não aguentou mais e não tinha muito pra perder mesmo, e aí barbarizou os monstro. Eu fui lá no valão pra ver os corpo saindo depois e cuspi nos desgraçado mesmo. Fez certo mesmo. Eu queria mesmo era [ar]rancar as bola daqueles desgraçado.

Há outro aspecto presente nos atos de Adriano. Exatamente por respeitar a memória compartilhada pelos favelados, esses delitos foram entendidos pelos moradores como pertencentes não a Adriano, e sim a todos aos oprimidos pelos bandidos:

> A mão foi do Adriano, mas de verdade mesmo as mortes foi da gente daqui. Todo mundo sempre teve vontade de matar aqueles desgraçado e quando a chance chegou ele fez o que a gente queria, mesmo sem pensar na gente.
>
> Bandido tem mesmo que morrer assim quando é prego igual aqueles. Eu orei muito pra eles morre[r] e eles não morria. Olha que eles vivia brigando um com os outros e nada de morrer. Vivia dando tiro pra o outro lado do rio e botando a vida das criança no risco e nada de morrer. Pena que ele se entregou porque se apavorou. Se não fala nada e a gente expul-

sava os resto igual a gente fizemo e ninguém nem ia saber. Tanta coisa que tem aqui e ninguém sabe de nada não. Foi mole dele ir pra hospital.

Daquele momento em diante, parece ter se desenvolvido rapidamente, entre os membros da "comunidade", a percepção da invisibilidade pública que suas vidas e valores representavam, o que parece ter acelerado o surgimento da vontade de "fazer justiça com as própria mão". Entre as mortes e a revolta popular não houve nenhuma tentativa de acionar o poder público além do "mole" de Adriano. Talvez fosse claro demais para o conjunto dos favelados que a presença policial ali ocorreria unicamente como algo extraordinário e como parte das averiguações realizadas a fim de se montar o processo contra Adriano. Certo era, para todos, que as viaturas policiais que se postaram na entrada de Nova Jerusalém na manhã da segunda-feira não estavam ali a fim de garantir a segurança dos habitantes da favela que recebiam ameaças ainda mais ferozes por parte dos bandidos remanescentes, para os quais era fundamental não permitir reações como a de Adriano. Afastados, mas rondando a favela apesar da presença da PM, os bandidos remanescentes desejavam revanche e avisavam que voltariam após a saída dos policiais e tratariam de queimar todos os barracos da favela:

> Depois que tiraram eles do valão a gente viu que não ia dar não pra ficar aqui. Uns começaram a sair, mas não dava pra todos ir e aí o jeito foi botar eles pra correr com o que a gente tinha mesmo. Isso era um inferno mesmo e os que estavam aqui ainda tava começando a querer massacrar a gente, aí o jeito foi aquele. Eu lembro que uns moleque da favela pegaram arma e bateram na cabeça de uma velha ali no fim da rua e ameaçaram umas meninas que falava no Adriano. Aí quando não tinha mais polícia começou tiro e tudo, e botaram gasolina num barraco que tinha ali embaixo perto do rio e que tava vazio na hora e queimaram tudo da mulher que morava lá e começou a barbaridade mais ainda, e aí acabou explodindo tudo. Não dava mais e aí a gente se virou do jeito que você sabe [...] não foi assim porque a gente queria expulsar eles não. Mas não dava mais mesmo e aí explodiu tudo mesmo.

Tornou-se impossível para o conjunto dos habitantes de Nova Jerusalém a precária convivência com os bandidos dali, e passou a ser fatal um confronto direto, uma vez que "não passava pela cabeça de ninguém chamar a polícia". Encurralados pelo bando de Pedrinho, a única opção existente para os que não fugiram da favela foi o abraço a uma maneira desesperada de união: a constituição dos grupos armados que ficaram responsáveis pela expulsão dos últimos bandidos e pela inviabilização da volta de todo o bando de Pedrinho para o espaço da favela.

Quando mergulhamos na direção do centro desse caso e conhecemos seu contexto, percebemos que ele funcionou como um momentâneo divisor de realidades. No período imediatamente anterior às mortes dos dois bandidos, a situação naquela favela excedia em muito aquilo que cada morador entendia como o tanto suportável de violência:

> O grupo do Pedrinho [Pedro Moura Cardoso, líder dos bandidos mortos por Adriano ou expulsos de Nova Jerusalém pelos moradores] estava lá há muito tempo, só que não era tão horrível como naquela época [...] eles não era vagabundo igual a maior parte [...] eles barbarizava o tempo todo e ficaram malucos de há pouco tempo: estuprava qualquer uma, matava com pedrada, paulada, facada e jogava no rio. Ninguém escapa. Trabalhador morre. Pastor morre. Maluco morre. Mulher é morta. [...] sem chance de ficar lá com aquilo rolando daquele jeito.
>
> A gente... todo mundo... convive bem com a bandidagem de lá. Só que aquilo não era normal. Barraco incendiado, criança estuprada, velha jogada no rio, trabalhador, pastor morto por bobeira. Passou do limite a barbaridade deles. Ninguém quer se misturar com bandido. Quer só viver onde dá pra gente. Do jeito que era não dava pra aguentar aquilo.

Após o caso, uma espécie amarga de esperança passa a ser observada e é rememorada pelas falas dos entrevistados:

> Ninguém daqui queria fazer daqui o céu [...] era só uma reação as maldade deles. [...] ninguém tinha chance se não fizesse aquilo lá. Todo mundo via chance de ser morto ou tomar porrada deles. Difícil demais antes deles irem embora viver [...] agora não é que tenha mudado tudo, mas dá pra sair mais tranquilo pelo menos. Dá menos medo agora.
>
> Depois de tudo aquilo a gente passou a ter mais paz e viu que dava para reagir e viver de um jeito menos [indecisão]. Agora tenho medo, mas é menos que no tempo do Pedrinho. Lá era um inferno e único jeito era sair. Só que nós não tinha para aonde ir. Se saísse ia para a rua virar mendigo.

Nova Jerusalém não deixou de ser o que era devido à ação de Adriano e de seus outros moradores. Esse episódio equivaleu, no máximo, a um ínfimo hiato em sua rotina violenta. Logo após o caso da expulsão dos traficantes, tudo voltou a girar em seu eixo "natural": os moradores lentamente foram afrouxando a guarda, se desarmando; a favela percebeu que era muito mais seguro aceitar o surgimento de um "dono" não muito "selvagem".[159] Antes disso, entretanto, Adriano Vianna foi libertado e desapareceu de cena, provavelmente transformado em *office boy* através da ação de uma organização não governamental de defesa dos direitos humanos localizada no município vizinho de São João de Meriti.

Variações do caso Adriano são bastante comuns em jornais populares de diversas regiões brasileiras, e é possível dizer que casos semelhantes a esse expressam a escalada assustadora de violência que vive grande parte das regiões metropolitanas latino-americanas nas últimas décadas.

A singularidade da ação de Adriano e de seus vizinhos de infortúnio deve-se não exatamente ao fato de a história ter se passado na Baixada Fluminense, nem sequer porque ela revela a degradação do meio físico e humano do segundo, muito desigual e mais evidente conjunto urbano nacional. Independentemente de estarmos interessados em entender suas causas ou seus efeitos, as ações de Adriano e de seus vizinhos outorgaram aos personagens desse relato o *status* de cicerones involuntários de uma viagem através das características políticas, econômicas e sociais da região.

Favelas na Baixada Fluminense são cada vez menos excepcionais. A cada dia essas novidades ganham mais força e revelam um aspecto subterrâneo da vida baixadense. Na medida em que os municípios da região se desenvolvem economicamente e abandonam o adjetivo "dormitórios", assemelhando-se cada vez mais ao município do Rio de Janeiro, uma nova dinâmica orienta a ocupação do solo urbano da Baixada, e as favelas surgem nesse cenário como uma incômoda vizinha dos bairros populares resultantes da aglutinação dos diversos loteamentos originários, revelando uma relação conflituosa entre habitantes de antigos e novos locais de moradia dentro das áreas proletárias dessa periferia.

---

[159] Expressões utilizadas pelo presidente da associação de moradores de Gramacho a fim de demonstrar que somente é possível alguma estabilidade nas favelas de Gramacho quando elas possuem chefes de traficantes fortes e protetores dos favelados.

Bairro *versus* favela

Quando me propus a construir um relato acerca dos atos do jovem catador de lixo Adriano Vianna, conscientizei-me de que era imperativo visitar a favela de Nova Jerusalém, principalmente porque precisava construir os documentos que embasariam minhas análises. Os poucos lances da vida daquela favela revelados nos parágrafos anteriores são suficientes para sugerir quais dificuldades podem ser encontradas para estranhos que desejem entrar e permanecer em segurança naquela "comunidade".[160] Como o bom senso me dizia que a abordagem direta era o melhor e mais perigoso dos métodos de investigação, tentei atingir a favela através de dois caminhos diversos. Pareceu-me óbvio procurar o próprio Adriano ou conhecidos e vizinhos seus no local em que ele "trabalhava" na época dos crimes. O "lixão" (aterro sanitário) de Jardim Gramacho parecia-me o local ideal para a busca de informações. Ali, alguns conhecidos do catador de lixo foram encontrados por mim. Porém logo percebi que eles me informavam o pouco do que havia para se dizer sobre o jovem catador de lixo e nada sobre Nova Jerusalém. As informações sobre Adriano eram bem-vindas, mas eram também insuficientes para meus propósitos. O segundo caminho imaginado por mim, e que me pareceu inicialmente ser o menos frutífero, acabou se revelando como superior. Resolvi visitar as cercanias da favela e, a partir da suposição de que os primeiros moradores dali deveriam pertencer a algum grupo evangélico (o nome da favela sugeriu-me tal), entrei em contato com lideranças e componentes das diversas igrejas neopentecostais que cercam a favela ou que estão no centro do bairro de Gramacho. Descobri rapidamente que grande parte dos moradores de favelas daquele bairro eram membros daquelas igrejas, o que significou o encontro de testemunhas que habitavam o interior da "comunidade". Ganhava assim, ao mesmo tempo, material bruto para ser lapidado e parceiros para um trabalho que eu não ousaria realizar diretamente: levantar os dados sociopolíticos e econômicos dos habitantes de Nova Jerusalém. Além disso, vi a possibilidade, através de meus primeiros contatos com os habitantes de Gramacho, de confrontar as falas dos moradores do bairro com o discurso dos moradores favelados. Aliás, mesmo

---

[160] Minhas visitas à favela de Nova Jerusalém ocorreram no início da investigação e cessaram por completo após a verificação de que os riscos eram maiores do que aqueles que eu aceitava correr.

antes de qualquer entrevista formal, era possível perceber alguma animosidade entre esses moradores. Os adjetivos para qualificar Nova Jerusalém ou seus moradores (ou Jerusalém, como grande parte dos habitantes de Gramacho chamam indistintamente as favelas que margeiam o rio Sarapuí) revelam o quanto é incômodo conviver com a "perigosa" novidade representada pelas favelas.

O pastor Caio e o senhor Daniel foram os primeiros moradores do bairro de Gramacho entrevistados por mim de uma maneira menos informal. Os dois, envolvidos de maneiras diversas com mobilizações populares nesse bairro, contaram-me histórias em certos aspectos muito semelhantes sobre a favela e seus habitantes. Resumo duas dessas histórias como forma de demonstrar a estranheza do bairro em relação à favela.

De acordo com o pastor Caio, uma das mulheres moradoras de "Jerusalém" passou a frequentar sua igreja. Essa mulher, que possuía três filhos, sendo "[...] cada um de um pai diferente", não possuía casa naquela favela e residia em uma "tenda" montada com "resto de obra", e assim que chegou à igreja começou a ser ajudada recebendo cestas básicas. Não satisfeita com a assistência "dos irmãos", constantemente procurava ela o pastor porque queria comprar um barraco na favela. Encontrou um barraco à venda ali e disse que ele custava mil reais. Como não possuía o valor e todos ficaram "apiedados" com a situação daquela mulher e seus filhos, uma "vaquinha" foi feita entre os fiéis e o barraco foi comprado. Passado algum tempo, a mulher desapareceu dos cultos e começou a ser vista de "bermuda"[161] nas ruas de Gramacho. O pastor soube que ela arranjara um homem da favela e que já estava grávida. Passado mais algum tempo, a mulher voltou à igreja já com um novo filho e sem o barraco, que fora vendido pelo pai desse seu quarto filho. Dessa vez, o próprio pastor deu ordem ao "departamento de assistência social da igreja" para que "[...] nem um grão de arroz saia de lá para alimentar aquela mulher e seus filhos".

A história do senhor Daniel diz respeito também à tentativa de ajudar uma moradora da "comunidade favelada". O relato desse incidente veio à memória do presidente da associação de moradores quando se referiu à dificuldade que era ajudar alguém de Nova Jerusalém. Seu "tormento" começou quando foi

---

[161] A igreja evangélica da qual o senhor Caio é pastor proíbe o uso de "trajes masculinos" por parte das mulheres.

procurado por uma moradora da favela que chorava e tremia muito porque "tinha sido expulsa mais os seus filhos da favela com a roupa do corpo" enquanto seu barraco era incendiado. A expulsão e a queima dos poucos bens da família se deram porque as filhas dessa mulher estavam crescendo e os bandidos desejavam "usá-las como mulheres", porém, a mãe se opôs àquela situação de uma forma muito vigorosa, o que resultou em um ataque de raiva de alguns bandidos que disseram que ela e seus filhos deveriam sair dali o mais rapidamente possível para não morrerem. O senhor Daniel alojou a família provisoriamente em uma igreja e conseguiu em um bairro "de dentro de Caxias" um sítio onde a família poderia morar e trabalhar. Julgava ele que poucas pessoas dentro e fora da favela souberam de sua interferência no caso. Acontece que pouco tempo após o ocorrido, ele foi parado por uma mulher enquanto fazia compras em uma mercearia. A mulher, que ele não conhecia, mas soube logo que morava na favela, acusou-o de ajudar inimigos de traficantes e disse que o "dono" da favela queria falar com ele. A partir daí sua vida tornou-se "um tormento". Desconfiava de que tudo aquilo não passasse de boato, mas temia por sua família, principalmente porque não compreendia os motivos dos bandidos. Após algum tempo de muita apreensão, tudo se acalmou porque os traficantes da favela começaram a brigar com maior constância e ele, provavelmente, não era mais importante que os motivos daquelas brigas. A morte do traficante que supostamente o ameaçara afastou de forma definitiva o perigo. As duas experiências demonstraram a esses moradores antigos de Gramacho que é muito perigoso e pouco compensador envolver-se com os habitantes da favela.

Periférica em relação aos bairros populares, as recentes favelas da Baixada Fluminense são flagrantemente diversas dos bairros populares ali presentes ou das favelas tradicionais, sendo detentoras de uma estabilidade social muito menor que esses outros locais de habitação proletária.

A comprovação desse fato efetiva-se quando comparamos dados que se referem especificamente à favela de Nova Jerusalém com os dados gerais da Baixada Fluminense, do município de Duque de Caxias, do município do Rio de Janeiro e do próprio bairro em que ela se localiza (Gramacho).[162]

---

[162] Os números referentes à favela e ao bairro são resultados das respostas a um questionário denominado *Levantamento de dados sócio-políticos-econômicos dos bairros de Gramacho e Capivari*. Os números referentes a Duque de Caxias, ao município do Rio de Janeiro e à Baixada Fluminense foram extraídos dos censos 1991 e 2000, do IBGE.

Quadro 3
Dados sociopolíticos e econômicos de Gramacho e Nova Jerusalém

	Nova Jerusalém (favela)	Gramacho (bairro)	Duque de Caxias	Baixada Fluminense	Rio de Janeiro (capital)
Ano de coleta dos dados	2004	2004	2000	2000	2000
Média de moradores migrantes	25%	78%	70%	81%	—
Média de moradores originários da Baixada	70%	18%	—	—	—
Tempo médio de permanência no local	3 anos	23 anos	—	—	—
Motivo da chegada ao local	Fuga de violência direta em outras áreas da região metropolitana (70%). Falta de condições de pagar aluguel em outras áreas da região metropolitana (30%).	Procura de um local melhor para trabalhar (80% das respostas).	—	—	—
Área da habitação (média)	15 m²	63 m²	—	—	—
Média de moradores da habitação	6	5	—	—	—
Média salarial	Até um salário mínimo	Até três salários mínimos	—	—	—
Tempo médio de permanência na escola	3 anos	7 anos	—	—	—
Média de habitações atendidas por rede de esgoto	0%	30%	56%	52%	78%
Média de habitações que possuem água encanada e tratada	0%	50%	69%	77%	97%
Média de habitações ligadas legalmente à rede elétrica	0%	—	—	—	—
Média de habitações atendidas por coleta regular de lixo	0%	80%	89%	78%	99%
Afeição ao local de moradia	0%	65%	—	—	—
Média de moradores maiores de 18 anos que possuem título de eleitor	30%	88%	—	—	—
Média de moradores maiores de 18 anos que votaram nas últimas eleições municipais (ano 2000)	10%	75%	—	—	—

Os números referentes ao município de Duque de Caxias, ao bairro de Gramacho e à região da Baixada Fluminense[163] são muito semelhantes, não chamando a atenção as diferenças presentes. Por exemplo: era de se esperar que Gramacho possuísse números referentes ao saneamento básico inferiores àqueles pertencentes ao conjunto a que pertence, que é o município de Duque de Caxias. Estando na periferia do município e sendo densamente povoado, era de se esperar que Gramacho possuísse números referentes ao saneamento básico inferiores àqueles detidos pelo conjunto a que pertence, ou seja, o município de Duque de Caxias. Estando na periferia do município e sendo densamente povoado, Gramacho destoa do todo principalmente porque esse todo é positivamente contaminado pelas condições da cidade de Duque de Caxias e de seus bairros contíguos, incomparavelmente mais salubres que a periferia caxiense. É também muito razoável pensar que o município do Rio de Janeiro possua indicadores sociais gerais bastante superiores àqueles presentes na Baixada.

Enfim, nada nesses números foge ao que se esperaria de uma área periférica da Região Metropolitana do Rio de Janeiro ou de uma favela recente e ainda em formação, como Nova Jerusalém. Não é de se estranhar, de maneira alguma, a não existência de fornecimento de água tratada em favelas como Nova Jerusalém, onde tanto a água como a energia elétrica utilizadas derivam de ligações clandestinas.

Quando comparamos a média de tempo de permanência na favela com o tempo de residência no bairro de Gramacho, somos surpreendidos não pelo grande tempo que alguém mora em Gramacho. Afinal de contas, ele é um bairro antigo de Duque de Caxias, tendo seu crescimento demográfico começado ainda na década de 1940. Surpreendente é o pouco tempo de permanência das pessoas em Nova Jerusalém, revelando a função "área de passagem" da favela. Talvez o caráter semiprovisório da habitação em Nova Jerusalém tenha orientado os moradores a sempre responderem negativamente à pergunta: "Você gosta de morar aqui?". Em Gramacho, cerca de 65% dos moradores responderam

---

[163] Consideramos para a montagem deste quadro os municípios da Baixada Fluminense que possuem um caráter urbano maior. São estes Nova Iguaçu, Belford Roxo, Mesquita, Queimados, Duque de Caxias, São João de Meriti, Japeri e Nilópolis. Municípios como Guapimirim, Magé, Paracambi etc. não foram considerados porque sua ocupação, mesmo quando antiga, não se desenvolveu na direção da sua transformação em uma área urbana periférica. Mesmo hoje eles são municípios muito semelhantes aos municípios rurais do estado do Rio de Janeiro.

afirmativamente a esse questionamento e metade desses justificaram sua escolha informando que morar em Gramacho é mais seguro do que morar no centro de Duque de Caxias ou em todo o município do Rio de Janeiro.

Apesar do mal-estar dos moradores de Gramacho, é apropositado indagar em que medida tal desconforto deve-se não às diferenças, e sim às semelhanças existentes entre esses dois polos aparentemente tão distintos da Baixada Fluminense. O caráter *estabelecido* reivindicado pelos moradores de Gramacho e a consequente preconceituação *outsider*[164] sofrida pelos favelados do bairro não soam tão estranhos para um visitante de primeira viagem porque a penúria é tão chocante nos casebres de cada uma das favelas, que por si só demonstra as diferenças. Observador radical, entretanto, não consigo ver Gramacho e Nova Jerusalém como lugares sociais tão opostos; antes, representam épocas diversas de um mesmo processo de exclusão popular.

Nas décadas iniciais de assentamento de populares na Baixada Fluminense, a distância entre os migrantes originais e o poder público era também bastante grande, e a inexistência de qualquer projeto de ocupação popular da região resultou no abraço à autoconstrução (Lima, 1980) como meio de colonização proletária da Baixada e na inexistência de qualquer organização nessa ocupação, o que fez com que o antigo solo destinado à agricultura abrigasse loteamentos, irregulares todos, onde as pequenas casas não se distinguiam demasiadamente dos atuais barracos de Nova Jerusalém:

> Aqui quando a gente chegou fizemos um quarto só e uma cozinha pequena. Só que naquela época não faltava emprego pra ninguém e a meia-água que a gente fez de uma hora pra outra devagar foi crescendo. Primeiro era isso aqui que você tá vendo. Só esse quarto aqui, porque depois eu arranquei a parede que tinha aqui e juntei cozinha e quarto e fiz essa cozinha de agora. Depois eu fui aumentando devagar, assim quando dava, e depois foi crescendo. Você vê que tem quintal. Dava pra ir aumentando e fui fazendo. Agora você vê, a casa é grande e ainda tem filho que fez em cima dela e no quintal também. Ficou todo mundo aqui.

Fatos diferenciadores percebidos pelos habitantes de Gramacho referem-se não exatamente ao processo de construção de habitações nos antigos lotea-

---

[164] Utilizo os dois termos inspirando-me na obra de Elias (2000).

mentos que originaram o bairro. Atuais favelados e pioneiros construtores populares, distinguem-se sobretudo porque os favelados de Nova Jerusalém "nunca foram donos de seu teto":

> Se você quer saber por que eu acho que eles são assim desse jeito é porque eles não têm nada deles. Eles vive aqui, mas podia tá em qualquer lugar que não fazia diferença. Eles não têm nada pra defender deles. A maior parte nem comprou os material do barraco. Eles trabalha onde? Tem um monte de preguiçoso que prefere pedir e ir catar resto de coisa. Outros quer trabalhar, mas não tem força, tá doente, é viciado na bebida ou coisa pior. A gente aqui tinha um plano quando chegou, trabalhar, construir, economizar, estudar os filho. Depois que eu aceitei Jesus, então aí é que tudo melhorou mais ainda pra mim. Ali não tem nada disso não. Você vê, são os membro da igreja que me dão mais trabalho aqui. Eles lá não quer seguir doutrina, não larga vício, cai em pecado toda hora. A gente do ministério aqui nem vai nem autoriza ninguém de ir mais lá pregar. Eu agora penso assim: a distância de lá até aqui é a mesma que daqui até lá, e se o cara quiser aceitar Jesus, ele que vem, eu não vou lá buscar alma não. É uma bagunça e é muito perigoso.

Estar naquele local que "não pertence a ninguém" condicionou os favelados a não serem constantes, não seguirem as regras básicas da religião (doutrina) e a todo momento "se desviarem" e "caírem em pecado" (manterem relações sexuais não permitidas pelas normas religiosas dessa denominação evangélica). Deslocar esse descontrole sexual identificado pelo pastor Caio para todas as áreas da vida dos favelados é algo muito comum nos residentes das regiões centrais do bairro de Gramacho:

> A diferença entre nós e eles? Eles não têm controle de nada. Se eles ganha alguma coisa de manhã eles come tudo no almoço e fica sem janta, sabe? Falta educação, sei lá. Eles são sujo. Pobreza não quer dizer que tem que ser nojento não. Uns fede e tudo e não sabe criar filho, não sabe ensinar nada da Bíblia. Não dá exemplo pra filho e vive dando mau testemunho pros ímpios [pessoas não pertencentes a uma igreja evangélica]. A vida deles não tem ordem. Eles não progride. Vive só da ajuda dos outro e isso pra mim quer dizer que eles não se converteram de verdade porque a palavra

de Deus diz que justo não mendiga pão, e eles vive de resto da gente. Aí a vida deles não é abençoada. Eles vive com doença e sem emprego, e acaba sendo mexido por vagabundo de lá de dentro.

Na memória dos moradores de Gramacho, a lembrança de suas maneiras de "construir o bairro" ao longo das últimas décadas parece ser o fator responsável pela preconceituação dos favelados, sendo a propriedade do lote, a construção de uma casa e a organização do espaço público — que "não chamava a atenção de nenhuma autoridade que nunca fez nada de verdade pra cá a não ser há pouco tempo" — fatores determinantes de uma "vida decente" e arcabouço de algo valorizado ao extremo pelos "trabalhadores". Algo que se expressa na última fala como "ordem". Traduzo isso como um anseio capital na vida de um morador periférico, porque possibilitador de que as situações adversas sofridas pelos colonizadores migrantes pioneiros, tanto em suas vidas anteriores em outros locais do Brasil quanto em sua nova vida nos loteamentos da Baixada Fluminense, não se repitam na atualidade:

> Se você tem uma vida desorganizada, sua vida não melhora nunca. Você precisa de ordem na sua vida. Sua vida tem que ser de trabalho. Você precisa ter profissão, precisa ter casa pra não ter que viver no aluguel, senão você acaba se viciando, virando homem que não sai de barraca, gastando dinheiro à toa. Você pode ver que quem não tem família, não tem religião não consegue arranjar emprego direito, vira viciado, se mete com bandidagem. O homem tem que ter ordem na vida dele. Aqui se você não for equilibrado na sua vida, você se dá mal e você estraga a vida também da sua família toda. Você vê só, eu não estudei nunca, eu nem sei ler, eu só sei assinar o nome e muito mal. Mas eu, quando vim pra cá lá do Norte, eu vi que tinha que batalhar muito até começar a trabalhar de motorista de ônibus. Aí eu fui melhorando e a mulher foi ajudando muito também, e aí a gente deu uma vida melhor pra os menino. Você vê, os três faz faculdade e tudo faculdade federal. Todo mundo trabalha e não tem vício. Você vê, se eu fosse um homem de porta de barraca que não trabalha, que não tem profissão, isso ia dar pra ser assim? Eu mesmo já vi aqui muito homem morrer em porta de barraca brigando por causa de nada e largando a família desamparada aí.

Para os moradores de Nova Jerusalém, essa ordem familiar não é algo acessível devido à própria insegurança de suas vidas imersas em uma pobreza extrema que fez um líder comunitário local visualizar a favela como o retrato de Gramacho na época em que chegou do interior do Espírito Santo, não possuindo absolutamente nada e precisando "se virar" no bairro que "não tinha nada" e ao lado de uma grande quantidade de gente que vinha do Nordeste, principalmente:

> Sabe, o povo de Gramacho devia lembrar mais do passado e não ver essas comunidades pobres daqui como coisa do outro mundo. Nova Jerusalém é a Gramacho de amanhã, porque Gramacho, quando começou, era igual Jerusalém! É besteira esse negócio de sacanear quem mora lá só porque é favela, porque isso aqui é uma coisa só e os político trata a gente aqui igual trata eles lá. Você tá vendo aqui tudo asfaltado, mas é só aqui que é centro, aí pra trás e lá pra dentro é tudo sem asfalto, esgoto, pouco colégio, sem posto de saúde. É tudo igual Jerusalém, só que é bairro. Eu não acho que tem razão isto não. Esse povo daqui tem orgulho não sei de quê.

A opinião do líder comunitário destoa das demais porque visualiza seu bairro e as favelas, que chama de "Jerusalém", como algo semelhante, diferentemente dos outros moradores, que procuram as distâncias estabelecidas pela visível penúria dos habitantes dos casebres que margeiam o rio Sarapuí. Eminentemente, suas opiniões levam em consideração a pequena presença estatal no bairro e ele nivela os dois locais de moradia proletária apontando para o fato de que obras públicas executadas ali somente surgiram há pouco tempo e derivaram dos interesses de um novo tipo de político que passou a existir na Baixada Fluminense durante a década de 1990 e que representou a subida ao poder de pessoas originariamente pertencentes às classes populares, responsáveis pelo auxílio à população na resolução de problemas que nasceram no momento de chegada dos migrantes à região e que se complexaram na mesma proporção em que a população aumentava.[165] Mas essa é outra história.

---

[165] Exemplo de trabalho que apresenta pesquisa ainda em andamento sobre a trajetória de líderes populares nas cidades da Baixada Fluminense pode ser encontrado em Monteiro (2007:55-71).

Conclusão

> *"Sendo forasteiros os três, devemos portanto fazer causa comum; dai-me em tal sentido, vossa mão!"*
> (Agrimensor K., personagem de *O castelo*, de Franz Kafka)

TEORIAS SOBRE A Baixada Fluminense são pouco eficazes quando não levam em consideração a violência cotidiana que marca o contato entre os homens habitantes dessa região periférica da área metropolitana do Rio de Janeiro. Porém o privilégio da violência na criação dessas teorias constitui-se um erro que reforça o estigma de ser a Baixada um lugar onde um tempo de barbárie tornou-se eterno, inexistindo ali sequer uma idade de ouro, como há para outros lugares populares companheiros dos bairros periféricos da Baixada Fluminense, como as favelas e os conjuntos habitacionais proletarizados após invasões ou ações governamentais quase sempre demagógicas.

Uma ocupação rápida, desassistida e completamente realizada por indivíduos originários de regiões muito pobres do Brasil fez da Baixada Fluminense um terreno tão fluido que homens e mulheres dali, quando olhados de perto, transformam-se em construtores de uma realidade social muito particular, e por isso mesmo resistente à aplicação das teorias disponíveis. A violência abundante presente nos bairros populares dali é um ponto de contato entre esse universo refratário e o restante das áreas metropolitanas brasileiras, tendo tal violência, em forma de caricatura, se tornado o centro de interesse de grande parte das análises sobre a Baixada Fluminense, principalmente porque várias delas são simples tentativas de demonstração do exotismo presente nas relações entre os habitantes da região. Exotismo capaz de tornar a Baixada Fluminense em um eficiente laboratório para a expectação de conceitos clássicos, como o populismo, o mandonismo, o clientelismo e até mesmo o coronelismo.[166]

Uma visão mais próxima do "povo da Baixada" revela práticas políticas não exatamente incomuns, porém sutilmente diferentes daquelas que se notabilizaram como as marcas registradas do assistencialismo comum nas relações políticas entre "povo" e "políticos" nas várias regiões metropolitanas do Brasil. Muito provavelmente as características das relações entre atores sociais na Baixada Fluminense espelhem traços, não percebidos até agora, do clientelismo que nessa região se evidencia pelo personalismo político revelado no sucesso de figuras eleitorais regionalmente proeminentes, como Tenório Cavalcanti, Joca e Zito. A face não tão visível, porém mais comum e melhor explicativa dessa tradição local de políticos com comportamento anômalo serem eleitos foi expressa neste trabalho pela trajetória do vereador Marcelo Souza. Porém tal visão microscópica, intermediada pela fala de alguns moradores dos bairros populares da Baixada Fluminense, também é capaz de mostrar o assistencialismo como uma forma prática de obtenção de cidadania em um contexto adverso e que nega uma interpretação tradicional que visualiza a conquista popular de direitos no Brasil como uma dádiva das classes superiores às subalternas.

Nessa periferia distante, as invisibilidades são normais, o que torna esse lugar em uma espécie de paraíso (ou inferno?) do cidadão só. Aliás, pode soar estranha a percepção do baixadense morador dos lugares periféricos retratados nas histórias relatadas acima como cidadão, e o adjetivo "só", nesse caso, além de ser explicativo e seguir a tendência contemporânea de complementar o vocábulo cidadão com qualificativos como eleitor, consumidor, contribuinte etc. — substitutos dos ativos e inativos do século XIX — visa justificar o próprio uso do substantivo "cidadão" para quem mora em bairros periféricos da Baixada Fluminense.

É sintomática a inexistência do que se poderia chamar de uma "consciência cidadã" no conjunto de valores desses homens e mulheres aqui retratados quando os confrontamos com nossa visão idealizada do cidadão como o in-

---

[166] O conceito "coronelismo urbano" originou-se de uma destas análises apressadas sobre a região. Cf. Beloch (1985:103-107).

divíduo integrado ao governo por ele escolhido e preocupado em garantir seus direitos, bem como o de todos os demais habitantes da nação, através de algo que se pode simplificar chamando de democracia e que deve ser a missão suprema do próprio Estado contemporâneo. Tal ausência de cidadania dos habitantes da Baixada Fluminense surge muito claramente, mesmo no Brasil onde cidadania constitui-se em algo de difícil definição, conforme alerta José Murilo de Carvalho, que em um trabalho recente analisa as razões para não alcançarmos a cidadania total e atribui à apatia popular produzida pela decepção de viver em um país democratizado desde meados da década de 1980, mas em que o fim de um regime de exceção significou a aceleração da desigualdade entre as classes e a diminuição do que já era, em 1985, considerado pequeno: a presença da face protetora do Estado na vida do "povo". Carvalho relaciona essa realidade das coisas à perda de importância do Estado-nação a partir do processo de globalização, transformador dos indivíduos, antes participantes, em simples espectadores e reduzidos agora a meros consumidores, sujeitos ao novo deus substituto do Estado: o mercado, este sim, atuante. Nesse contexto "a apatia vira virtude".

A macroexplicação de José Murilo de Carvalho — que pretende categorizar a cidadania no Brasil a partir das ideias de Bryan S. Turner (1990) e da direção do movimento que produz a cidadania em certas nações surgida de baixo para cima, quando ocorrem lutas da sociedade para que direitos como os civis e políticos tornem-se reais, e, em outras, de cima para baixo, quando a iniciativa para a realização dos direitos partiu do próprio Estado e caiu abruptamente sobre gente que não esperava ter direitos — presta-se a percebermos o Brasil como contido dentro do grupo de nações onde direitos diversos surgiram na vida de um "povo" que não os pediu em momento algum. Esse fato, sozinho, parece forte o suficiente para que a apatia seja uma das características do cidadão brasileiro.

Categorizar o brasileiro como apático a partir da percepção da miniaturização ainda maior do Estado nestas últimas décadas parece-me mais difícil, uma vez que a pequena, nenhuma ou indevida presença do Estado correspondeu diversas vezes a alguma reação do que designamos acima cidadão só, como o próprio historiador expressa em *Os bestializados*, quando descreve a reação dos cariocas moradores do centro da capital em 1904 à imposição da vacinação obrigatória (Carvalho, 1987:91-139). O conceito de uma cidadania em negativo (Carvalho, 1996:337-360) parece ter orientado José Murilo a identificar na revolta da vacina e em todos os movimentos populares do século XIX e início do XX indícios de razões excessivamente pessoais, semelhantes àquelas de posse das pessoas que, no início do século presente, invadiram um *shopping center* carioca protestando contra a impossibilidade de consumir e reivindicando, dessa forma, um direito (Carvalho, 2005:228), sendo o grupo de sem-teto invasores, para Carvalho, qualificados substitutos dos milhares de cariocas que armaram barricadas, destruíram vagões de bondes e atacaram militares no centro da capital federal ao longo da revolta da vacina. Seguindo tal linha de raciocínio, os direitos "doados" aos mais pobres a partir do Estado Novo, principalmente, e a democracia conquistada à força devido às crises econômicas dos últimos governos militares e através das movimentações das classes médias nos anos 1980 desenvolveram a apatia em lugar de um projeto de país no qual, em larga escala, o cidadão só floresceu nas periferias das grandes metrópoles, cada vez mais repletas de trabalhadores pobres, sempre sujeitos ao desemprego, ao subemprego, à informalidade e ao banditismo.

Invisível por um longo tempo, sujeitou-se facilmente o cidadão só baixadense às categorizações externas. Mantendo-se distantes de qualquer interpretação peculiar, vários estudiosos de fenômenos sociais vivenciados por elementos de classes economicamente inferiores parecem ter se conformado com a percepção desses homens e mulheres como apáticos, possuidores de uma cidadania em negativo, não os vendo perto o suficiente para verificar suas estratégias *sui generis* de produção de cidadania.

Em nossos personagens, características como capacidade de reação, valorização da ação direta e do trabalho, coragem e solidariedade surgem facilmente da densidade do relato de seus atos. A questão colocada é: em que medida esse conjunto de características que funcionam como eficientes negativas da clássica visão do "povo" como apático podem ser indícios de uma movimentação orgânica, cidadã e não como sintomas de uma revolta simples interpretada como cidadania em negativo? Talvez contribua para tal debate uma verificação do sentido de cidadania para a população da Baixada Fluminense.

Expliquei antes que a palavra cidadania é algo que não me lembro de ter ouvido de nenhuma das pessoas que entrevistei. Não quero dizer com isso que alguém não tenha tocado no assunto; afinal está tão em voga referir-se a cidadania que o sentido do termo corre o risco de apontar para tantas direções até gastar-se e nada significar. Mas de fato, o que significa para os moradores da Baixada Fluminense ouvidos a ideia de cidadania?

Sem pretender esgotar o tema, considero que é parte integrante das identidades dos baixadenses — até mais comumente que a percepção do Estado como algo distante e que não será atingido através do recurso à reivindicação — a ideia de que é inerente a qualquer órgão estatal ou qualquer agente político oficial a "má vontade", que impossibilita qualquer diálogo entre "trabalhadores" e "governo" e origem da percepção de que é inerente a qualquer ação levada adiante por instituições públicas algo expresso pela palavra interesse ou pela sentença "segundas intenções".

Transformou-se em algo percebido como natural o descolamento entre ações políticas oficiais e um projeto de melhoria das condições de vida na região da Baixada, levando mesmo as lideranças comunitárias que possuem uma militância formal em partidos políticos, como o senhor Antônio Souza Leite, a se contentarem com a ideia de que o ordinário, quando se fala em Baixada, é "tudo ser feito na pressa, na emergência, sem plano ou então por quem quer ganhar voto e depois nunca mais voltar na comunidade". Para o senhor Antônio, a marca do Estado na Baixada Fluminense é a da omissão ou a do descontrole representado pela ausência de ações planejadas, sendo tal descontrole provocado pelo entendimento de que a única importância dos habitantes de bairros periféricos da Baixada Fluminense é seu papel de eleitor "dos ricos", que invariavelmente pensam que quem mora na Baixada "é lixo" e que como tal não "exigirá nada" e se contentará com "as ilusões" dos benefícios originários da "simulação" de melhorias coletivas ou das "esmolas" pessoais.

Pensando no Estado de uma forma não tão radicalmente negativa, ou pelo menos não o visualizando como a fonte de todos os males, a personagem principal do segundo capítulo, dona Ilda, se diferencia pela percepção de que um diálogo é possível, porém ele deve ser provocado através da ação e da luta contra a invisibilidade causadora do entendimento de que "quem mora na Baixada é lixo" ou, dizendo-se de uma forma menos excêntrica, é indiferente, desconhecedor de seus direitos e massa de manobra de "políticos". A líder comunitária percebe, sem nunca usar a palavra cidadania, a exata medida de seu papel e do lugar ideal de seus vizinhos, dos quais destaca as "pessoas inocentes": mostrar-se através de atos impactantes que, ao mesmo tempo, substituem as ações oficiais e alertem os de fora para as "injustiças" vivenciadas cotidianamente por moradores de bairros como o Capivari. Acima de qualquer outro de meus entrevistados, pragmática, dona Ilda destaca-se pela enfática defesa dos direitos das "pessoas inocentes". Algo que pode ser traduzido não como o respeito às regras jurídicas nacionais, a valorização da democracia ou de qualquer dos valores coletivamente tidos como corretos no Ocidente. Os direitos defendidos por dona Ilda, pelo vereador Marcelo Souza e até por Adriano e seus vizinhos revestem-se de um caráter essencialmente básico e estranho a qualquer instituição externa, sustentando-se nas próprias formas de os habitantes da região visualizarem-se como agentes construtores de seu próprio meio ambiente, configurando um sentido de cidadania cuja característica fundamental é o orgulho de superar adversidades apesar da situação desvantajosa provocada pelo conjunto de inações, corrupção e desorganização estatais.

O destaque da capacidade de agir, construir, transformar, criando um mundo habitável a partir do "nada" estende-se à conquista dos mesmos direitos que a grande maioria da população brasileira entende serem os mais fundamentais. Porém a maneira da conquista ali difere de um modelo aceitável, e a supervalorização da ação própria em lugar da reivindicação parece prender-se aos sentimentos diversos que configuram as identidades da Baixada Fluminense.

Assim, coragem, solidariedade, valorização do trabalho, exaltação de valores moralistas e orgulho por progredir pessoalmente e contribuir para a melhoria da "comunidade" unem todos os líderes populares entrevistados e vários dos moradores comuns dos bairros periféricos, sendo repetitivas as histórias de vida em que um migrante relata sua total ignorância, inexperiência e pauperismo iniciais e um progresso que culmina, ao final de algumas décadas, com uma casa própria "boa", uma família "criada", com filhos "formados", "casados direitinho" em um bairro "onde não se vê mais mato e vala nas ruas" apesar de o objeto símbolo do Estado para o morador periférico baixadense nunca ter chegado: o asfalto.

Mesmo para alguém que, por motivos ideológicos, despreza os bens materiais, como o senhor Antônio, o tempo atual — no qual descansa em uma grande casa com piscina e pomar fincado em seu quintal, onde os filhos fizeram casas — opõe-se ao tempo em que morava no mesmo quintal em uma "meia-água" sem banheiro, "no meio do mato".

Cidadania é, então, algo diretamente relacionado com o alcance de direitos — inclusive o de não ser molestado; daí a aceitação dos justiçamentos — por meios próprios, uma vez que a inexistência de projetos estatais é prova de que não haverá nenhuma ação a não ser as levadas adiante pelos próprios populares predispostos a aceitarem de forma incondicional o auxílio "interesseiro" de qualquer "político" ávido por "trocar os votos da comunidade" por obras precárias, porém responsáveis pela diminuição das várias necessidades locais e, portanto, pelo alcance de direitos "desde sempre negados aos pobres".

A esse conjunto de soluções paliativas, como a morte de bandidos, a iluminação de algumas vias, o asfaltamento e saneamento de poucas ruas e não da totalidade de um bairro, os moradores das periferias de cidades da Baixada Fluminense chamam de "males necessários", sendo fácil compreender, após a convivência com eles, sua não valorização das figuras políticas caracterizadas pelo oportunismo, ou de um matador de bandidos. A ação desses indivíduos favorece a "melhoria do bairro", servindo como prova de uma evolução pessoal, uma melhoria de *status* e, portanto, da aproximação dos moradores de "lugar de rico", percebidos tais ricos genéricos como aqueles que possuem direitos respeitados.

Uma visão de fora

Para uma opinião eivada de senso comum, a Baixada Fluminense e quem nela habita representam unicamente a pobreza, carregando percepções desse tipo, para o azar de meus personagens. A crença de que violência é algo inerente a uma nebulosa "cultura da pobreza", é capaz de tornar inquestionáveis até mesmo confusões espaciais absurdas, como aquela que faz da favela de Vigário Geral parte da Baixada quando são lembrados os mortos da chacina de 1993 ocorrida na favela carioca vizinha do município de Duque de Caxias, ou que o complexo de Acari seja parte do município baixadense de São João de Meriti. Mesmo quando a confusão não ocorre, a aproximação com a Baixada parece surgir como explicativa:

> Moradores e tráfico, tráfico e polícia, polícia e políticos, e a imprensa alerta para noticiar o crime que não pode deixar de ocorrer nessa zona próxima à Baixada marcada pela violência [Montes, 1998:124].

Acari é parte do município do Rio de Janeiro. Assassinatos são rotineiros ali. A famosa feira de produtos roubados, chamada "robauto", atraía até pouco tempo gente de lugares distantes para as ruas de entrada da favela. Seus traficantes "fizeram história" mesmo quando havia ainda pouca gente vivendo "do lado de São João [de Meriti]". Mesmo assim, em uma única página, o nome Acari é acompanhado da palavra "Baixada" por duas vezes, nesse caso muito menos um lugar de referência e muito mais um símbolo da violência própria da cultura da pobreza (Montes, 1998).

Não se trata, entretanto, de fazer uma defesa inútil e apaixonada da não existência de violência na Baixada Fluminense. Meus esforços destinam-se a contextualizar diferenças e semelhanças entre a antiga capital e o lugar do outro, que ao longo das últimas décadas foi a Baixada. É evidente a ocorrência de episódios violentos nessa área metropolitana do Rio de Janeiro e é também óbvio o fato de serem assassinadas mais pessoas ali que no município do Rio de Janeiro,[167] mesmo nesse início de século, quando a antiga capital federal se transforma rapidamente na vitrine nacional da violência bárbara, chamada de "guerra civil" constantemente pela imprensa nacional.

Na Baixada, o problema nasce de se perceber tal violência como algo relacionado à própria natureza de uma população pobre e migrante, algo não realizado por Alba Zaluar (2000), que em suas análises acerca dos crimes no Brasil contemporâneo propõe explicações globais vinculadas às características econômicas e políticas do mundo atual e também às próprias metamorfoses dentro do submundo criminoso. A vulgarização da cocaína é o fio que conduz Zaluar em seus esforços de investigação de uma nova dinâmica da violência em um mundo dominado pelo mercado e pela importância crescente do crime negócio como uma das facetas da globalização. Salta de suas conclusões a ideia de que características próprias desse tempo e das regiões metropolitanas do Brasil impossibilitam uma realidade diversa daquela que vivemos agora e que é marcada pelo espalhamento do consumo e tráfico de drogas e pela diluição das diferenças regionais. Cidade e campo se aproximam devido à violência, não sendo incomum que crimes antes presentes em grandes centros urbanos façam, hoje, parte da vida cotidiana das médias e pequenas cidades

---

[167] A partir da década de 1980, a quantidade de assassinados na Baixada Fluminense acelerou-se constantemente, sendo a mais alta de todo o estado do Rio de Janeiro e uma das mais altas do Brasil. O meio da década de 1990 foi o momento crítico dos assassinatos na Baixada Fluminense. Ao longo da década de 2000, os municípios da Baixada e a capital se aproximaram quanto aos números de assassinatos e, em 2004, pela primeira vez, o município do Rio de Janeiro ultrapassou a Baixada Fluminense em assassinatos, ocorrendo na capital do estado 39% dos homicídios registrados no estado. Na Baixada Fluminense, ocorreram 32% dos casos. No interior, foram registrados 19% dos casos e na Grande Niterói, 10% (Relatório síntese sobre criminalidade constatada. Disponível em: <www.isp.rj.gov.br/>. Acesso em: 12 dez. 2006).

do país, principalmente se estas estão margeando rodovias por onde as drogas e armas circulam a fim de atingir as grandes metrópoles.

Esse recuo do processo civilizador caracterizador de nossa sociedade ocidental consumista reconfigurou papéis que, em décadas anteriores, eram bastante sólidos quando o tanto de violência espalhada pela sociedade era menor, mais localizado, isolável e, portanto, controlável. A solidez desmanchou-se rapidamente nos últimos tempos, e muito embora Zaluar afirme com propriedade que a maior parte das vítimas dos barbarismos desses novos tempos continuem sendo os habitantes pobres das áreas de isolamento do passado, é mais complicado encontrar o outro no qual sempre se espera enxergar na fonte a barbárie. Migrantes, negros e, sobretudo, pobres continuam nos mesmos lugares invisíveis de qualquer cidade brasileira, porém o crime negócio não respeita fronteiras sociais, raciais e, principalmente, espaciais, confundindo aqueles que se julgavam seguros nos lugares mais civilizados e incentivando a criação de universos cada vez menores, individualizados e blindados do exterior pelas grades, alarmes, cercas eletrificadas e guardas particulares.

Mas se não é inerente à população pobre baixadense a violência, o que a distingue e pode até mesmo ofuscar o preconceito que perceptivelmente se vincula à região e a seus moradores?

A busca pelo alcance da cidadania é uma resposta possível para tal pergunta. Talvez várias outras respostas sejam corretas para o viajante corajoso o suficiente para se aventurar no terreno não muito sólido que é a Baixada Fluminense, porém, para mim, a Baixada é um palco privilegiado para a visualização de cidadãos só ansiosos por alcançarem cidadania plena. Ali sobrevivem seres carregados para lá pela difícil vida na "roça" e desejosos da amenização de suas aflições. Aliás, a origem interiorana dos moradores da Baixada pode ser a chave para a explicação de sua aparente passividade e da solidariedade que possibilitou o surgimento e a dinamização da rede de resolução de problemas práticos à qual se vincula o tipo de liderança popular típica da região.

Na costumeira percepção negativa sobre a Baixada Fluminense e a sua população, a origem interiorana — principalmente sertaneja nordestina — chamou sempre a atenção porque facilitava a visão da região como uma nova terra sem lei, semelhante às regiões semiáridas do Nordeste brasileiro. Se é difícil sustentar a visão do lugar como um transplante do sertão nordestino, parece temerário, para mim, vincular de forma dualista e superficial a origem rural dessa população com a violência extremada também presente na periferia do Rio de Janeiro. Mas se a opção é pela busca das "origens" das realidades sociais, então deveríamos pelo menos tentar ser justos e enxergar quais valores rurais carregados pelos moradores da Baixada Fluminense caracterizam-se como positivos.

A reação local à constante ausência estatal originou o que chamei de *rede de resolução de problemas práticos*. Seria impossível essa rede se inexistisse a solidariedade entre os moradores dos bairros populares da Baixada Fluminense. Surge, em cada um dos casos-problema trabalhados neste livro, essa cumplicidade entre iguais, lembrando o que Sérgio Buarque de Holanda (1995:139 e segs.) designou "cordialidade" em sua clássica análise da sociedade brasileira. A atitude baixadense de ignorar o Estado e estabelecer laços suficientemente fortes, e todos eles alicerçados em uma espécie de fraternidade, talvez explique o pouco sucesso dos meios formais de acesso ao poder público e o próprio desprezo às reivindicações de direitos. O abraço às maneiras informais de resolver problemas, ao contrário, faz parte desse universo em que todos aqueles que ocupam órgãos estatais devem ser percebidos como integrantes da vizinhança e resolventes dos graves problemas básicos existentes desde a chegada dos primeiros brasileiros interioranos, nas décadas iniciais do século passado.

É claro que a partir da chegada desses pioneiros homens e mulheres originários de outras regiões do Brasil, a vida política da Baixada Fluminense modificou-se, dinamizando-se na mesma medida em que as tradições agrícolas dali mesclavam-se com os novos valores construídos pelos populares, algo que, ao longo de todo este trabalho, foi enfatizado como forma de tentar determinar as identidades dessa população economicamente subalterna, entretanto possuidora de um desejo de inserir-se socialmente, objetivo que é alcançado de forma peculiar através das estratégias populares de resolução dos problemas, base da própria maneira baixadense de governar, para mim originária do tipo de liderança popular cuja gênese e desdobramentos são descritos em alguns dos casos dissecados acima.

Retomando a discussão inicial dessa conclusão, enfatizo que apesar de o tema cidadania ter se tornado comum no ambiente acadêmico, ainda é rara a visualização da luta pela cidadania quando os observados são mulheres e homens de classes populares não organizados dentro do que Marcos Alvito (2001) chama de "estruturas supralocais" e de "poderes locais" em seu quadro que contém as cores da favela de Acari. Dona Ilda, Adriano Vianna, seu Souza e o vereador cujo pseudônimo é aqui Marcelo Souza não se notabilizaram por estruturar seu poder em organizações locais e também não recorreram às "estruturas supralocais"— entre as quais Alvito localiza as organizações não governamentais e qualquer órgão estatal — para resolver problemas geralmente presentes em qualquer local habitado por pobres nas regiões metropolitanas latino-americanas. Em lugar disso, a solução manteve-se informal, contribuindo para a manutenção da invisibilidade própria dos habitantes das periferias sociais e, consequentemente, para a não percepção da população dos bairros que circundam as cidades constituintes da Baixada Fluminense como capazes de lutar pelos direitos que compõe a vida cidadã. O que se destacou imediatamente das características da Baixada Fluminense foi seu aspecto mais incivilizado, por isso os assassinados da Baixada sempre chamaram a atenção daqueles que se debruçaram sobre o conjunto de populares habitantes dos bairros que rodeiam essas cidades da Região Metropolitana do Rio de Janeiro.

Mas se uma estrutura de poder local organizada não pôde ser nomeada, a maneira baixadense de resolver problemas foi forte o suficiente para orquestrar a divisão distrital ocorrida nessa região ao longo dos anos 1990 e a partir das facilidades legais trazidas pela Constituição Federal de 1988. É claro que esse não foi um evento isolado. Em todo o Brasil, conforme verificado acima, o número de distritos transformados em municípios foi muito grande ao longo de toda a década de 1990, revelando uma maneira de novas máquinas administrativas serem criadas a fim de favorecer elites políticas regionais. Na Baixada, essa explicação geral é também verdadeira? Sim, porém fatores internos ficam perceptíveis a partir de uma investigação mais pontual, e essa constatou que a razão para o esfacelamento do município de Nova Iguaçu ao longo dos últimos anos do século passado deveu-se principalmente ao desejo popular de carregar até a chefia dos novos municípios, lideranças identificadas todas elas com a resolução de problemas práticos e comprometidas com a globalização dessa forma popular de alcance da cidadania experimentada de forma eficaz na região.

Mesmo a selvageria representada pelos justiçamentos extremamente comuns na região da Baixada Fluminense, em uma visão microscópica ganha novos contornos, muito embora não perca seu caráter bárbaro. Acontece que para o baixadense médio, o resultado dos assassinatos (a eliminação imediata do risco de assaltos, furtos e estupros nos bairros) resolve um problema crônico nas periferias de cidades da Baixada Fluminense, ou seja, a insegurança pública.

Se a grande maioria dos moradores populares dali não visualiza os assassinatos com bons olhos, eles também conseguem chamar os "matadores de bairro", de "mal necessário", em uma clara demonstração de que muito embora a prática de justiçamentos seja condenável, seu resultado é deglutido sem esforços e se encaixa perfeitamente dentro da teia de soluções populares aqui investigada, possibilitando, inclusive, a transformação do líder comunitário "involuntário" Marcelo Souza em vereador detentor de um grande número de "centros sociais" ordenadores do assistencialismo que garante suas sucessivas e cômodas eleições.

Negar a realidade do assistencialismo que permeia as relações entre moradores, agentes políticos oficiais e candidatos a cargos públicos seria certamente arriscado. Porém um olhar abaixo da superfície dessas relações revela que as trocas não se estabelecem nos bairros populares como uma via de mão única. A carreira comunitária do vereador Marcelo Souza demonstra de forma exemplar essa realidade baixadense em que a ascensão política oficial de um líder popular corresponde a um fortalecimento de suas ligações com homens e mulheres habitantes de "sua área" que sempre entendem ser função sua "melhorar o bairro" ou auxiliar os mais pobres a sobreviverem com alguma dignidade, o que é entendido tanto pelos moradores quanto pelo vereador como algo alcançado através do oferecimento de serviços e bens materiais essenciais.

Assim, a distribuição de alimentos, o oferecimento de emprego, de materiais de construção, de serviços médicos e tantos outros se confundem com a promessa de "justiça" através da eliminação física de bandidos que "infestam a área" e "infernizam" a vida dos populares que visualizam o vereador como a sua "tábua de salvação", reforçando a ideia geral — nascida da experiência — de que as ações estatais são ineficientes ou até inexistentes e que problemas devem ser resolvidos através do recurso àqueles que foram escolhidos dentro da própria comunidade, estes sim comprometidos com a resolução dos problemas próprios da região da Baixada Fluminense. Nessa perspectiva, não espanta o pouco sucesso de agentes políticos ortodoxos na região da Baixada.

Discursos políticos não pragmáticos dizem nada aos populares da Baixada Fluminense, construtores de seu próprio destino através da rede de resolução de problemas práticos em uma terra adotada à força por esses imigrantes e onde o Estado manteve-se inacessível tal como o castelo ao agrimensor K., personagem principal do romance de Franz Kafka, também arrancado de sua terra natal atraído pelo novo trabalho e vida à sombra do enigmático e burocrático castelo onde jamais conseguirá chegar, apesar de seus repetidos esforços para conhecer seus empregadores e até mesmo qual a sua verdadeira função.

O senhor K. aproxima-se também do cidadão só baixadense na medida em que, na impossibilidade de dialogar com seus "senhores", usurpa propriedades e funções dos castelões, marcados todos pela indolência e prepotência inexplicáveis. Na Baixada Fluminense, de forma diferente do mundo ficcional kafkiano, o Estado não prevaleceu sobre o indivíduo ou sobre o grupo indefeso de homens e mulheres. Se no início da colonização proletária os forasteiros eram os recém-migrantes, ao longo das décadas seguintes os papéis se inverteram, e as características políticas dessa região deixaram de ser o espelho da antiga elite regional para refletir a imagem dos novos habitantes que, unidos, criaram formas diversas de pessoas pertencentes às classes subalternas transformarem-se em cidadãos que visualizam o Estado e seus órgãos quase sempre de forma negativa, mas que, no entanto, não se furtam a substituir os agentes administrativos onde estes jamais conseguiram penetrar sem a ajuda popular, algo que confirma o novo paradigma segundo o qual há vida nas formas populares de reação às ações violentas ou mesmo às inações do poder público, revelando-se incompleto o tradicional ponto de vista segundo o qual as classes populares reproduzem somente o pensamento das elites.

Reinterpretações constantes de ações políticas oficiais e, sobretudo, construções ideológicas populares pululam anônimas em uma região habitada por gente pobre como a Baixada Fluminense. Resta aos pesquisadores mais atentos explorarem os aspectos vários da vida social produzida pelos populares enraizados à força nessa particular porção da Região Metropolitana do Rio de Janeiro.

Referências bibliográficas

Livros, dissertações, teses e artigos

AGUIAR, Janecleide Moura de. *Da coleta do lixo a cidadania ativa?* Estudo sobre o grupo de representantes de rua de Rancho Fundo. 1997. Dissertação (mestrado em sociologia) — Programa de Pós-Graduação em Sociologia, Universidade Federal do Rio de Janeiro, Rio de Janeiro, 1997.

ALBERTI, Verena. *História oral*: a experiência do Cpdoc. Rio de Janeiro: FGV, 1989.

ALVES, José Cláudio Souza. *Igreja católica*: opção pelos pobres. 1991. Dissertação (mestrado em sociologia e política) — Programa de Pós-Graduação em Sociologia e Política, Pontifícia Universidade Católica, Rio de Janeiro, 1991.

_____. *Baixada Fluminense*: a violência na construção do poder. 1998. Tese (doutorado em sociologia) — Programa de Pós-Graduação em Sociologia, Universidade de São Paulo, São Paulo, 1998.

_____. Baixada Fluminense: o código genético social de uma periferia. *Revista Feuduc*, n. 1, ago. 1999.

_____. *Dos barões ao extermínio*: uma história da violência na Baixada Fluminense. Duque de Caxias: APPH-Clio, 2003.

ALVITO, Marcos. Um bicho de sete cabeças. In: ZALUAR, Alba; ALVITO, Marcos. *Um século de favela*. Rio de Janeiro: FGV, 1998. p. 181-208.

_____. *As cores de Acari*: uma favela carioca. Rio de Janeiro: FGV, 2001.

BARRETO, Alessandra Siqueira. Um olhar sobre a Baixada: usos e representações sobre o poder local e seus atores. *Campos*, v. 2, n. 5, 2004.

_____. *Cartografia política*: as faces da política na Baixada Fluminense. 2006. Tese (doutorado em antropologia social) — Programa de Pós-Graduação em Antropologia Social, Universidade Federal do Rio de Janeiro, Rio de Janeiro, 2006.

BARRETO, Carlos Eduardo (Org.). *Constituições do Brasil.* São Paulo: Saraiva, 1971.

BELOCH, Edith Maria. *Loteamentos periféricos*: algumas considerações sobre essa forma de moradia proletária. 1980. Dissertação (mestrado em planejamento urbano) — Programa de Pós-Graduação em Planejamento Urbano, Universidade Federal do Rio de Janeiro, Rio de Janeiro, 1980.

BELOCH, Israel. *Capa preta e Lurdinha*: Tenório Cavalcanti e o povo da Baixada. Rio de Janeiro: Record, 1985.

BEZERRA, Marcos Otávio. *Em nome das bases*: política, favor e dependência pessoal. Rio de Janeiro: Relume-Dumará, 1999.

BOBBIO, Norberto. *A era dos direitos.* Rio de Janeiro: Elsevier, 2004.

BRASIL. Constituição da República Federativa do Brasil de 1988. *Diário Oficial da União*, Brasília, DF, 5 out. 1988, p. 1, anexo.

BREMAEKER, François E. J. Os novos municípios brasileiros instalados entre 1980 e 1990. Rio de Janeiro: Ibam, 1991.

_____. Os novos municípios: surgimento, problemas e solução. *Revista de Administração Municipal*, v. 40, n. 206, p. 88-99, abr./dez. 1993.

_____. Limites à criação de novos municípios: a Emenda Constitucional. n. 15. *Revista de Administração Municipal*, v. 43, n. 219, abr./dez. 1996, p. 118-128.

BURKE, Peter (Org.). *A escrita da história*: novas perspectivas. São Paulo: Unesp, 1992.

BUSS, Paulo Marchiori. *Padrão de utilização de serviços de saúde*: inquérito domiciliar no município de Nova Iguaçu. 1979. Dissertação (mestrado em medicina social) — Programa de Pós-Graduação em Medicina Social, Universidade Estadual do Rio de Janeiro, Rio de Janeiro, 1979.

CÂMARA MUNICIPAL DE DUQUE DE CAXIAS. *Galeria dos prefeitos.* Disponível em: <www.cmdc.rj.gov.br/?page_id=1452>. Acesso em: 19 jan. 2012.

CÂNCER vizinho. *Jornal do Brasil*, Rio de Janeiro, p. 10, 11 ago. 1977. Editorial.

CARNEIRO, Leandro Piquet; KUSCHNIR, Karina. As dimensões subjetivas da política: cultura política e antropologia da política. *Estudos Históricos*, Rio de Janeiro, v. 13, n. 24, p. 227-250, 1999.

CARVALHO, Iracema Baroni de. *Laranjas brasileiras.* Nova Iguaçu: Prefeitura Municipal de Nova Iguaçu, 1999.

CARVALHO, José Murilo de. *Os bestializados.* São Paulo, Companhia das Letras, 1987.

_____. Cidadania: tipos e percursos. *Estudos Históricos*, Rio de Janeiro, v. 9, n. 18, p. 337-360, 1996.

_____. *Cidadania no Brasil*: o longo caminho. 7. ed. Rio de Janeiro: Civilização Brasileira, 2005.

CASTRO, Marre. Qualidade de vida urbana: crítica e autocrítica. In: SIMPÓSIO DE ESTUDOS DO PLANEJAMENTO URBANO E HABITACIONAL, 1978. Rio de Janeiro. *Anais...* Rio de Janeiro: Neurb/PUC, 1978.

CAVALCANTI, Sandra Tenório. *Tenório, meu pai.* Rio de Janeiro: Global, 1996.

COSTA, Marta Bebianno. *Loteamentos na periferia do Rio de Janeiro*: um espaço de luta. 1979. Dissertação (mestrado em planejamento urbano) — Programa de Pós-Graduação em Planejamento Urbano, Universidade Federal do Rio de Janeiro, Rio de Janeiro, 1979.

CPDOC-FGV/ISER. *Lei, justiça e cidadania*: direitos, vitimização e cultura política na Região Metropolitana do Rio de Janeiro. Rio de Janeiro: Cpdoc/FGV, 1997.

DAVIS, Natalie Z. *O retorno de Martin Guerre*. São Paulo: Paz e Terra, 1987.
DINIZ, Eli. *Voto e máquina política*: patronagem e clientelismo no Rio de Janeiro. Rio de Janeiro: Paz e Terra, 1982.
D'OLIVEIRA, Sônia Azevedo le Cocq. *A influência dos movimentos sociais urbanos na definição de políticas habitacionais*: o caso de São João de Meriti. 1988. Dissertação (mestrado em planejamento urbano) — Programa de Pós-Graduação em Planejamento Urbano, Universidade Federal do Rio de Janeiro, Rio de Janeiro, 1988.
DOUGLAS, Mary. *Pureza e perigo*. São Paulo: Perspectiva, 1976.
ELIAS, Norbert. *O processo civilizador*: formação do Estado e civilização. Rio de Janeiro: Jorge Zahar, 1990.
_____. *Os estabelecidos e os outsiders*. Rio de Janeiro: Jorge Zahar, 2000.
ENNE, Ana Lucia Silva. *Lugar, meu amigo, é minha Baixada*: memória, representação social e identidade. 2002. Tese (doutorado em antropologia) — Programa de Pós-Graduação em Antropologia. Universidade Federal do Rio de Janeiro, Rio de Janeiro, 2002.
_____. Imprensa e Baixada Fluminense: múltiplas representações. *Ciberlegenda*, Niterói, n. 14, 2004. Disponível em: <www.uff.br/ciberlegenda/ojs/index.php/revista/article/view/222/118>. Acesso em: 5 jan. 2015.
_____. Identidades como dramas sociais: descortinando cenários da relação entre mídia, memória e representações acerca da Baixada Fluminense. In: RIBEIRO, Ana Paula Goulart; FERREIRA, Lucia Maria Alves (Org.). *A produção de sentidos nos meios de comunicação*. Rio de Janeiro: Mauad, 2007.
FERREIRA, Marieta de Moraes. A nova velha história: o retorno da história política. *Estudos Históricos*, Rio de Janeiro, v. 5, n. 10, p. 265-271, 1992.
_____. *História oral*. Rio de Janeiro: Diadorim, 1994.
_____; AMADO, Janaína (Org.). *Usos e abusos da história oral*. Rio de Janeiro: FGV, 1996.
FORTE, José Matoso Maia. *Memória da fundação de Iguassú*. Rio de Janeiro: Jornal do Commercio: Rio de Janeiro, 1933.
GEERTZ, Cliford. *A interpretação das culturas*. Rio de Janeiro: Jorge Zahar, 1978.
_____. *Nova luz sobre a antropologia*. Rio de Janeiro, Jorge Zahar, 2001.
GEIGER, Pedro Pinchas; MESQUITA, Míriam Gomes Coelho. *Estudos rurais da Baixada Fluminense*. Rio de Janeiro: IBGE, 1956.
_____; SANTOS, Ruth Lyra. Notas sobre a evolução da ocupação urbana da Baixada Fluminense. Separata de: *Revista Brasileira de Geografia*. Rio de Janeiro, ano 56, n. 3, jul./set. 1955.
GINZBURG, Carlo. *A micro-história e outros ensaios*. Lisboa: Difel, 1991a.
_____. *Mitos, emblemas, sinais*: morfologia e história. São Paulo: Companhia das Letras, 1991b.
GIRARDET, Raoul. *Mitos e mitologias políticas*. São Paulo: Companhia das Letras, 1987.
GÓIS, Hildebrando de Araújo. *O saneamento da Baixada Fluminense*. Rio de Janeiro: Diretoria de Saneamento da Baixada Fluminense, 1939.
GOMES, Angela de Castro. *A invenção do trabalhismo*. 2. ed. Rio de Janeiro: Relume-Dumará, 1994.
_____. Questão social e historiográfica no Brasil do pós-1980: notas para um debate. *Estudos Históricos*, Rio de Janeiro, n. 34, 2004.

GOMES, Gustavo Maia; MACDOWELL, Maria Cristina. *Descentralização política, federalismo fiscal e criação de municípios*. Brasília: Ipea, [200-].
GRINBERG, Keila. *O fiador dos brasileiros*: cidadania, escravidão e direito civil nos tempos de Rebouças. Rio de Janeiro: Civilização Brasileira, 2002.
GRYNSZPAN, Mario. Os idiomas da patronagem: um estudo da trajetória de Tenório Cavalcanti. *Revista Brasileira de Ciências Sociais*, v. 5, n. 14, 1990.
HOLANDA, Sérgio Buarque de. *Raízes do Brasil*. 26. ed. São Paulo: Companhia das Letras, 1995.
KUSCHNIR, Karina. *Eleições e representação no Rio de Janeiro*. Rio de Janeiro: Relume-Dumará, 2000a.
_____. *O cotidiano da política*. Rio de Janeiro: Jorge Zahar, 2000b.
KYMLICKA, Will; NORMAN, Wayne. Return of the citizen: a survey of recent work on citizenship theory. *Ethics*, Chicago, n. 104, 1994.
LACERDA, Stélio. *Uma passagem pela Caxias dos anos 60*: fragmentos de memória e registros diversos. Duque de Caxias: [s.n.], 2001.
LEEDS, Anthony; LEEDS, Elizabeth. *A sociologia do Brasil urbano*. Rio de Janeiro: Jorge Zahar, 1978.
LEEDS, Elizabeth. Cocaína e poderes paralelos na periferia urbana brasileira: ameaças à democratização em nível local. In: ZALUAR, Alba; ALVITO, Marcos. *Um século de favela*. Rio de Janeiro: FGV, 1998. p. 233-276.
LESBAUPIN, Yves do Amaral. *Direitos humanos e classes populares*: os direitos na perspectiva de grupos populares do município de Nova Iguaçu. 1982. Dissertação (mestrado em sociologia) — Programa de Pós-Graduação em Sociologia, Iuperj, Rio de Janeiro, 1982.
LIMA, Maria Helena Beozzo de. Em busca da casa própria: autoconstrução na periferia do Rio de Janeiro. In: VALADARES, Licia. *Habitação em questão*. Rio de Janeiro: Zahar, 1980.
LIMA FILHO, Henrique Espada Rodrigues. *Microstória*: escalas, indícios e singularidades. 1999. Tese (doutorado em história) — Programa de Pós-Graduação em História, Universidade Estadual de Campinas, Campinas, SP, 1999.
LOUZEIRO, José. *Mito em chamas*: a lenda do justiceiro Mão Branca. São Paulo: Moderna, 1997.
LUCA, Tânia Regina de. Direitos sociais no Brasil. In: PINSKY, Jayme; PINSKY, Carla Bassanezy. *História da cidadania*. São Paulo: Contexto, 2003.
MARTINS FILHO, Enéas. *Os três caminhos para as Minas Gerais*: congresso comemorativo do bicentenário da transferência da sede do governo do Brasil da cidade de Salvador para o Rio de Janeiro. *Revista do IHGB*, Rio de Janeiro, v. 1, p. 171-211, 1965.
MEDEIROS, Arlindo de. *Memória histórica de São João de Meriti*. Rio de Janeiro: [s.n.], 1958.
MENEZES, Lená Medeiros de. *Os indesejáveis*: protesto, crime e expulsão na capital Federal (1890-1930). Rio de Janeiro: Uerj, 1996.
MONTEIRO, Linderval Augusto. *Baixada Fluminense*: ausência e informalidade. Soluções práticas da população baixadense a partir da ineficiência do poder público. O caso Joca. 1996. Monografia (graduação em história) — Universidade Federal do Rio de Janeiro, Rio de Janeiro, 1996.

_____. *Baixada Fluminense, identidades e transformações*: estudo de relações políticas na Baixada Fluminense. 2001. Dissertação (mestrado em história social) — Programa de Pós-Graduação em História Social, Universidade Federal do Rio de Janeiro, Rio de Janeiro, 2001.

_____. Andando pelo vale da sombra da morte: a trajetória política de Joca, primeiro prefeito de Belford Roxo. *Revista Universidade Rural*, v. 29, p. 55-71, 2007. Série Ciências Humanas.

MONTES, Maria Lucia. As figuras do sagrado: entre o público e o privado. In: SCHWARCZ, Lilia Moritz. *História da vida privada no Brasil*. São Paulo: Companhia das Lertras, 1998. v. 4, p. 124.

MOREIRA, Tânia Maria Sales. *Chacinas e falcatruas*. Rio de Janeiro: Lumen Juris, [199-].

NEVES, Lucília de Almeida. Memória e história: substratos de identidade. *Revista do XX Simpósio Nacional da Associação Nacional de História*, São Paulo, p. 1061-1069, 1999.

NORONHA, Rudolf de. *Movimentos de emancipação municipal no estado do Rio de Janeiro a partir de 1985*. Rio de Janeiro, 1993. Tese (monografia em geografia) — Departamento de Geografia da Universidade Federal do Rio de Janeiro. Rio de Janeiro, 1993.

_____. Emancipações municipais: como ficam os municípios de origem. *Revista de Administração Municipal*, Rio de Janeiro, v. 42, n. 214, p. 67-80, abr./dez. 1995.

_____. Criação de novos municípios: o processo ameaçado. *Revista de Administração Municipal*, Rio de Janeiro, v. 43, n. 219, p. 110-117, abr./dez. 1996.

OLIVEIRA, Lúcia Lippi (Org.). *Cidade*: história e desafios. Rio de Janeiro: FGV, 2002.

PECHMAN, Robert Moses. *Cidades estreitamente vigiadas*: o detetive e o urbanista. Rio de Janeiro: Casa da Palavra, 2002.

PEIXOTO, Rui Afranio. *Imagens iguassuanas*. Rio de Janeiro: [s.n.], [196-].

PEREIRA, Waldick. *Nova Iguaçu para o curso normal*. Rio de Janeiro: [s.n.], 1969.

_____. *Cana, café & laranja*. Rio de Janeiro: FGV, 1977.

_____. *A mudança da vila*: história iguaçuana. Nova Iguaçu: Prefeitura Municipal de Nova Iguaçu, 1997.

PERES, Guilherme. *Os caminhos do ouro*. Duque de Caxias: Consórcio de Administração de Edições, 1993.

_____. *Tropeiros e viajantes na Baixada Fluminense*. Mesquita, RJ: Shaovan, 2000.

PINSKY, Jayme; PINSKY, Carla Bassanezy. *História da cidadania*. São Paulo: Contexto, 2003.

POLLAK, Michael. Memória, esquecimento, silêncio. *Estudos Históricos*, Rio de Janeiro, v. 2, n. 3, 1989.

_____. Memória e identidade social. *Estudos Históricos*, Rio de Janeiro, v. 5, n.10, 1992.

PRADO, Walter. *História social da Baixada Fluminense*: das sesmarias a foros de cidade, Rio de Janeiro: Ecomuseu Fluminense, 2000.

RAMALHO, José Ricardo. *Estado patrão e luta operária*: o caso FNM. Rio de Janeiro: Paz e Terra, 1989.

RAVEL, Jacques. *Jogos de escalas*. Rio de Janeiro: FGV, 1998.

RÉMOND, René (Org.). *Por uma história política*. Rio de Janeiro: FGV, 1996.

RIBEIRO, Eduardo; CANO, Ignacio; SENTO-SÉ, João Trajano; LÁZARO, Márcio. A incidência da violência na Baixada Fluminense. In: BRASIL. Congresso Nacional. Câmara dos Deputados. Comissão de Direitos Humanos. *Impunidade na Baixada*

Fluminense: relatório 2005. Brasília, DF: Centro de Documentação e Informação. Coordenação de Publicações, 2006. p. 31-50. Disponível em: <www.observatoriode-seguranca.org/files/relatoriobaixada.pdf>. Acesso em: 10 fev. 2006.

RIBEIRO, Luiz Cesar de Queiroz. *Dos cortiços aos condomínios fechados*: as formas de produção da moradia na cidade do Rio de Janeiro. Rio de Janeiro: Civilização Brasileira, 1997.

_____. Segregação, desigualdade e habitação: a metrópole do Rio de Janeiro. In: ENCONTRO NACIONAL DA ANPUR, 9., 2001, Rio de Janeiro. Ética, planejamento e construção democrática do espaço. *Anais...* Rio de Janeiro: Anpur, 2001. v. II. p. 944-958. Disponível em: <www.ippur.ufrj.br/observatorio/produtos/anpur_luiz_cesar.pdf>. Acesso em: 20 maio 2004.

SAINT-HILAIRE, Auguste de. *Viagem pelas províncias do Rio de Janeiro e Minas Gerais.* Belo Horizonte: Itatiaia, 2000.

SANTOS, Carlos Nelson dos. Voltando a pensar em favelas por causa das periferias. In: SIMPÓSIO DE ESTUDOS DO PLANEJAMENTO URBANO E HABITACIONAL, 1978. Rio de Janeiro. *Anais...* Rio de Janeiro: Neurb/PUC, 1978.

SANTOS, Wanderley Guilherme dos. *Cidadania e justiça*: a política social na ordem brasileira. Rio de Janeiro: Campus, 1979.

SEGADAS, Maria Terezinha. *Nova Iguaçu*: absorção de uma célula urbana pelo grande Rio de Janeiro. Rio de Janeiro, 1960. Tese (livre-docência em geografia) — Programa de Pós-Graduação em Geografia, Faculdade Nacional de Filosofia. Rio de Janeiro, 1960.

SENTO-SÉ, João Trajano. A era do líder popular. In: FERREIRA, Marieta de Moraes (Org.). *A força do povo*. Rio de janeiro: FGV, 2008. v. 1, p. 182-201.

SILVA, Maria Fátima de Souza. *Terras de Mutambó ao município de Mesquita — Rio de Janeiro*: memórias da emancipação nas vozes da cidade. Mesquita, RJ: Entorno, 2007.

SILVA, Péricles Augusto da. Resultados de pesquisa sobre a satisfação dos moradores de municípios emancipados com o governo de suas cidades. *Correio de Maxambomba*, 20 jan. 2001.

SOUZA, Josinaldo Aleixo de. *Os grupos de extermínio em Duque de Caxias, Baixada Fluminense*. 1997. Dissertação (mestrado em sociologia) — Instituto de Filosofia e Ciências Sociais, Universidade Federal do Rio de Janeiro, Rio de Janeiro, 1997.

SOUZA, Laura de Mello e. *Os desclassificados do ouro*: a pobreza mineira no século XVII. 3. ed. Rio de Janeiro: Graal, 1990.

SOUZA, Marlúcia S. Imagens da cidade de Duque de Caxias. *Revista Feuduc/Cepea/Pibic*, Duque de Caxias, n. 2, 2000.

_____; PIRES JÚNIOR, Roberto. *Terra de muitas águas*. Duque de Caxias: Itatiaia, 1994.

SOUZA, Percival. *A maior violência do mundo*: Baixada Fluminense, Rio de Janeiro, Brasil. São Paulo: Traço, 1980.

SOUZA, Sonali Maria de. *Da laranja ao lote*: transformações sociais em Nova Iguaçu, Rio de Janeiro. 1992. Dissertação (mestrado em antropologia) — Programa de Pós-Graduação em Antropologia, Universidade Federal do Rio de Janeiro, Rio de Janeiro, 1992.

TELLES, Hilka. Um terço dos moradores da Baixada vive com meio salário: estudo da Casa Fluminense revela ainda que, desses, 42,2% sobrevivem com até 1/4 do mínimo. *O Dia*, Rio de Janeiro, 30 ago. 2014. Disponível em: <http://odia.ig.com.br/noticia/

riosemfronteiras/2014-08-30/um-terco-dos-moradores-da-baixada-vive-com-meio-salario.html>. Acesso em: 15 set. 2014.

TURNER, Bryan S. Outline of a theory of citizenship. *Sociology*, v. 24, n. 2, 1990.

VALLADARES, Licia do Prado. *A invenção da favela*: do mito de origem a favela.com. Rio de Janeiro: FGV, 2005.

WAISELFISZ, Julio Jacobo. *Mapa da violência dos municípios brasileiros*. Brasília, DF: Organização dos Estados Ibero-Americanos para a Educação, a Ciência e a Cultura: 2007.

ZALUAR, Alba. A globalização do crime e os limites da explicação local. In: VELHO, G.; ALVITO, M. *Cidadania e violência*. 2. ed. Rio de Janeiro: FGV, 2000.

_____; ALVITO, Marcos. *Um século de favela*. Rio de Janeiro: FGV, 1998.

Fontes

Entrevistas de história oral

ALMEIDA, Geraldo Magela. Entrevista concedida em 21 fev. 2006. Pintor de paredes, natural de Minas Gerais, nascido em 9 maio 1943.

ALVES, João de Melo. Entrevista concedida em 9 jun. 1997. Vendedor ambulante, natural do Espírito Santo, nascido em 8 mar. 1960.

ALVES, José da Costa. Entrevista concedida em 9 jun. 1998. Pedreiro, natural do Espírito Santo, nascido em 9 jun. 1942.

ALVES, Marta Mateus. Entrevista concedida em 3 jun. 2004. Trabalhadora doméstica, natural de Minas Gerais, nascida em 6 ago. 1965.

AMADO, Carlos de Freitas. Entrevista concedida em 9 jul. 2004. Catador de papel, natural de São Paulo, nascido em 18 ago. 1974.

ARAÚJO, Fernando José. Entrevista concedida em 12 dez. 1999. Militar reformado, natural de Minas Gerais, nascido em 4 abr. 1945.

AZEVEDO, João da Silva. Entrevista concedida em 4 ago. 2005. Aposentado, natural de Sergipe, nascido em 10 jul. 1966.

AZEVEDO. Entrevista concedida em 21 fev. 2006. Mecânico de automóveis, natural de Pernambuco, nascido em 4 mar. 1955.

BARBOSA, Carlos Aparecido. Entrevista concedida em 15 nov. 2003. Pintor de automóveis, natural do Rio de Janeiro, nascido em 12 fev. 1967.

BARCELOS, Vítor Augusto. Entrevista concedida em 10 set. 1999. Carpinteiro, natural da Paraíba, nascido em 8 mar. 1940.

BASTOS, Fernando. Entrevista concedida em 2 nov. 2005. Vigilante, natural do Espírito Santo, nascido em 19 maio 1944.

BASTOS, Hélio Pereira. Entrevista concedida em 18 dez. 2004. Comerciário, natural de Sergipe, nascido em 11 out. 1942.

CARLOS FILHO, Amadeu da Silva. Entrevista concedida em 5 out. 2004. Pedreiro, natural da Bahia, nascido em 1 jun. 1942.

CARVALHO, Márcio Monteiro. Entrevista concedida em 9 jan. 2006. Pedreiro, natural da Paraíba, nascido em 17 jul. 1939.

CARVALHO, Maria de Freitas. Entrevista concedida em 10 set. 2003. Dona de casa/líder comunitária, natural do Rio de Janeiro, nascida em 12 set. 1982.

CASTRO, Caetano Souza. Entrevista concedida em 3 jan. 2001. Comerciante, natural da Bahia, nascido em 1 jul. 1948.

CASTRO, Maria de Alves. Entrevista concedida em 5 jun. 2005. Dona de casa, natural de Minas Gerais, nascida em 9 set. 1965.

CAVALCANTI, Severino da Costa. Entrevista concedida em 10 dez. 2003. Pedreiro, natural do Rio Grande do Norte, nascido em 30 dez. 1938.

CORDEIRO, Lílian Expedito. Entrevista concedida em 22 jul. 1998. Dona de casa, natural do Rio de Janeiro, nascida em 10 maio 1965.

COSTA FILHO, Alberto Carlos. Entrevista concedida em 10 jan. 2004. Servente de pedreiro, natural da Paraíba, nascido em 2 nov. 1950.

COSTA, Edmundo da. Entrevista concedida em 12 jan. 2006. Ladrilheiro, natural do Espírito Santo, nascido em 19 abr. 1942.

COSTA, Flávio Cardoso. Entrevista concedida em 2 nov. 2004. Carpinteiro, natural de Pernambuco, nascido em 4 maio 1927.

DAMASCENO, Daniel. Entrevistas concedidas em 20 jul. 2004; 24 jul. 2004; 19 jan. 2005. Líder comunitário/presidente de associação de moradores, natural do Espírito Santo, nascido em 28 dez. 1950.

ELIAS, Joaquim da Silva. Entrevista concedida em 21 out. 2005. Pedreiro, natural da Paraíba, nascido em 19 fev. 1940.

FELICIANO, Flávio da Costa. Entrevista concedida em 23 jul. 2005. Bombeiro hidráulico, natural do Rio Grande do Norte, nascido em 1 jan. 1958.

FERRAZ, Carlos de Abreu. Entrevista concedida em 10 set. 2000. Pedreiro, natural do Piauí, nascido em 16 maio 1940.

FERREIRA, Carlos Luiz. Entrevista concedida em 11 jan. 2006. Ladrilheiro, natural de Minas Gerais, nascido em 25 jan. 1942.

FREITAS, Otacílio José de. Entrevista concedida em 21 nov. 1995. Operário do setor químico, natural do Ceará, nascido em 2 set. 1949.

GOMES, Nair. Entrevista concedida em 28 jul. 2004. Empregada doméstica, natural de Minas Gerais, nascida em 12 dez. 1975.

GREGÓRIO, Carlos Alberto. Entrevista concedida em 12 set. 2003. Policial militar (sargento), natural do Rio de Janeiro, nascido em 30 out. 1965.

LAMEU, Ildacilde do Prado. Entrevistas concedidas em 10 jan. 2004; 18 jan. 2005; 21 jan. 2005. Líder comunitária/dona de casa/agricultora, natural de Minas Gerais, nascida em 4 ago. 1947.

LAMEU, José Ferreira. Entrevista concedida em 18 jan. 2005. Aposentado, natural de Minas Gerais, nascido em 10 dez. 1940.

LEITE, Antônio Souza. Entrevistas concedidas em 21 ago. 1995; 27 maio 2005; 7 set. 2005; 6 jan. 2005. Líder comunitário, natural de Rio Bonito (RJ), nascido em 21 fev. 1925.

LIMA, Edmilson Silva de. Entrevista concedida em 6 dez. 2003. Carpinteiro, natural de São Paulo, nascido em 27 jun. 1942.

LIMA, Paulo Souza. Entrevista concedida em 15 nov. 2005. Operário do setor químico, natural do Rio de Janeiro, nascido em 31 dez. 1949.

M. D. P. Entrevista concedida em 23 jul. 2003. Catador de lixo, natural de Pernambuco, nascido em 15 jul. 1970.

MACHADO, Artur Souza. Entrevista concedida em 12 out. 2004. Gráfico, natural de Sergipe, nascido em 27 abr. 1960.

MACHADO, Isaura. Entrevista concedida em 22 jan. 2004. Trabalhadora doméstica, natural do Ceará, nascido em 2 set. 1949.

MARTINS, Sebastião. Entrevista concedida em 3 ago. 2005. Pedreiro, natural de Minas Gerais, nascido em 7 fev. 1956.

MATOS FILHO, Fernando Ferreira. Entrevista concedida em 9 abr. 1999. Pedreiro, natural do Rio de Janeiro, nascido em 8 mar. 1956.

MATOS, Fernando Ferreira. Entrevista concedida em 9 abr. 1999. Servente de pedreiro, natural do Rio de Janeiro, nascido em 9 set. 1970.

MEDEIROS, Severino da Silva. Entrevista concedida em 16 jan. 2005. Aposentado, natural do Ceará, nascido em 21 abr. 1938.

MENEZES, Euclides. Entrevista concedida em 10 jan. 2004. Ladrilheiro, natural de Valença, nascido em 9 mar. 1969.

MESSIAS, Marcelino Francisco. Entrevista concedida em 15 jun. 2004. Balconista, natural de Minas Gerais, nascido em 11 abr. 1958.

MORAIS, Alan da Silva. Entrevista concedida em 30 ago. 2005. Pedreiro, natural do Rio Grande do Norte, nascido em 11 set. 1956.

MOREIRA, João da Silva. Entrevista concedida em 30 jun. 1998. Pedreiro, natural do Rio de Janeiro, nascido em 10 fev. 1964.

MOTA, Eduardo Pereira. Entrevista concedida em 12 jan. 2006. Motorista, natural do Rio de Janeiro, nascido em 10 fev. 1964.

NOGUEIRA, Ronaldo Pereira. Entrevista concedida em 10 dez. 2003. Policial militar (cabo), natural do Rio de Janeiro, nascido em 1 out. 1975.

NOVAES, Guilherme Antônio. Entrevista concedida em 10 out. 1995. Aposentado do setor químico, natural do interior do estado do Rio de Janeiro, nascido em 8 mar. 1948.

NOVAES, Mário Geraldo. Entrevista concedida em 2 set. 1995. Bombeiro hidráulico, natural do Rio de Janeiro, nascido em 10 nov. 1958.

PEÇANHA, Álvaro Souza. Entrevista concedida em 15 jan. 2005. Pedreiro, natural do Espírito Santo, nascido em 27 jun. 1964.

PEÇANHA, Raimundo. Entrevista concedida em 1 dez. 2005. Policial civil aposentado, natural do Rio de Janeiro, nascido em 9 abr. 1940.

PEREIRA, José Azevedo. Entrevista concedida em 27 maio 2005. Pedreiro, natural do Espírito Santo, nascido em 9 mar. 1945.

PEREIRA, Marcos Damião. Entrevista concedida em 1 fev. 2004. Servente de pedreiro, natural do Rio de Janeiro, nascido em 9 mar. 1975.

PEREIRA, Mário da Silva. Entrevista concedida em 1 fev. 2004. Empreiteiro, natural da Bahia, nascido em 30 mar. 1972.

PEREIRA, Volner Maia. Entrevista concedida em 6 jul. 2004. Comerciário, natural do Ceará, nascido em 9 mar. 1972.

PIRES, José da Silva. Entrevista concedida em 8 fev. 2004. Pedreiro, natural do Espírito Santo, nascido em 19 mar. 1955.

PRADO, Manoel da Silva. Entrevista concedida em 30 nov. 2005. Cozinheiro, natural do Rio de Janeiro, nascido em 23 jun. 1956.

QUEIROZ, Fabiano da Silva. Entrevista concedida em 29 out. 1998. Balconista, natural do Rio de Janeiro, nascido em 29 maio 1969.

QUEIROZ, Jorge. Entrevistas concedidas em 29 out. 1995; 9 ago. 2004. Eletricista, natural do Rio de Janeiro, nascido em 25 dez. 1964.

RODRIGUES, Carlos da Silva. Entrevista concedida em 7 set. 2005. Pedreiro, natural de Pernambuco, nascido em 11 set. 1956.

ROSA, Sebastião Monteiro. Entrevista concedida em 20 jan. 2004. Vendedor ambulante, natural do Rio de Janeiro, nascido em 18 set. 1969.

RUBEM, Luiz Carlos. Entrevista concedida em 10 jul. 2005. Balconista, natural de Pernambuco, nascido em 1 jan. 1978.

SANTOS, Clelson de Lima. Entrevista concedida em 1 nov. 1995. Aposentado do setor químico, natural de Pernambuco, nascido em 2 abr. 1945.

SANTOS, José de Lima. Entrevista concedida em 1 nov. 2005. Aposentado, natural do Ceará, nascido em 6 jul. 1928.

SANTOS, Marcílio. Entrevista concedida em 13 jan. 2004. Aposentado, natural de Pernambuco, nascido em 24 fev. 1940.

SILVA, André. Entrevista concedida em 1 fev. 2004. Catador de lixo, natural do Rio de Janeiro, nascido em 23 maio 1982.

SILVA, Caio da. Entrevista concedida em 7 set. 2004. Pastor protestante, natural de Sergipe, nascido em 1 out. 1939.

SILVA, Cláudio da. Entrevista concedida em 29 ago. 1999. Aposentado do setor naval, natural de Pernambuco, nascido em 4 dez. 1948.

SILVA, Eduardo. Entrevistas concedidas em 26 maio 2005; 21 jul. 2005. Militar, natural do Rio de Janeiro, nascido em 19 ago. 1956.

SILVA, Elias. Entrevista concedida em 4 fev. 2006. Motorista, natural de Minas Gerais, nascido em 23 jan. 1956.

SILVA, Fabiano Viana. Entrevista concedida em 18 jul. 2004. Soldador, natural do Espírito Santo, nascido em 8 ago. 1974.

SILVA, Fábio Carvalho. Entrevista concedida em 10 out. 2003. Mecânico, natural do Rio de Janeiro, nascido em 8 ago. 1963.

SILVA, Fabrício. Entrevista concedida em 11 jan. 2004. Ladrilheiro, natural do Rio de Janeiro, nascido em 8 ago. 1981.

SILVA, Flávio Moreira da. Entrevista concedida em 19 dez. 2005. Bombeiro hidráulico, natural do Rio de Janeiro, nascido em 27 fev. 1964.

SILVA, João Breder da. Entrevista concedida em 9 jul. 2005. Aposentado, natural de Minas Gerais, nascido em 27 abr. 1933.

SILVA, Joracilda Costa. Entrevista concedida em 4 jul. 2005. Dona de casa, natural do Rio de Janeiro, nascida em 30 dez. 1960.

SILVA, Marcos Vinícius da. Entrevista concedida em 2 set. 1998. Vendedor ambulante, natural do Rio de Janeiro, nascido em 30 out. 1968.

SILVA, Maria Pereira. Entrevista concedida em 4 jan. 2004. Dona de casa, natural de Minas Gerais, nascida em 24 fev. 1975.
SILVA, Odmar da. Entrevista concedida em 28 nov. 1995. Mecânico, natural do Rio de Janeiro, nascido em 8 ago. 1963.
SOUZA, Jaira Muniz. Entrevista concedida 13 jul. 2003. Catadora de lixo, natural do Rio de Janeiro, nascida em 18 maio 1950.
SOUZA, Jorge Martins de. Entrevista concedida em 30 dez. 2005. Líder comunitário, natural do Espírito Santo, nascido em 22 mar. 1953.
SOUZA, José Martins de. Entrevista concedida em 30 dez. 2005. Servente de pedreiro, natural do Rio de Janeiro, nascido em 3 jul. 1965.
SOUZA, Marcelo. Entrevistas concedidas em 26 maio 2005; 16 jul. 2005; 19 jul. 2005; 6 nov. 2005; 15 dez. 2005. Vereador, natural do Rio de Janeiro, nascido em 1 set.1955.
TELES, Ignácio de. Entrevista concedida em 29 set. 2004. Servente de pedreiro, natural do Rio de Janeiro, nascido em 9 set. 1970.
TORRES, Natalício. Entrevista concedida em 19 jul. 2004. Bombeiro hidráulico, natural do Rio de Janeiro, nascido em 24 dez. 1966.
VIEIRA. Entrevista concedida em 3 fev. 2006. Porteiro, natural de São Paulo, nascido em 30 mar. 1963.

Periódicos

Correio de Maxambomba, 1 fev. 1991.
Correio de Maxambomba, 10 set. 1995.
Correio de Maxambomba, 20 jan. 2001.
Jornal de Hoje, 1 out. 1988.
Jornal de Hoje, 11 maio 1989.
Jornal de Hoje, 22 jan. 1990.
Jornal de Hoje, 13 fev. 1990.
Jornal de Hoje, 30 nov. 1991.
Jornal de Hoje, 3 fev. 1992.
Jornal de Hoje, 10 maio 1992.
Jornal de Hoje, 14 jul. 1993.
Jornal de Hoje, 6 nov. 1993.
Jornal de Hoje, 23 jun. 1994.
Jornal de Hoje, 2 jun. 1998.
Jornal de Hoje, 25 set. 1999.
Jornal de Hoje, 23 maio 2000.
Jornal de Hoje, 1 jan. 2001.
Jornal de Hoje, 27 jul. 2005.
O Dia, 30 out. 1994.
O Dia, 7 jul. 1999.
O Dia, 7 jul. 1999.

Documentos oficiais

Registro de ocorrência nº 0035672/0059/99 da Metropol XI (Título: Flagrante 689/99 — Bem arrecadado).

Registro de ocorrência nº 003590/0059/99 da Metropol XI (Título: Encontro de cadáver — Duplo homicídio).

Auto de prisão em flagrante nº 689/99 da Metropol XI — 59ª Delegacia Policial.